馮小青集

〔明〕馮小青 撰

鄭永輝 輯注

廣陵書社
江蘇·揚州

圖書在版編目（ＣＩＰ）數據

馮小青集 /（明）馮小青撰；鄭永輝輯注. -- 揚州：
廣陵書社，2023.12
ISBN 978-7-5554-2062-0

Ⅰ. ①馮… Ⅱ. ①馮… ②鄭… Ⅲ. ①馮小青（
1595-1612）－文集 Ⅳ. ①K825.6-53

中國國家版本館CIP數據核字(2023)第218878號

書　　名	馮小青集
撰　　者	〔明〕馮小青
輯　　注	鄭永輝
責任編輯	方慧君
出版發行	廣陵書社
	揚州市四望亭路 2-4 號　　　郵編 225001
	(0514)85228081（總編辦）　85228088（發行部）
	http://www.yzglpub.com　E-mail: yzglss@163.com
印　　刷	揚州皓宇圖文印刷有限公司
開　　本	889 毫米 × 1194 毫米 1/32
印　　張	10
字　　數	229 千字
版　　次	2023 年 12 月第 1 版
印　　次	2023 年 12 月第 1 次印刷
標準書號	ISBN 978-7-5554-2062-0
定　　價	80.00 元

鄭永輝輯注《馮小青集》序

陳慶元

　　鄭永輝碩士畢業之後兩三年間，并没有停下讀書學習的脚步，他的閲讀面和對地方文獻熟悉的程度，超過許多碩士甚至在讀博士生。入學之後，陸續交給我這兩三年寫的專業論文。論文引證豐富，考證札實，往往有新創見、新發明。論文之外，又交給我一部《馮小青集》書稿，此書開始整理之時，他還在讀碩士期間，歷四年而成，二十餘萬字。他問我有無出版的價值，我給予肯定的回答。我曾經説過，一個古代文學研究者，應當兼有古籍整理的能力。永輝在碩博士階段，就開始積累古籍整理的經驗，無疑是一個良好的開端。

　　點校《馮小青集》，首先做的工作是考訂馮小青（1595—1612）生平事跡。馮小青原名玄玄，字小青，以字行。十六歲，杭州馮鸚鸚娶其爲妾。馮鸚鸚父馮夢禎，杭郡名士，詩人。馮小青卒時年僅十八，一生短暫坎坷，令人噓唏。馮小青生命雖然短暫，却創作不少詩詞，可惜流傳下來的祇有十多篇，永輝對這些作品作了詳細的校注，爲讀者提供一個可靠的讀本。馮小青流傳的作品不多，而綜合其人其事，則産生很大的影響：流傳的地域廣泛（從江北的揚州到江南），流傳的時間久遠（由明而清而近代），因此也就産生許多模擬之作，選本紛紛選評其詩，文士反復舉辦以歌詠馮小青爲主題的酬唱活動，同時把酬唱之作編輯成集刻以流傳。畫家、小說家和戲劇家也不甘寂寞，他們憑藉豐富的想象，畫家不僅能畫出馮小青的肖像，而且創作出《小青禮大士圖》《臨水照影圖》等；小說家、戲劇家把馮小青的故事演繹成小說和戲劇，圖畫和戲劇文本也就成了文人題辭的對象，因此也就產生了二次乃至多次的再創作。就文學體裁而言，由詩詞擴大到小說；就文藝體式而言，由文學擴大到繪畫、戲劇等領域，數百年間，馮小青演繹成"馮小青文化"。如果《馮小青集》的整理，僅僅局限於馮氏僥幸存留下來的那十幾首詩詞，意義可能不是很大。永輝把《馮小青集》整理的視野擴大到後人的擬作、和作，以及相關的序跋題記、評論之作、憑吊詩文詞曲，將這些作品輯爲一帙，名之曰《外編》。《外編》文字數倍于《內編》，其價值意義自然也不亞於《內編》。永輝還撰有《馮鶨鶿年譜》一篇作爲附錄，馮鶨鶿，字雲將，馮夢禎第二子。馮小青十六歲時嫁與馮鶨鶿作妾。馮鶨鶿是小青一生中至關重要的人物，故爲馮鶨鶿作譜，亦有見地。

《馮小青集》一校畢，永輝請序，作《上陳老師請序啓》：

伏以學林樹幟，久仰宗風數載；詞海揚波，已沾慈雨期年。雖居異里，忝列同鄉。青眸獲顧，龍門幸矣得攀；白馬論傳，駑駑駶焉加益。惠恩不盡，感戴何言。師先覺上流，已然飛聲爲尊；某後昆下列，尚以積學是務。竟不揣卑微，乃妄效著述。歲經四稔，輯得萬言。匪徒欲藏諸于山，更期顯諸于世。顧惟前者有徵，庶幾後來可擬。夫左思賦作，皇甫序文而洛紙贈價；乃庾信集成，宇文弁首而魏篇倖存。借重以高士，見傳以名流，古已如此，今其可無？縱然才劣左思，數卷尚有補於學林；自是筆慚庾信，兩編豈無添於詞海。呈師拙作，請序真言。小子

　　恒亮素手空箋,不勝愧赧感激之至。

　　　門下銀城鄭永輝頓首謹上

生有左思、庾信之才思,師愧皇甫、宇文之辭彩。我與永輝既爲師生,又兼有同鄉之誼。永輝,福建同安人。同安原本是泉州的一個縣,今屬廈門市,是廈門的一個區(後來又從同安析出翔安區);廈門本島舊稱嘉禾嶼、鷺島,清屬同安縣。我祖籍金門縣烈嶼(俗稱“小金門”),在廈門出生長大,大小金門亦屬同安縣。因此,無論于今于古,和永輝都是同鄉。永輝碩士階段,讀了很多書,也搜集了一些舊籍,特別是能作近體詩,能寫四六文,名聲在外。永輝説想考我的博士。招收博士生多年,我基本的態度是來者歡迎,但不作承諾。這幾年招生,導師既不知道報考人數,也看不到考生名單,不知道每位考生的成績。由於强調“招考分離”,導師既不出卷,也不改卷,直到復試名單公佈,纔知道入闈者姓名。永輝畢業那年,跟我説了一聲想報考,至于有無報考,我全然不知。有些考生今年考不上,還會聯絡導師,説一聲“老師,明年再來”。然而,永輝却“消失”兩三年。2022年招生,我仍然處在茫然無所知的狀態,直到通知我參與面試,纔見到永輝一面,纔知道他也是今年考生之一。據瞭解内情者説,2022年報考本方向有十八九人,上線者僅有兩人,永輝總分第一。招生兩名,一比一面試,沒有太多懸念。我招收博士生二十多年,金門籍學生已經畢業十幾位,廈門籍的學生唯有永輝一人。永輝可能是我的“關門弟子”,我門下的廈門籍的博士也就由此而定格永輝一人。永輝對古典文學文獻學很執着很熱愛,基礎又比較好,年未三十已出書,未來可期。

　　馮小青是明代揚州人,廣陵書社的編輯看了書稿之後,認爲

《馮小青集》學界尚無輯校本，爽然接受。謝謝曾學文總編、方慧君副總！

今年以來最繁忙的九月過去了，清秋佳節，悠然爲永輝此書叨絮如此。

二〇二三年九月三十日
于煙山西南麓華盧

前 言

一

馮小青,原名玄玄,後改字小青,以字行。生于明萬曆二十三年(1595),于萬曆四十年(1612)卒,時年十八。

其爲廣陵人(今江蘇省揚州市),幼年即展現出不同尋常的資質。十歲時,有女尼上門授《心經》,小青翻過兩遍即可全篇背出。女尼見狀,告訴其家人:"此女雖然天賦不凡,但福祚甚薄,希望能讓她做我的弟子。若不肯,不讓她識字,差不多能活三十歲。"家人笑話這純屬無稽之談,不以爲意。

小青的母親爲女塾師,十六歲前,小青一直跟着她學習,由此精通諸技,應酬于當地名流彙聚的場合,言談舉止,非同座所能比擬。十六歲時,出于某種原因,小青遠嫁杭州馮鸛鸞爲妾。馮鸛鸞爲南京國子監祭酒馮夢禎的次子,按理説門第應不差。不過小青嫁過去時,頗好佛學的馮夢禎已經去世四年,儘管馮夢禎的文名在當地仍有不小影響力,而馮氏三子均無科名,且經濟能力大不如前,家道已然中落,在顧起元及馮夢禎諸門生的幫助下,馮鸛鸞纔得以刊刻亡父馮夢禎的《快雪堂集》即是力證。同時,馮鸛鸞的結髮妻呂氏爲當地望族呂焕的次女。家道中落的馮鸛鸞與出身當地望族的呂氏,家中的話語權歸于後者,也是情理之中。在這樣的背景下,再加上小青天生"綽約自好"的性格,已經預示着小青婚姻的悲劇命運。嫁過去後,小青果然遭到呂氏的百般刁難,以小青的身份,也祇能"曲意下之"。一次呂氏春遊杭州天竺,小青隨從,呂氏問小青:"西方佛無量,而世人却祇禮拜觀音是爲何?"小青隨口答以"因爲觀音慈悲罷了",意含諷刺呂氏惡毒。這一舉動顯示出了小青"綽約自好"的天性,也因此使呂氏將其軟禁于馮夢禎生前建造的孤山別業中,造成爲後世流傳吟咏不已的悲劇。

在小青處于這樣惡劣的环境下時,能哀其不幸並且能和她進行文學交流的楊夫人成爲了她的精神支柱。楊夫人爲錢塘楊廷槐的妻子、呂氏的姻親,從小青學弈,對其才華極爲欣賞。曾欲幫助小青脫離馮氏,而小青以"幼夢手折一花,隨風片片著水,命止此矣"的宿命論拒之。萬曆四十年,楊廷槐奉命"備兵徐淮",楊夫人隨其北上,離開杭州。小青唯一的精神支柱,就此離去。在自奠畫像,寫下不朽的《與楊夫人書》,並交代完後事後,小青溘然長逝于孤山別業。小青卒後,呂氏聞訊趕來,燒毁小青的畫像及詩稿,幾無遺存。所幸小青交代後事時,用以包裹贈予身邊老嫗財物的紙張恰爲其詩稿,上面寫有小青的一首古詩、十首絕句、一首詞,被馮鵷鶵的微戚戔戔居士抄得。後來戔戔居士的酒友劉無夢路過孤山別業,偶然得到小青所作的《南鄉子》半闋,即將這寶貴的半闋寄給戔戔居士。戔戔居士便根據所得的材料作傳並編録小青詩文,"藏之以俟稗史採擇"(黃來鶴崇禎四年鈔本《小青傳》)。今所見各種版本的《小青傳》(或稱《小青集》《焚餘集》)的祖本,即此本。

二

小青傳世詩文不多,而影響極大,致使文壇巨擘錢謙益、朱彝尊、朱鶴齡在《列朝詩集小傳》《靜志居詩話》《愚庵雜説》中不得不費點筆墨來批評"其傳及詩俱不佳""明閨秀詩類多僞作,轉相附會,久假不歸"。其人是否爲附會,詩是否爲僞作,自然是留待後人用客觀證據説話,而詩的好壞、文學成就的高低則需要通過讀者和時間的驗證。小青其人其事其作的影響,可以從詩文、繪畫、戲曲、小説四個方面來看。

馮小青的詩文,在其去世後就迅速傳遍江南地區,其影響一直持續到近代。如明董斯張題詩相吊,有小字註贊以"艷而能詩";"雲間七子"之一李雯作《仿佛行》詠小青,其序稱小青"雖古之才婦何以加";龔鼎孳《天仙子·追和小青》許爲"才子單傳鸚鵡派";張大復則歎云"青詩云:'瘦影自臨春水照,卿須憐我我憐卿。'如此流利,從何處摸捉";又距小青所處時代不久的"西泠十子"之一陸圻評其詩"西湖上正少此捉刀人",諸如此類的評價,不煩枚舉。再者明、清、近代詩人不乏以步韻小青絶句的形式進行組詩創作,也從側面展現了小青絶句的成就。如明卓人月有《吊小青詩和小青韻》十首、清寅吉有《風雪歲寒客影差倦度歲武昌署李建華郡侯以小青遺韻分和率爾步之何知布鼓雷門也》六首、冷玉娟《次和小青〈無題〉》九首、程瑞初《讀〈焚餘草〉次韻》二首等。而悼念小青其人其事的詩作更是繁多,不贅。此外,明清兩代的詩文選本,祇要有"閨秀"部分,幾乎都有收録小青的作品。如明代僞託鍾惺編選的《名媛詩歸》、鄭元勛的《媚幽閣文娱》、周之標的《女中七才子蘭咳集》、卓人月的《古今詞統》、賀復徵的《文章辨體彙選》、江元禧的《玉臺文苑》、沈際飛的《草堂詩餘新集》等,清代如季嫻的《閨秀集》、錢德蒼的《解人頤》、周銘的《林下詞選》等。最後,最讓人驚歎的就是在清代出現了三次、近代出現了一次的,以馮小青爲主題的大型詩文唱和活動。第一次是在清乾隆年間,廖景文在撰寫完傳奇《遺真記》後，邀友人題詞，唱和詩人達四十三名，詩詞共計一百九十五首，本書已全數收錄。第二次是在道光年間，陳文述建成蘭因館紀念馮小青後，邀其友人及門下碧城仙館女弟子諸人題詠此事，隨後編成《蘭因集》刊行，收錄三十六名詩人的詩作一百二十三篇。另有部分碧城弟子題詠的作品《蘭因集》未收，或當時漏編，抑或後來補題，散見于《碧城仙館女弟子詩》及《國朝杭郡詩輯》正、續、三編中，本書已全數收錄。第三次是在咸豐、同治年間，張道作《梅花夢》傳奇，也邀請友人題詠唱和，經過數年的纍積，有九名文人參與，創作了詩、詞、散曲共三十首，附錄于《梅花夢》傳奇刻本之前，本書已全數收錄。第四次是在民國，由柳亞子等南社文人爲主的西湖雅集。該次雅集以馮小青事及伶人馮春航題名小青墓、《小青影事》戲劇爲主題進行詩文唱和，最後結集爲《三子遊草》。該集共收二十三名南社文人的唱和作品包含詩、詞計四十九首，本書已全數收錄。歷史上以某一位文人爲題進行大規模題詠唱和的文學活動可以説是極爲罕見，更別説是多次大規模題詠，而以馮小青爲題的大型題詠唱和活動出現了四次，足以證明馮小青其人及其《焚餘集》的影響力。

　　因小青其人其詩其作的感染力，出現了不少以此爲題材的繪畫作品。這些繪畫作品或許已經失傳，但從現存的文字資料裏仍可見當時以小青爲題材作畫的盛況。詩如陶季的《爲歙縣王學博題〈小青影〉》、章大來的《〈小青禮佛圖〉爲沈雨亭作》、文静玉的《題顧眉生畫〈小青像〉》、劉正誼的《題〈小青禮大士圖〉》、高其倬的《題畫·小青》、顧儒賓的《題〈小青圖〉》等，詞如王筠《如夢令·題〈小青絮影圖〉》、吳錫麒《孤鸞·題顧西梅畫〈小青小影〉》、宗婉《高陽臺·題〈小青瘦影自臨春水照圖〉》等。

　　與詩文、繪畫的創作相比，小青詩文及故事對于戲劇和小説的影響更大。以"妒婦"爲題材的小説可上溯到西漢的《妄稽》。《妄稽》的"作者主要運用醜化描寫、對比映襯、設置戲劇化衝突等多種手段,成功塑造了妄稽這一'妒婦'典型"(杜季芳:《北大漢簡〈妄稽〉人物形象塑造藝術探析》,《聊城大學學報(社會科學版)》,2022年第3期)。到唐五代時期,《隋唐佳話》《北夢瑣言》《法苑珠林》《朝野僉載》等書記載了大量妒婦題材的小説,堪稱大觀。宋元時則稍顯没落,至明代則又焕發起了生機。小青其人其事的流播,對于明清兩代"妒婦"題材的小説、戲曲的興盛可謂貢獻巨大。馮小青去世于萬曆四十年,隨後就如春筍般地湧現出了不少以之爲原型、斥責妒婦的戲曲和小説。戲曲如吳炳的《療妒羹》、徐士俊的《春波影》、朱京藩的《風流院》、來集之的《挑燈劇》、王驥德的《題曲記》、陳季方的《情生文》、胡士奇的《小青傳》、薛旦的《醉月緣》,均爲天啓至崇禎二十餘年間的作品,馮小青的影響力不言而喻。小説則如明代西湖伏雌教主的《醋葫蘆》、越南刷竹道人的《小青傳》,清代曾七如的《小豆棚》、佚名的《集咏樓》、鄒弢的《澆愁集》等。近代錢鍾書在其《管錐編》中説:"明季豔説小青,作傳者重疊,乃至演爲話本,譜入院本,幾成'佳人薄命'之樣本,李雯《蓼齋集》卷一八《仿佛行·序》論其事所謂:'昔之所哭,今已爲歌。'及夫《紅樓夢》大行,黛玉不啻代興,青讓於黛,雙木起而二馬廢矣。"足見馮小青形象對于明清小説、戲曲的影響。

　　以上祗是粗略地對馮小青其人其事在詩文、繪畫、戲曲、小説領域的影響進行了簡單的梳理和介紹,就足以體現馮小青作爲一個女才子、女作家,在文學史上的特殊性。

三

馮小青其人其事及其作品傳播之迅速，引起了當時學人的注意，並有人對其人的真實與否提出質疑。首先發難的是錢謙益，他在《列朝詩集小傳》中明確指出爲"邑子譚生造傳及詩與朋儕爲戲"。錢謙益距小青事件發生的時代最近，按理其言最爲可信。但錢謙益與馮氏叔侄馮鶴鷯、馮文昌，前者爲摯友，後者爲門人，這一關係使《列朝詩集小傳》中的描述變得可疑，有爲友人諱之嫌。後來陳文述在《蘭因集》中特地辨其矛盾之處，並稱"馮即舊家，婦應豪族"，總體判斷無誤，却又誤認馮生爲馮延年。錢謙益之後，施閏章、周亮工、宋長白、陳文述等人，對此問題均進行了討論，其中以施閏章的話最爲確鑿可考：

> 小青詩盛傳於世，近有辨者謂實無其人，蓋析"情"字爲"小青"耳。予至武陵詢之，陸麗京圻曰："此故馮具區之子雲將妾也。所謂某夫人者，錢塘進士楊廷槐玄蔭妻也。楊與馮親舊，夫人雅諳文史，故相憐愛，頻借書與讀；嘗欲爲作計，令脱身他歸，小青不可。及夫人從官北去，小青鬱無可語，遺書爲訣，書中云云皆實錄也。小青以命薄甘死，寧作霜中蘭，不肯作風中絮，豈徒以才色重哉？"客問："小青固能詩，恐未免文人潤色。"陸笑曰："西湖上正少此捉刀人。"

陸圻對《小青傳》中涉及的關鍵人物均能指出確切的姓名，即馮生爲馮鶴鷯，楊夫人爲楊廷槐之妻，爲進一步考證提供了關鍵線索。近代學人潘光旦的《馮小青——一件影戀之研究》，通過搜集資料，認爲大抵同時的陳子龍、李雯、卓人月、吳道新、陸圻、施閏章等人的記載均可證明馮小青其人其事的真實性,並未從學理上證明馮生爲馮翁鸞及馮小青的真實性。稍後陳寅恪在其《柳如是別傳》中駁陳文述的馮生爲馮延年説,認爲錢謙益與馮翁鸞爲同輩摯友,有爲友人諱的必要,而馮延年爲馮夢禎的孫輩,又與錢謙益没有交往,爲其諱則于情理上説不通,故馮生當爲馮翁鸞。今人王人恩、薛洪勣、徐永明等學者對馮小青的生平及其多方面影響作了研究,李瀾瀾又有《社會性别視野下的明清女性文人研究:以明清文壇"馮小青現象"爲例》一書(中國言實出版社2020年版),其中"馮小青真僞論"一節對于此問題的考證基本與潘光旦相似,没有關鍵性突破,衹是在材料羅列上比潘周詳,且指出僞論者的一些邏輯漏洞。

事實上,對施閏章提供的信息中的楊廷槐做進一步考證,可以得到馮生爲馮翁鸞的確切結論。關于楊廷槐,康熙《錢塘縣志》載:

> 楊廷槐,字祖植,號元蔭,萬曆二十三年進士。初仕得浮梁縣,其民多治陶爲業,大吏徵佳窰,輒拒之。邑多盗,槐捕治不遺餘力,擢比部郎。值妖書楚獄相繼起,槐持論侃侃,保全甚多。分校禮闈,稱得士。以僉事備兵閩海,有洋販勾外番者,立置之法,海氛頓息。會嗛公者中以計典,左遷廌判,量移南比部,調禮曹,出備兵徐淮,首闢駱馬河達漕艘以避吕梁諸溜。議遷徐州雲山,改州爲府,條上六宜改十不容不改之議。沛邑焚劫,一檄解散,尋調天津。時監漕李明道以璫勢恣横,槐悉按治。明道大不堪,乃指糧凍誣劾。槐上疏自理,竟削籍歸,由是直聲著于朝野。崇禎初,起復原職,時睢寧被水,槐亟築堤停課,歷陽復爲壯縣。調參江西,尋陞湖廣按察使,槐遂致仕。家居種蔬輯圃,不事干謁,遇地方大利病如論積貯、議救

荒、維士風，皆娓娓數千言上之大吏，卓乎可傳。見王思任《墓志》。[康熙《錢塘縣志》卷十九，康熙五十七年（1718）刻本]

又清魏標《湖墅雜詩》引《湖墅志略》載："胡爾愷撰《湖廣按察使元蔭楊公行狀》：楊廷槐，仁和人，萬曆乙未進士，官廉使歸，築菀裘于湖墅，顏曰'教忠堂'。"王思任《墓志》，今《王季重集》不見，胡爾愷《行狀》亦佚，欲知楊廷槐的仕跡，衹得參考他書進行考證。康熙《錢塘縣志》稱楊廷槐"備兵徐淮"，查同治《徐州府志》卷六職官表淮徐兵備一列並無楊廷槐，而淮安府河務道一列載廷槐曾兩度任職，首任在天啓六年前，再任在天啓六年後。若陸圻所言不假，楊夫人隨廷槐北上應在天啓前，即廷槐首任時。而首任之時間，同治《徐州府志》未載，所知者唯前任爲忻州趙謙。乾隆《忻州志》卷三僅謂趙謙"萬曆丁未科，歷長葛、汝陽知縣，户部主事員外，陞淮徐道右參議，祀鄉賢"，何時任淮徐道右參議不詳。再檢康熙《汝陽縣志》知縣條，有載趙謙"萬曆三十六年任，陞户部主事，有去思碑"，繼任者楊巨鯨"萬曆四十年任"，則趙謙任淮安府河務同知應在三十九年末，到任未久或因他故下世（乾隆《忻州志》不言致仕或調遷，應是卒于任），廷槐便應命北上繼其任。而廷槐所應何命，今已不能確考。康熙《錢塘縣志》謂"首闢駱馬河達漕艘以避呂梁諸溜"，則繼任之時或逢水災。清夏燮《明通鑒》載："（萬曆四十年）八月，河決徐州。"又明陳仁錫《無夢園初集·黄河舟中》云："駱馬河東岸上荒田長二十五里，可得地十四萬五千餘畝。河浚之後，水不泛溢堤築而外水不入，且留口建壩而内水不出，可漸次田。然資防佐役可耳，開科起租反爲害矣。治河不惜大費，不收近利，故駱馬河功太速，費太省，易以石乃可久也。"可知駱馬河與黄河連通，甚關漕運利害。河決之時間與地點恰與廷槐所任之命吻合，則廷槐于四十年因徐州河決北上料理此事應無疑。再據《明實録》卷四百五十二載萬曆三十六年"陞刑部郎中楊廷槐爲福建右參議兼僉事"，卷四百六十載萬曆三十七年"廣西僉事胡琳爲福建右參政"。可推測萬曆三十六年至三十九年，楊夫人一直里居錢塘。三十八年、三十九年楊廷槐則"左遷醴判，量移南比部，調禮曹"，四十年"出備兵徐淮，首闢駱馬河達漕艘以避吕梁諸溜"，楊夫人隨其北上，小青恰好于是年下世，與《小青傳》言夫人北上不久後便去世吻合，此又一證。另外，徐永明《馮小青其人真僞考述》一文中載，因《宫閨氏籍藝文考略》與《蠖齋詩話》記載抵牾，無法確定楊氏爲淇園還是廷槐的問題也得到解決。馮生爲馮鵰鵒及小青其人的真實性，也因此間接地得到了證明。

四

　　由于馮小青其人其事及其作品的感染力，戔戔居士結集的《小青焚餘稿》被人廣爲傳抄，並出現《小青傳》的增删潤色本及託名小青作的僞詩，這一現象一直持續到清代。現可見的《小青傳》（或名《焚餘集》）版本，以天一閣藏崇禎四年黄來鶴鈔本《小青傳》爲最早。黄來鶴鈔本《小青傳》傳文末戔戔居士的落款爲"萬曆壬子秋"（1612），《傳》中稱小青"一慟而絶，時年十八"，無法推斷小青的生卒年。而與小青同時的杭州人支如增作于天啓年間的《小青傳》有卒于"萬曆壬子歲"的記載，大抵可信。據此可以推知戔戔居士在小青去世的當年，就已經完成《小青傳》的創作。但礙於自身爲馮鵰鵒"微戚"的身份，並没有正式刊行。不過該稿本早已在當地文人間傳抄，故小青去世没多久，《傳》中的内容便已爲江浙間文士所熟知。好事者也就據此刊刻附録于總集、小説、戲曲、畫册中，流佈甚廣。黃來鶴鈔本《小青傳》末含秋亭主人稱"此傳得最確，出最先，據事直書，字字悽惋。嗣後名公傳者紛紛，大約本此"，據今所見文獻，如其所言，與戔戔居士同時及清代所有的《小青傳》均據此進行增删潤色。基本同時的版本如陸啓浤的《小青傳》(已佚)、支如璔的《小青傳》、陳翼飛的《小青傳》、張岱的《西湖夢尋》"小青佛舍"條、馮夢龍的《情史》、張潮的《虞初新志》、朱京藩的《小青傳》等，或調换戔戔居士《小青傳》中情節的順序，或在字句上進行增删，且以上傳文均附於集部中的總集及他人的别集，或在説部及戲劇文獻中流播，而非以單行本的形式單行。

今所見馮小青文集單行本除上文提及的黃來鶴鈔本外，僅見國家圖書館藏明末德聚堂本《小青娘風流院》二卷、《小青傳》一卷和明末刊本《小青集》一卷、《閲稿》一卷兩種，後者有前本朱京藩《與某夫人書》書後一則，故刊年稍後于前者。整理者所經眼明清藏書目録，僅見《鳴野山房書目》卷三"名劇彙共七十二本"中載有《小青傳》而非傳記，及《八千卷樓書目》有"小青集一卷明馮小青撰　與潔堂刊本"的記載，而此本今已不可見。

整理者由于早年碩士研究生的身份及各種條件的限制，最先拿到的本子祇有國家圖書館藏德聚堂本《小青娘風流院》二卷、《小青傳》一卷，明末刊本《小青集》一卷、《閲稿》一卷，及咸豐九年勞權鈔本《小青焚餘集》共三種。儘管前兩種爲除黃來鶴鈔本外現存可見文獻中最早的版本，但考慮到第一種爲戲曲的附録，第二種中《閲稿》的作者存疑，小青的詩文以别集形式流傳的祇有勞權鈔本。又勞權鈔本的録文順序不同於前兩種，按詩、詞、文、傳的順序排列，較符合後來别集編撰的習慣，故儘管其中的《小青傳》脱去請畫師寫照一段，仍以此作爲底本開始進行校箋工作。辛丑年校對工作接近尾聲時,因偶然的機會纔獲得碩士同年朱志樂女史從寧波天一閣博物館影印到的黃來鶴鈔本。按校勘原則,整理者當以黃來鶴鈔本爲底本進行校對較爲合適。但當時諸本校對已完成,祇好以黃來鶴鈔本作爲主校本,將異文附於校記中。爲免讀者產生爲何不以黃來鶴鈔本爲底本的疑惑,特此説明。

近年明清文獻大量影印出版,校註本的出版也如泉湧出,前人研究的成果因文獻缺失而產生的錯誤也就更加明顯,馮小青相關的研究也是如此。目前,整理者見學者可以獲取的資料非往日可比,小青集又無人校箋出版,更不用説萬曆以來相關資料的彙編校點。於是便以一人之力,花費四年多的時間搜集相關史料,明末及清代的集部文獻盡可能逐頁翻檢。根據所得的本子及材料,對戔戔居士的《小青傳》及小青的詩、詞、書信進行校對箋註。《傳》文部分,由於有多人增删潤色的版本,故校文不辭繁瑣,改易的地方均出校説明。詩詞部分的箋註,不止註出古典,間附以必要的考證説明。又馮小青去世之後,明清兩代乃至近代文人題詠論説的詩文甚多,儘管 2010 年臺灣新文豐出版公司出版的《孤山文人影像——三百年“小青熱”輯事論稿》已整理收録衆多,但因各種條件限制,遺漏不少,且收録多爲節選。整理者即將搜集到的與小青相關的史料(例如吊詩、詞曲、詩文評、序、跋等)大致按時代順序輯録排列,並將出處附録于後,與整理者所編《馮鸝鸘年譜》合爲《馮小青集》一書,以便相關研究者考證覈案。

古籍校對整理工作不是一項簡單的工作,整理者學力有限,儘管馮小青的《焚餘集》内容不多,對其進行文字的校勘、本事的考證、資料的搜羅,也花費不少的時間和精力纔得以勉強完成。本書爲整理者第一次進行古籍整理的成果,其中必定存在着許多缺失和舛誤,誠心期待專家、讀者批評指正。

　　本書寫成之後，得到恩師福建師範大學文學院陳慶元教授的指導，指出了其中存在的錯誤，在此向陳老師表示衷心的感謝。廣陵書社方慧君女史對于本書的體例設置、內容編排等問題提供了建設性的建議，感謝爲本書做出的貢獻。此外還有朱志樂同年爲整理者影得珍貴的黃來鶴鈔本，陳璐同年多次幫忙影印上海圖書館藏的稀見文獻，爲本書的整理提供了莫大幫助，對此亦表示由衷的感謝。

鄭永輝

二〇二三年一月于銀城讀賀集齋

凡 例

一、本書校勘以《小青焚餘集》清咸豐九年勞權鈔本爲底本，按原詩、詞、書、傳次序排列，不予以改動。

二、内編馮小青詩文的【校記】置于每篇下方。内編《小青傳》存在同一系統的多種版本，爲識衆本之源流同異，校記内容不獨校字之同異，他本（書）與底本句、段、情節有異者悉數出校説明。另，外編部分，某些文字多有轉引、重出，其間存在的字、句差異不再另作説明。

三、本書整理所采用之主要參校本及主要參考書如下：

〔明〕戔戔居士撰《小青傳》《小青焚餘稿》一卷，明崇禎四年黄來鶴鈔本，簡稱黄來鶴鈔本。

〔明〕馮小青撰《小青集》一卷、《閲稿》一卷（作者疑爲馮小青），國家圖書館藏明末刻本，簡稱《小青集》。

〔明〕朱京藩撰《小青娘風流院》二卷、《小青傳》一卷，國家圖書館藏明末德聚堂刻本，簡稱《風流院》。

〔明〕鄭元勛選《媚幽閣文娱》，明末貝葉山房張氏藏版。其中收有支如璔《小青傳》、陳翼飛《小青傳》，簡稱《媚幽閣文娱》支傳、《媚幽閣文娱》陳傳。

〔明〕題爲鍾惺編評《名媛詩歸》，明末刻本。

〔明〕周之標選輯《女中七才子蘭咳集》，國家圖書館藏明末刻本,簡稱《蘭咳集》。

〔明〕卓人月彙選,徐士俊參評《古今詞統》,明崇禎刻本。

〔明〕秦淮寓客編《綠窗女史》,崇禎心遠堂刻本。

〔明〕馮夢龍輯《情史類略》,《明清善本小説叢刊初編》清初刻本,簡稱叢刊本;清康熙芥子園刻本,簡稱芥子園本。

〔清〕劉雲份選《翠樓集》,清康熙野香堂刻本。

〔清〕王端淑輯《名媛詩緯初編》,清康熙清音堂刻本。

〔清〕徐震著《繡像閨閣才子奇書》,清光緒丙午上海書局石印本。

〔清〕張潮輯《虞初新志》,清乾隆二十五年詒清堂刻本。

〔清〕陳文述輯撰《蘭因集》,清光緒丁氏嘉惠堂刻《武林掌故叢編》本。其中收有支如增《小青傳》,與《媚幽閣文娱》支傳簡繁不一,簡稱《蘭因集》支傳。

他若〔清〕季嫻評選《閨秀集》、〔清〕錢德蒼編《解人頤》等,此類總集、別集中,有轉引小青詩、文句,以之為參校者,率不列出,版本出處見《馮小青集外編》。

四、《馮小青集外編》録文儘量依從原刻(鈔),若異體生僻難識,則易以常用繁體,内容大抵按時間排列(明末至近代)。若同一書中有不同時代之題、跋等文,則置一處,不按時間排列,以便覽者參考。所有材料均註版本出處,若已經點校出版而爲整理者得見者,則照録其文。

目　録

馮小青集内編

古　詩[一]

雪意閣雲雲不流，舊雲正[二]壓新雲頭。

米顛顛筆落窗外，松嵐秀處[三]我當樓[四]。

垂簾只愁好景少[五]，捲簾又怕風繚繞。

簾捲簾垂底事難，不情不緒誰能曉。

爐煙漸瘦剪聲小，又是孤鴻唳[六]悄悄。

【校記】

〔一〕古詩：《名媛詩歸》《翠樓集》題作《擬古》。

〔二〕正：《蘭因集》作“竟”。

〔三〕處：《療妒羹》作“氣”。

〔四〕我當樓：黃來鶴鈔本、《小青集》、《風流院》、《蘭咳集》、《翠樓集》、《名媛詩緯初編》、《繡像閨閣才子奇書》、《虞初新志》、《蘭因集》、《古今圖書集成》、《名媛詩歸》作“當我樓”，《閨秀集》作“當吾樓”。

〔五〕好景少：黃來鶴鈔本作“新景好”，《風流院》“少”作“好”。

〔六〕唳：《翠樓集》作“淚”。

【箋註】

〔閣雲〕唐岑參《田假歸白閣西草堂》：“東望白閣雲，半入紫閣松。”雲本無定，而今不流，謂心如無羈雲而身爲時所困，不得動彈。時者，風也，困于無風，故雲不能流也。

〔舊雲〕唐鮑溶《湘妃列女操》："終疑既遠雙悄悄,蒼梧舊雲豈難召,老猿心寒不可嘯。"

〔新雲〕梁鮑泉《奉和湘東王春日》："新扇如新月,新蓋學新雲。"舊雲謂婦,新雲自指。

〔米顛〕清程師恭轉引《興志》曰："米芾有研山園在鎮江。南宋《米芾傳》:'芾吳人,字元章,號海嶽,稱南宮。善書,爲文必自己出,性好古,號米顛。'"米芾善畫,所圖山水幾亂實景,故謂窗外景色爲米顛筆下也。此句寫幽居孤山別業之景,意甚新。

〔松嵐〕雍正《浙江通志》轉引明張丹《過安隱寺詩》:"古刹松嵐下,相攜一徑清。""當我樓"與"我當樓"置于句中意思稍别,須辨之。若作"當我樓",則別業正對某山或者某湖,湖山間雲霧繚繞。此時"松嵐"爲主語,則此句爲景句。若作"我當樓",則松似蒔于別業內。檢馮具區集,《計孤山工費自嘲》曰:"選幽宜傍竹,避濕爲藏書。"又《孤山新築初成(其一)》曰:"結宇孤山半,危樓百尺連。嘉名標快雪,勝集指新年。啟户群峰入,推窗一鏡懸。"又其二曰:"山樓不盈丈,居高納景多。奇書老堪讀,侍女弱能歌。"《新拓廣庭可見鍾山及冠松齋記》:"東隅精舍既成,以居塾師錢麟仲,而幼子辟邪、鸂鶒、孫延年受業焉。名理軒則爲師生宴集之所,而余館北麓後寢自若。丁酉冬,麟仲告歸,余始易處其中,而遞張名人畫于軒,與二三相知共鑪香茗椀之樂。"又《結廬孤山記》:"迺以癸卯春仲,就竹結廬二重,先成者曰:'青巖居中爲堂,左右二室卧榻在焉。前闢廣庭,後半之俱植芭蕉。啟北扉則巖石亂松,青翠溢目,前庭留舊竹,數竿不芟,待其生孫。'"以上一一與"松嵐秀處當我樓"合,則以"當我樓"爲是。

〔垂簾〕梁王金珠《夏歌二首(其二)》:"垂簾倦煩熱,捲幌乘清陰。"

〔好景〕南唐吳越僧《武肅王有旨石橋設齋會進一詩共六首(其六)》:"登雲步嶺涉煙程,好景隨心次第生。"豈因垂簾而無好景?如余所引南唐吳越僧詩所云,景隨心生,而小青既墮火坑,心悲氣鬱,縱使捲簾極目,孤山盛景,于小青看來,斷無一處好景。

〔捲簾〕唐許渾《夜歸驛樓》:"孤舟移棹一江月,高閣捲簾千樹風。"小青弱柳扶風之姿,自不堪風來繚繞,此紀實之筆也。《小青傳》言其常于"斜陽花際,煙水空清"時臨水自照,後來感疾,與此大有關係。

〔**底事難**〕宋陸游《春愁曲》:"世間無處無愁到,底事難過萬里橋?"此句謂進退不能,究竟有何難處。

〔**不情不緒**〕唐司空圖《寓居有感三首(其三)》:"客處不堪頻送別,無多情緒更傷情。"此句謂進退既不能,爲之身心憔悴,誰得而知之。

〔**爐煙**〕南朝陳蕭詮《賦得往往孤山映》:"鼓吹聲疑盡,香爐煙覺稀。"宋劉氏《寄衣詩》:"剪聲自覺和腸斷,綫腳那能抵淚多。"

〔**孤鴻**〕三國魏阮籍《詠懷八十二首(其一)》:"孤鴻號外野,翔鳥鳴北林。"唐李咸用《關山月》:"嘹唳孤鴻高,蕭索悲風發。"並上句謂困于勢,又無人可道其心事,爲之憔悴損而不能眠,乃至香爐漸冷,剪聲漸小,獨坐至天明,孤鴻一唳,唯此不眠人知之耳。《淮南子》謂"雁乃兩來,仲秋鴻雁來,季秋候雁來",又明人王廷相《登臺》詩有句曰"九月悲風發,三江候雁來",小青詩云"孤鴻",則季節應在秋冬間,此詩似作于楊夫人北上之後,即萬曆四十年(壬子)。

【評點】

〔**雲頭**〕後　《名媛詩歸》評曰:"雲分新舊便奇。壓字正以穩押得出。"

〔**我當樓**〕後　《名媛詩歸》評曰:"秀處當我樓,居然自矜。"

〔**垂簾**〕句　清季嫻評曰:"稍絕辣氣。"

〔**誰能曉**〕後　《名媛詩歸》評曰:"歷歷如訴。"

〔**剪聲小**〕後　《名媛詩歸》評曰:"'漸瘦'二字,非慧心體貼不出。"

篇末　《名媛詩歸》評曰:"悽惋不失氣骨。"

篇末　清季嫻評曰:"幽哀慘惻,不言怨而怨已深。"

絶　句

稽首慈雲大士前,莫生西土莫生天。

願爲[一]一滴楊枝水,灑[二]作人間並蒂蓮。[三]

【校記】

〔一〕爲:《西湖夢尋》《蘭因集》作"將"。

〔二〕灑:《梅花夢》作"化"。

〔三〕此詩《翠樓集》題作《禮觀音》,《歷代女子詩集》題作《怨題·其二》,《西
湖夢尋》《小青外傳》題作《拜慈雲閣》。

【箋註】

〔**慈雲大士**〕《論藏》收有北宋天竺寺慈雲大師遵式述所作《天台智者大
師齋忌禮贊由序》。南宋晁公武《郡齋讀書志》:"《法界觀攄一要記》四卷。
右皇朝僧遵式述。"北宋林逋有《和酬天竺慈雲大師》。

〔**西土**〕唐慧琳《一切經音義》:"室羅伐。梵語西土國名也。古譯名舍衛,
或云舍婆提,皆語訛轉也。唐言聞物國,言此國出多聞之人,足寶物。《善見
律》亦名多有國,言多足聰明智人,諸國珍奇皆歸此國,富有物産,故言多有,
其義一也。上古有舍衛人住居此地,因名舍衛,在中印度境。""天"字疑爲道
門第三十五重天離恨天,又名太清境、大赤天。《倩女離魂》有句曰:"三十三
天覷了,離恨天最高。"按:《天關經》載天關三十六重,最後一重爲無上大
羅高蓋天,包羅諸天,則最高天應爲第三十五重天離恨天,《倩女離魂》言
三十三應是讀此經"此上三天"句誤解此後三天之順序。然此絶以大士開篇,
按此解則佛道雜混,稍顯不倫,疑此"天"與"西土"互文,即"西天"也。

〔**楊枝水**〕明釋袾宏《諸經日誦集要》:"楊枝净水,遍灑三千,性空八德
利人天。餓鬼免針咽,滅罪除愆,火焰化紅蓮。"

〔**並蒂蓮**〕唐徐堅《初學記》:"宋有天淵池、華林池,池有雙蓮同幹,芙蓉
異花並蒂。"

按:此詩或作于小青與婦及楊夫人禮佛時,見《小青傳》。另一絶"西陵
芳草騎轔轔"或爲同時所作,其末句"可知妾是意中人"與"灑作人間並蒂蓮"
意相同,亦與《小青傳》所載小青自奠時所言"此中豈汝緣分耶"相應,讀者
識得。據《小青傳》言隨大婦"禮佛事",則此詩作于萬曆三十九年春。

【評點】

〔**楊枝水**〕後 《名媛詩歸》評曰:"深情幻想。"

篇末　《名媛詩歸》評曰："悲心軟語，願望得警切。"

清趙世傑《歷代女子詩集》眉批曰："結想甚幻，落筆甚圓，癡情如畫。"

新妝竟與畫圖争，知在昭陽第幾名？

瘦影自臨〔一〕秋水〔二〕照，卿須憐我我憐卿。〔三〕

【校記】

〔一〕臨：《孤山夢詞》作"憐"。

〔二〕秋水：黃來鶴鈔本、《風流院》、《蘭咳集》、芥子園本、叢刊本、《翠樓集》、《名媛詩緯初編》、《繡像閨閣才子奇書》、《蘭因集》、《療妒羮》、《孤山夢詞》、《梅花夢》、《梅花草堂筆記》、《解人頤》、《古今圖書集成》、《名媛詩歸》均作"春水"。

〔三〕此詩《翠樓集》題作《絮影》。

【箋註】

〔新妝〕梁劉遵《繁華應令》："蛾眉詎須嫉，新妝迎入宮。"唐李白《清平調詞三首（其二）》："借問漢宮誰得似，可憐飛燕倚新妝。"

〔昭陽〕漢班固《漢書·外戚傳》："皇后（趙飛燕）既立，後寵少衰，而弟絕幸，爲昭儀。居昭陽舍，其中庭彤朱，而殿上髹漆，切皆銅沓黃金塗，白玉階，壁帶往往爲黃金釭，函藍田璧，明珠、翠羽飾之，自後宮未嘗有焉。"前二自負意。

〔瘦影〕元方回《八月十五夜對月》："人世無燈方作夢，山翁有酒更能詩。此心除却嫦娥外，惟許崚嶒瘦影知。"

〔卿須憐我我憐卿〕南朝宋劉義慶《世說新語》："王安豐婦常卿安豐。安豐曰：'婦人卿壻，于禮爲不敬，後勿復爾。'婦曰：'親卿愛卿，是以卿卿。我不卿卿，誰當卿卿！'遂恒聽之。"因自負甚而無識者，故設影以相憐。

按：此詩作于萬曆四十年秋後。

【評點】

〔第幾名〕後　《名媛詩歸》評曰："自負語。"

〔**我憐卿**〕後　《名媛詩歸》評曰："卿字我字，從何分出。妙。"

篇末　《名媛詩歸》評曰："姬嘗言：'姬好與影語，或斜陽花際，煙空水清，輒臨池自照，對影細細如問答。婢董窺之，則不復此耳。微見眉痕慘然，似有泣意。'今讀此絕，既說自臨，又說相憐，一我兩名，相須相顧，知其無聊悶鬱，偶嘗爲此。若云好之，非其心矣。"

西陵芳草騎轔轔[一]，内信[二]傳來唤踏春[三]。

杯酒自澆蘇小墓，可知[四]妾是意中人？[五]

【校記】

〔一〕騎轔轔：《孤山夢詞》作"騎驎驎"，《西湖夢尋》作"綺粼粼"。

〔二〕信：《虞初新志》作"使"。

〔三〕春：黄來鶴鈔本、《西湖夢尋》作"青"。

〔四〕知：黄來鶴鈔本作"憐"。

〔五〕此詩《西湖夢尋》題作《拜蘇小小墓》，《小青外傳》題作《拜蘇小墓》，《翠樓集》題作《吊蘇小》。

【箋註】

〔**西陵**〕南宋周密《武林舊事》："西陵橋，又名'西林橋'，又名'西泠橋'，又名'西村'。"

〔**轔轔**〕西晉潘岳《藉田賦》："襲春服之妻妻兮，接游車之轔轔。"唐李周翰註："轔轔，車聲。"李善註："《毛詩》曰：'有車轔轔。'"

〔**内信**〕北宋趙抃《引詔書再論陳執中狀》："身爲大臣，既破朝廷之禮，而私門之内，信縱嬖人，殺虐無罪，陳乞置獄，復自廢之。"明馮元白《宫詞步過涵輝韻》："來朝强把新妝試，内信無聞唤采蓮。"

〔**蘇小墓**〕南朝齊佚名《錢塘蘇小小歌》："妾乘油壁車，郎騎青驄馬。何處結同心，西陵松柏下。"清許承祖《西湖漁唱》："蘇小小墓相傳在西泠橋側。《咸淳臨安志》《武林舊事》俱載墓在湖上。唐徐凝《寒食詩》謂在嘉興。陸廣微《吴地志》遂引凝詩載墓在嘉興縣側。白樂天、劉夢得詩皆指錢塘，説各不齊。按嘉興並無墓址，可考至元舊志亦無明文。而《錢塘蘇小小歌》名倡南齊時人，古辭云‘何處結同心，西陵松柏下’，是爲錢塘人無疑。又《輟耕録》載《春渚紀聞》云：‘司馬才仲爲錢塘幕官，其廨舍後有蘇小墓。’又周紫芝《湖堤步遊有吊蘇小墓》詩，據此則宋時顯有墓在湖上，與《咸淳志》《武林舊事》吻合。意徐詩必另一蘇墓，如《遊覽志餘》所載趙院判妾蘇小娟之類，姓名偶訛，故謂嘉興亦有蘇小墓，則可謂蘇小墓必非湖上則不可也。世久年遠，湖上墓址亦無可蹤跡，姑存知以俟博考。”

〔**意中人**〕東晉陶淵明《示周續之祖企謝景夷三郎一首》：“藥石有時閒，念我意中人。”其中難處唯我自知，故謂“可知妾是意中人”。

按：此詩作于萬曆三十九年春。

【評點】

〔**蘇小墓**〕後　《名媛詩歸》評曰：“慕同心人不可得，非念蘇小也。”

〔**意中人**〕後　《名媛詩歸》評曰：“意中人一問，低徊愁慘，別有感託。”

　　冷雨幽窗不可聽，挑燈閒看《牡丹亭》。

　　人[一]間亦有癡於[二]我，豈[三]獨傷心[四]是小青。[五]

【校記】

〔一〕人：《解人頤》作“世”。

〔二〕於：《解人頤》作“如”。

〔三〕豈：《風流院》《蘭因集》《〈牡丹亭〉跋後》《全浙詩話》作“不”。

〔四〕傷心：《風流院》作“傷春”。

〔五〕此篇《翠樓集》題作《讀還魂記》，《歷代女子詩集》題作《怨題》，《梅花夢》題作《萬曆辛亥春作》。

【箋註】

〔**冷雨幽窗**〕唐李中《對雨寄胸山林番明府》：“斜飄虛閣琴書潤，冷逼幽窗夢寐清。”宋王宗賢《題漱玉館》：“幽窗偃息驚回夢，誤聽虛檐雨滴聲。”

〔**挑燈**〕唐呂巖《鄂渚悟道歌》：“數篇奇怪文入手，一夜挑燈讀不了。”

〔**《牡丹亭》**〕清朱彝尊《静志居詩話》：“義仍(湯顯祖)填詞，妙絶一

時……其《牡丹亭》曲本,尤極情摯……世或相傳云刺曇陽子而作。……婁
江女子俞二娘,酷嗜其詞,斷腸而死,故義仍作詩哀之云:'畫燭搖金閣,真珠
泣繡窗。如何傷此曲,偏只在婁江?'"

〔**癡於我**〕宋謝邁《余賦野香亭前木犀花二小詩盛稱此花之妙而江迪彝
賦梅花詩以反之往返唱和十數篇二花優劣未決故復長韻示之》:"出口未覺
我儕癡,我今束縛喙三尺。"

〔**傷心**〕唐白居易《李夫人》:"傷心不獨漢武帝,自古及今皆若斯。"

按:此詩作年不詳。

【評點】

〔**不可聽**〕後 《名媛詩歸》評曰:"不可字慘動。"

〔**癡於我**〕後 《名媛詩歸》評曰:"不以我傲前人,只説前人似我,自矜
自憐,默然悲動。"

〔**是小青**〕後 《名媛詩歸》評曰:"豈獨傷自解自慰,情緒無耐。"

何處雙禽[一]集畫闌,朱朱翠翠似[二]青鸞。

如[三]今幾個憐文彩,也向[四]秋風鬪羽翰。[五]

【校記】

〔一〕雙禽:卓發之《和小青韻(有序)》作"飛來"。

〔二〕似:黃來鶴鈔本作"是"。

〔三〕如:卓發之《和小青韻(有序)》作"而"。

〔四〕向:《遺真記》《孤山夢詞》作"問"。

〔五〕此詩《翠樓集》題作《雜詠(其一)》。

【箋註】

〔**雙禽**〕唐陳子昂《鴛鴦篇》:"豈若此雙禽,飛翻不異林。"

〔**畫闌**〕唐李群玉《又湘妃詩四首(其四)》:"相約杏花壇上去,畫闌紅子
鬪挼蒲。"

〔**青鸞**〕周師曠《禽經》:"羽族之君長也。鸞,瑞鳥。鸞者,鳳鳥之亞。

始生類鳳。久則五彩變易，故字從變。省禮斗《威儀》曰：'天下太平安寧，則見。其音如鈴，鑾鑾然也。周之文物，大備法車之上，綴以大鈴，如鸞之聲也，後改爲鑾。'一曰雞趣。顧野王《符瑞圖》曰：'雞趣，王者有德，則見。首翼赤，曰丹鳳；青，曰羽翔；白，曰化翼；玄，曰陰翥；黃，曰土符。別五彩，而爲名也。'"

〔**憐文彩**〕唐滕潛《鳳歸雲》："五陵公子憐文彩，畫與佳人刺繡衣。"

〔**羽翰**〕唐劉禹錫《謁柱山會禪師》："淹留郢南都，摧頹羽翰碎。"意同"稽首""新妝""西陵"。

按：似作于萬曆四十年秋。

【評點】

〔**集畫闌**〕後 《名媛詩歸》評曰："感動在一雙字。"

篇末 《名媛詩歸》評曰："非託語，不勝傷歎。"

脈脈溶溶灩灩[一]波，芙蓉睡醒欲如何。

妾映[二]鏡中花映水，不知秋[三]思落誰多。[四]

【校記】

〔一〕灩灩：芥子園本、叢刊本、《翠樓集》、《名媛詩緯初編》、《繡像閨閣才子奇書》、《古今圖書集成》、《名媛詩歸》皆作"艷艷"。

〔二〕映：黃來鶴鈔本作"暎"。

〔三〕秋：黃來鶴鈔本作"愁"。

〔四〕此詩《翠樓集》題作《雜詠(其二)》。

【箋註】

〔**脈脈**〕東漢佚名《古詩十九首·迢迢牽牛星》："盈盈一水間，脈脈不得語。"《爾雅》曰："脈，相視也。"郭璞註："脈脈，謂相視貌也。"

〔**溶溶**〕西漢劉向《九歎》："揚流波之潢潢兮，體溶溶而東回。"宋洪興祖註："溶溶，波貌也。言己隨流而行，水盛廣大，波高溶溶，將東入於海也。"

〔**灩灩**〕南朝梁何遜《望新月示同羈》："的的與沙靜，灩灩逐波輕。"

〔芙蓉〕明彭大翼《山堂肆考》："荷花。《爾雅》：'荷，芙渠也。其莖茄，其葉蕸，其本蔤，其華菡萏，其實蓮，其根藕，其中的，的中薏。'蔤乃莖下白蒻在泥中者，蓮謂房也。的，蓮中子也。薏，的中心苦者，又別名曰水芝，曰水華。又《杜詩注》：產於陸者曰木芙蓉，產於水者曰草芙蓉。然花有紅、白、碧、黃等色者，有千葉重臺雙頭者。又有曉起朝日，夜低入水者。又有出於陸而不出於水者，謂之旱蓮。"

〔鏡中〕南宋白玉蟾《醉中賦別》："鏡中人瘦如花瘦，湖上春濃似酒濃。"南宋汪莘《放歌行》："分明是真不是想，水中月影鏡中像。"

〔秋思〕南朝宋佚名《讀曲歌八十九首（其三十三）》："桃花落已盡，秋思猶未央。"

按：此詩似作于萬曆四十年秋。

【評點】

〔欲如何〕後　《名媛詩歸》評曰："如何一問，癡情相照。"

〔落誰多〕後　《名媛詩歸》評曰："秋思傷人，却與芙蓉細語。比量，與臨水語影，同一情事。"

盈盈金谷女班頭，一曲驪珠〔一〕眾伎〔二〕收。

直〔三〕得樓前身一死，季倫原自〔四〕解風流。〔五〕

【校記】

〔一〕珠：《蘭因集》作"歌"。

〔二〕伎：《名媛詩緯初編》《名媛詩歸》《繡像閨閣才子奇書》作"技"。

〔三〕直：《遺真記》《孤山夢詞》作"值"。

〔四〕自：《蘭咳集》、叢刊本、黃來鶴鈔本、《閨秀集》、《虞初新志》、《名媛詩緯初編》、《遺真記》皆作"是"。

〔五〕此詩《翠樓集》題作《雜詠（其三）》。

【箋註】

〔金谷〕《大清一統志》："金谷園在洛陽西北。晉石崇《金谷詩序》：'余有別廬在河南金谷澗中，清泉茂樹，衆果竹栢藥物具有，又有水碓魚池。’《明統志》：‘園在府城西十三里許，中有清涼臺，相傳爲崇妾緑珠墜樓之所。’”

〔驪珠〕漢班固《漢書·儒林傳》：“（王）式徵來，衣博士衣而不冠，曰：‘刑餘之人，何宜復充禮官？’既至，止舍中，會諸大夫、博士，共持酒肉勞式，皆注意高仰之，博士江公世爲《魯詩》宗，至江公著《孝經説》，心嫉式，謂歌吹諸生曰：‘歌《驪駒》。’式曰：‘聞之於師：客歌《驪駒》，主人歌《客毋庸歸》。今日諸君爲主人，日尚早，未可也。’”

〔身一死〕三國魏王粲《七哀詩三首（其一）》：“未知身死處，何能兩相完。”

〔季倫〕唐房玄齡等《晉書》：“（石）崇字季倫，生於青州，故小名齊奴。少敏惠，勇而有謀。……及賈謐誅，崇以黨與免官。時趙王倫專權，崇甥歐陽建與倫有隙。崇有妓曰緑珠，美而豔，善吹笛。孫秀使人求之。崇時在金谷別館，方登涼臺，臨清流，婦人侍側。使者以告。崇盡出其婢妾數十人以示之，皆蘊蘭麝，被羅縠，曰：‘在所擇。’使者曰：‘君侯服御麗則麗矣，然本受命指索緑珠，不識孰是？’崇勃然曰：‘緑珠吾所愛，不可得也。’使者曰：‘君侯博古通今，察遠照邇，願加三思。’崇曰：‘不然。’使者出而又反，崇竟不許。秀怒，乃勸倫誅崇、建。崇、建亦潛知其計，乃與黃門郎潘岳陰勸淮南王允、齊王冏以圖倫、秀。秀覺之，遂矯詔收崇及潘岳、歐陽建等。崇正宴於樓上，介士到門。崇謂緑珠曰：‘我今爲爾得罪。’緑珠泣曰：‘當效死於官前。’因自投于樓下而死。崇曰：‘吾不過流徙交、廣耳。’及車載詣東市，崇乃歎曰：‘奴輩利吾家財。’收者答曰：‘知財致害，何不早散之？’崇不能答。崇母兄妻子無少長皆被害，死者十五人，崇時年五十二。”

〔解風流〕唐薛能《清河泛舟》：“儒將不須誇郤縠，未聞詩句解風流。”

按：後兩句可謂有情人之十四字史論。夫石崇德薄，人多誹之。而緑珠死節，歷代文士爭誦不已。然季倫德薄而情隆，又能識緑珠之才，勝于元相國輕薄之流。于情論之，季倫亦可得而歌之，歌其情之至，愛才之深也。小青以至情之筆爲季倫翻案，亦痛歌己之不爲人識之恨也。此詩作年不詳。

【評點】

〔**身一死**〕後　《名媛詩歸》評曰：“直得二字，許人不輕。”

〔**解風流**〕後　《名媛詩歸》評曰：“季倫，知己。”

篇末　清季嫻評曰：“委婉，其實氣味甚辣。”

鄉心不畏兩峰高，昨夜慈親入夢遙。

說是〔一〕浙江潮有信，浙潮爭似〔二〕廣陵潮。〔三〕

【校記】

〔一〕說是：《蘭因集》《虞初新志》《古今圖書集成》皆作“見說”。

〔二〕浙潮爭似：《遺真記》《孤山夢詞》作“浙江潮似”。

〔三〕此篇《翠樓集》題作《懷母》。

【箋註】

〔**兩峰**〕北魏酈道元《水經注》：“（浙江）水流于兩山之間，江水急濬，兼濤水晝夜再來，來應時刻，常以月晦及望尤大，至於二月、八月最高，峩峩二丈有餘。”南朝宋鮑照《發後渚》：“蕭條背鄉心，悽愴清渚發。”清顧祖禹《讀史方輿紀要·浙江》：“蕭山，縣治西一里。唐以此山名縣，一名西山。又城山，在縣西九里。其山中卑四高，宛如城堞，亦謂之越王城。山半有洗馬池，產嘉魚。其前兩峰對峙，謂之馬門。相傳吳王闔閭侵越，勾踐保此以拒吳。”

〔**慈親**〕北宋梅堯臣《送王安之太博歸西京》：“聞君夢慈親，手把青玉佩。”

〔**浙潮**〕唐李益《江南曲》：“早知潮有信，嫁與弄潮兒。”元楊維楨《西湖竹枝歌九首（其一）》：“浙江潮信有時失，臂上守宮無日消。”

〔**廣陵潮**〕清愛新覺羅·弘曆《廣陵濤疆域辨》：“枚乘《七發》‘觀濤廣陵之曲江’，注云：‘廣陵國屬吳。’自是，詠潮數典者概舉廣陵，而於其封域則姑舍而未詳。酈道元《水經注》於漸江引‘海水逆流，江水上潮，似神而非’，爲江流兩山間，濤來高大之據，亦不定云廣陵所屬。自元時錢惟善《試羅刹江賦》始云‘惟羅刹之巨江，實發源於太末’，人皆知此語始自惟善，而不知惟善實祖元積‘爲問西州羅刹岸，濤頭衝突近何如’之句，於是以浙江爲曲

江,而浙江潮、廣陵潮遂溷而爲一矣。夫乘,漢人也,其舉方域不能違漢制,
考《漢書·地理志》:'廣陵國,高帝六年屬荊州。十一年,更屬吴。'所治廣陵、
江都、高郵、安平四縣,而錢塘在當時爲餘杭防稽郡。雖顔師古注有'景帝四
年屬江都'之文,劉敞駁其非。是敞長於考訂,其説必有可信,則防稽之不屬
廣陵,明甚。然以今日濤形論之,揚子之潮雖亦應朝夕期候,若《七發》所侔
揣刻劃、目爲似神者,固究於浙江之潮爲近,然其理又實有不可强爲比附者。
即以乘所云'弭節伍子之山,通厲胥母之場'而言,不特《越絶書》所云'旦
食於組山,晝遊於胥母',其文與姑胥之臺相屬,即胥山之見於《史記》及《吴
越春秋》者,註一以爲在吴縣西四十里,一以爲在太湖邊,皆不出今蘇州境。
於揚於杭,又皆風馬牛不相及矣。揚子固不能遠逾吴松,以通潮汐,具區雖
連亘數郡,而去海遠甚,浙江之濤,又安能指數百里外之湖濱而弭且厲哉?
是乘之言,已不免相矛盾矣。蓋《七發》之作,不過文人托事抒藻之爲,如
子虚亡是,騁其贍博,非必若山經地志專供考資者之脈絡分明也。又唐李紳
詩云:'揚州郭里見潮生。'而《蔡寬夫詩話》亦以爲:'潤州大江與揚子橋對
岸,州乃江中一洲。'疑曩時大江之潮,揚州固嘗見之,又何以文人怪異詭
觀之辭本無確據,而拘墟享帚,定以廣陵古國屬之餘杭,抑亦刻舟膠柱之甚
矣。"

　　按:從小青《與某夫人書》中可以見出,其與母之關係應不甚惡,詩曰"浙
潮争似廣陵潮",即嗔浙潮無信,使予不能歸家也。参讀張大復《廣陵歌》"屏
山堂下廣陵濤,濤飛八月接雲霄"句,則浙江濤與廣陵濤之盛皆在八月。故
馮氏或曾許小青歸寧其母,而以種種事故不能遂願,又或小青曾與其母、馮
氏共約八月歸寧,母至而馮氏不許歟? 李瀾瀾所謂小青爲揚州之"瘦馬",即
買女童教授,長而售人之俗,此説似應商榷。小青《書》有"老母娣弟,天涯
問絶"句,此詩似作于萬曆四十年秋冬間。

【評點】

〔**兩峰高**〕後　《名媛詩歸》評曰:"與夢魄不怕險同一意,而能脱化。"

〔**廣陵潮**〕後　《名媛詩歸》評曰:"争似二字,婉曲悲切。"

百結回腸寫淚痕，重來惟有舊朱門。

夕陽一片桃花影，知是亭亭倩女魂。〔一〕

【校記】

〔一〕此篇《名媛詩歸》《翠樓集》題作《寄夫人》，《風流院》題作《寄楊夫人》，
　　黄來鶴鈔本、《名媛詩緯初編》題作《寄某夫人》。

【箋註】

〔百結〕唐駱賓王《疇昔篇》："回腸隨九折，迸淚連雙流。"

〔舊朱門〕西晋張華《輕薄篇》："甲第面長街，朱門赫嵯峨。"唐于武陵
《過侯王故第》："獨殘新碧樹，猶擁舊朱門。"

〔桃花影〕元曾子貫《金精山歌次韻》："桃源有路不可入，桃花影絶那得
尋。"

〔倩女魂〕元雅琥《崔徽寫真》："未得離魂如倩女，衰容先我到君家。"

按：不知誰人傳"冷雨"一絶爲小青絶命詩，觀此詩之"重來""倩女魂"，
視爲絶命詩應不誤，應作于萬曆四十年秋冬間。

【評點】

〔倩女魂〕後　《名媛詩歸》評曰："情思幽結，恍惚空際，猶有餘嬈。"

〔知是亭亭倩女魂〕　清游子六旁批："情思悲傷。"

篇末　《名媛詩歸》評曰："情至處，使人低回感痛，不能去懷。"

篇末　季嫻評曰："此等姿態，猶可想見風流綽約之時。"

春衫血淚點輕紗，吹入林逋處士家。

嶺上梅花三百樹，一時應變杜鵑花。〔一〕

【校記】

〔一〕此詩《翠樓集》題作《感懷》，《詩法入門》題作《寫怨》。

【箋註】

〔春衫〕南朝梁劉氏《贈答》："看梅復看柳，淚滿春衫中。"

〔林逋〕《宋史》:"林逋,字君復,杭州錢塘人。少孤,力學,不爲章句。性恬淡好古,弗趨榮利,家貧衣食不足,晏如也。初放遊江、淮間,久之歸杭州,結廬西湖之孤山,二十年足不及城市。真宗聞其名,賜粟帛,詔長吏歲時勞問。"

〔梅花〕北宋林逋《又詠小梅》:"數年閒作園林主,未有新詩到小梅。"明高濂《遵生八箋》:"孤山舊址,逋老種梅三百六十,已廢,繼種者今又寥寥盡矣。孫中貴公補植原數,春初玉樹參差,冰花錯落,瓊臺倚望,恍坐玄圃羅浮。若非黃昏月下,攜尊吟賞,則暗香浮動,疏影橫斜之趣,何能真見實際!"清劉灝《廣群芳譜》:"孤山放鶴亭,林逋隱此,蓄二鶴,每泛舟湖中,客至,童子縱鶴飛報,即歸。後人題句云'種梅花處伴林逋'。《西湖志》:'至元間,儒學提舉余謙復,補植梅數百本於山,構梅亭於其下。'"

〔杜鵑花〕《嘉泰會稽志》:"杜鵑花以二三月杜鵑鳴時開,一名映山紅,一名紅躑躅。防稽有二種,其一先敷葉後著花者色丹如血,其一先著花後敷葉者色差淡,近時又謂先敷葉後著花者爲石岩以別之。然鄉里前輩舊但謂之紅躑躅,尚未謂之石岩,不知石岩之名起於何年。荊公《送黃吉父歸臨川》詩云'亦見舊時紅躑躅,爲言春至即傷心',則江西亦謂之紅躑躅也。越人多植庭檻間,結縛爲盤盂翔鳳之狀。惟法華山奉聖寺佛殿前者特異,樹高與殿簷等,而色尤紅。花正發時,照耀楹桷,墻壁皆赤。舊例花苞欲拆時,寺僧先期以白郡守府倅率郡僚徃燕其下,邦人亦競出。久之,寺僧厭其擾,陰戕之,今枯已二十年。郡齋有杜鵑樓今廢,李公垂有詩自注云:'樓前植杜鵑,因以爲名。'王性之詩云'杜宇啼時花正開'是也。法華、雲門諸山皆有之。上虞縣南有釣防山,山足二石筍特起五六十尋,其顛皆有花。春夏照爛,望之有若人立而飾其冠冕者。"

按:此詩作于萬曆三十九年春。

【評點】

〔杜鵑花〕後　《名媛詩歸》評曰:"牢騷不平,强説應變。妙。"

〔一時應變杜鵑花〕旁　清游子六評:"莫非血淚染成。"

詞

天仙子〔一〕

　　文姬遠嫁昭君〔二〕塞，小青又續風流債。也虧一陣黑罡風，火輪下，抽身快。單單別別〔三〕清涼界。　　原不是鴛鴦一派，休筭〔四〕做相思一概。自思自解〔五〕自商量，心可在？魂可在？著衫〔六〕又撚雙裙帶〔七〕。

【校記】

〔一〕此篇爲沈際飛《草堂詩餘新集》收録，題作《寫懷》。

〔二〕昭君：《療妒羹》作“明妃”。

〔三〕別別：《繡像閨閣才子奇書》《古今圖書集成》作“別却”，黃來鶴鈔本、《蘭因集》《林下詞選》《孤山夢詞》作“另另”。

〔四〕筭：《小青集》作“莫”，《古今詞統》作“猜”。

〔五〕解：《梅花夢》作“想”。

〔六〕衫：《林下詞選》作“衣”。

〔七〕雙裙帶：《蘭咳集》《蘭因集》作“裙雙帶”。

【箋註】

　　〔文姬〕南朝宋范曄《後漢書》：“陳留董祀妻者，同郡蔡邕之女也，名琰，字文姬。博學有才辯，又妙於音律。適河東衛仲道。夫亡無子，歸寧于家。興平中，天下喪亂，文姬爲胡騎所獲，没於南匈奴左賢王，在胡中十二年，生二子。曹操素與邕善，痛其無嗣，乃遣使者以金璧贖之，而重嫁於祀。”唐魏徵、令狐德棻《隋書》：“後漢董祀妻《蔡文姬集》一卷。”

　　〔昭君〕南朝宋范曄《後漢書》：“昭君字嬙，南郡人也。初，元帝時，以良家子選入掖庭。時呼韓邪來朝，帝敕以宫女五人賜之。昭君入宫數歲，不得見御，積悲怨，乃請掖庭令求行。呼韓邪臨辭大會，帝召五女以示之。昭君丰容靚飾，光明漢宫，顧景裴回，竦動左右。帝見大驚，意欲留之，而難於失信，遂與匈奴。生二子。及呼韓邪死，其前閼氏子代立，欲妻之，昭君上書求歸，成帝敕令從胡俗，遂復爲後單于閼氏焉。”遠嫁，自指從維揚嫁至杭郡。

〔**風流債**〕唐張旭《柳》："請君細看風流意,未減靈和殿裏時。"

〔**黑罡風**〕唐李淳風《乙巳占》："坎,大罡風,從北來,客勝,主人敗。艮,小罡風,從東北來,客勝,主人不利。"唐佚名《上清靈寶大法古序》："乃出三五章儀,《河圖》醮法,拜表上章之訣,罡風驛騎之司。"南宋劉克莊《夢館宿二首(其二)》："罡風誤送到蓬萊,昔種琪花今已開。"

〔**火輪**〕《楞嚴經》："阿難,如汝所言,四大和合發明世間種種變化。阿難,若彼大性體非和合,則不能與諸大雜和,猶如虛空不和諸色;若和合者,同於變化,始終相成,生滅相續,生死死生,生生死死,如旋火輪,未有休息。阿難,如水成冰,冰還成水。"

〔**單單別別**〕唐智儼《華嚴經內章門等雜孔目章》："十數之義,含有二門。一成圓教門,二不成圓教門。今將《梵網經》等對大經本,瓔珞等十數即是單別,不具一切圓故。"

〔**清涼界**〕北宋釋道原《景德傳燈錄》："洞山問:'幾前一童子甚了事,如今不見向甚處去也。'師云:'火焰上泊不得,却歸清涼世界去也。'"

〔**雙裙帶**〕唐李群玉《贈琵琶妓》："一雙裙帶同心結,早寄黃鸝孤雁兒。"《林下詞選》注曰:"下字失韻,平仄多不協。"又評曰:"《傳》中又有《南鄉子》詞止三句,云:'數盡懨懨深夜雨,無多,也只得一半功夫。'"《古今詞統》該首篇末曰:"小青廣陵女子,嫁爲虎林某生妾。生乃豪公子,憨跳不韻,婦復奇妬,小青竟鬱鬱感疾而死。有《寄某夫人書》一首、古詩一首、絕句十首、詞一首,又《南鄉子》詞不全,僅三句云:'數盡懨懨深夜雨,無多,也只得一半工夫。'"徐士俊眉批曰:"平仄多謬,然不忍釋。"

按:據"也虧一陣黑罡風,火輪下抽身快,單單別別清涼界"句可知,該詞作于萬曆三十九年春徙居孤山別業時。

【評點】

明沈際飛《草堂詩餘新集》:"《抱朴子》:'鷗鳶展翅不動,去地四十里,風力猛壯,可驗有剛風世界。'……按:小青,廣陵人,名玄玄,姓不獲傳。容態妙麗,解聲律,精諸伎。年十六,歸一武林生,生婦妬,置之別館,鬱鬱而死,纔十八耳。有詩集,婦付之烈焰,惟有絕句一詞,僅存之花鈿中,更于壁間得殘箋寸許，有云：‘數盡懨懨深夜雨，無多，也只得一半工夫。’蓋《南鄉子》詞而未全。嗟乎。天上優曇，人間一現，數言足千古，何必盡吐奇葩，供人褻玩耶？支道林爲之傳，行于世。”眉批：“可惜令人無膽，不復以名字入句中。黑罡風禍歟福歟？清涼界甘歟苦歟？而反言之。派、概二字奇獲。如小青者，應妬應妬。人有言：‘女人看女人，心中少個情字，眼中無真，妍媸非確。’擲刀前把，我見猶憐，又何人也？□婦可以謂之妬乎？”

　　清陳廷焯《白雨齋詞話全編·雲韶集輯評》卷二六：“小青本屬子虛，然必求其人以實之，亦殊無謂。凄婉如此，我見猶憐。”

南鄉子〔一〕

　　牛女隔天河，淚流滴滴濕輕羅。問春去了還來麼？辜奴，教人獨自伴嫦娥。　　寂寞病身軀，衾單枕隻又如何。數盡懨懨深夜雨，無多，也只得一半工夫。

【校記】

〔一〕《小青集》錄後半闋於《小青傳》，《風流院》、《蘭咳集》、《情史類略》諸
　　　本，《繡像閨閣才子奇書》、《蘭因集》、《古今圖書集成》未錄。《梅花夢》
　　　祇有下闋殘句，作“數盡懨懨春雨夜，無多，也只得一半工夫”。清張道
　　　《梅花夢》所見唯“古詩一首，絕句九首，詩餘一首”。

【箋註】

　　〔牛女〕南朝梁宗懍《荊楚歲時記》：“七月七日，爲牽牛織女聚會之夜。
按：戴德《夏小正》云‘是月，織女東向’，蓋言星也。《春秋運斗樞》云：‘牽牛，
神名略。’石氏《星經》：‘牽牛，名天關。’《佐助期》云：‘織女，神名收陰。’
《史記·天官書》云是天帝外孫。傅玄《擬天問》云：‘七月七日，牽牛織女會
天河。’此則其事也。……河鼓、黃姑，牽牛也，皆語之轉。”

　　〔嫦娥〕西漢劉安《淮南子·覽冥訓》：“羿請不死之藥於西王母，姮娥竊
以奔月。”高誘注：“姮娥，羿妻。羿請不死之藥於西王母，未及服之，姮娥盜
食之，得仙，奔入月中，爲月精也。”

　　〔寂寞〕南宋戴復古《趙葦江與東嘉詩社諸君遊一日攜吟卷見過一語謝

其來》："白首無聊老病軀,一心唯覓死頭顱。"此詞填於七夕,牛郎或指楊夫人,夫人北去後,不知何日重來,是以問"春去了還來麼",與古詩同時作。又言"病身軀",參"百結"一絕,似卒于隔年夏。

〔憖憖〕元劉伯亨【雙調】《朝元樂·動相思》："憖憖白晝長,楚楚黃昏細。"

按:此詞作于萬曆四十年秋冬間。

書〔一〕

玄玄〔二〕叩首瀝血,致啓于〔三〕夫人鸞〔四〕座下〔五〕:關頭祖帳,迥〔六〕隔人天。官舍良辰,當非寂度。馳情感往,瞻睇〔七〕慈雲。分燠噓寒,如依膝下。糜身百體,未足云酬。娣娣〔八〕姨姨別來〔九〕無恙。猶憶南樓元夜〔一〇〕,看燈諧〔一一〕謔,姨指畫屏中一憑闌女曰:"是妖嬌〔一二〕兒,倚風獨盼,恍惚有思,當是阿青。"姜亦笑指一姬曰:"此執拂狡鬟,偷近郎側,將無〔一三〕似娣〔一四〕?"于時角彩〔一五〕尋歡,纏綿徹曙。寧復知風流雲散,遂有今日乎?往者仙槎北渡,斷梗南樓,猜語哮聲,日焉三至。漸乃微詞〔一六〕含吐,亦如〔一七〕尊旨云云。竊揆鄙〔一八〕衷〔一九〕,未見其可。夫屠肆菩心,餓〔二〇〕狸悲鼠,此直供〔二一〕其換馬,不致〔二二〕辱以當壚。去則弱絮風中,住〔二三〕則幽蘭霜裏。蘭因絮果,現業誰深?若便〔二四〕祝髮空門,洗妝浣〔二五〕慮,而艷思綺語,觸緒紛來。正恐蓮性雖〔二六〕胎,荷〔二七〕思〔二八〕難殺,又未易言此也。乃至遠笛哀秋,孤燈聽雨。雨殘笛歇,謖謖松聲〔二九〕。羅衣壓肌,鏡無乾影。晨〔三〇〕淚鏡潮〔三一〕,夕淚鏡汐。今茲雞骨,殆復難支。痰灼肺然〔三二〕,見粒〔三三〕而嘔。錯情易意,悅憎不馴。老母娣〔三四〕弟,天涯問絕。嗟乎!未知生樂,焉知死悲?憾促歡淹,無〔三五〕乃非達?姜少謬〔三六〕受天穎,機警靈速。豐茲嗇彼,理詎能雙?然而神爽有期,故未應寂寂也〔三七〕。

至其淪忽，亦匪自今。結褵以來，有宵靡晝^[三八]，夜臺滋味，諒不殊斯。何必紫玉成煙、白花飛蝶乃謂之死^[三九]哉？或軒車南返，駐節維揚。老母惠存，如妾之^[四〇]受。阿秦可念，幸終垂憫。疇昔珍贈，悉令^[四一]見殉。寶^[四二]鈿繡衣，福星所賜，可以超輪消劫耳。然^[四三]小六娘竟^[四四]先期相俟，不憂無伴。附呈一絶，亦是鳥死哀鳴^[四五]。其詩^[四六]集、小像^[四七]托陳嫗^[四八]好藏，覓便馳寄。身不自保，又^[四九]何有于零膏冷翠乎？及^[五〇]他^[五一]時放船隄下^[五二]，探梅山中，開我西閣門，坐我緑陰床，仿生平^[五三]于^[五四]響像，見空幃之寂闃。是耶？非^[五五]耶？其人斯在。嗟乎。夫人明冥異路，永從此辭^[五六]，玉腕珠顔，行就塵土。興思^[五七]及此，慟也何如^[五八]。玄玄叩首叩首上。^[五九]

【校記】

〔一〕書：《小青集》題作《致某夫人永訣》，《風流院》題作《與楊夫人書》，《情史類略》諸本、《虞初新志》、《古今圖書集成》均題作《與某夫人書》，《續玉臺文苑》作《某夫人書》。

〔二〕玄玄：《繡像閨閣才子奇書》《虞初新志》《古今圖書集成》作“元元”，因避諱改。

〔三〕致啓于：黄來鶴鈔本、《風流院》、《媚幽閣文娛》陳傳、《虞初新志》、《文章辨體彙選》皆無“于”，《古今圖書集成》作“致書”。

〔四〕鸞：黄來鶴鈔本、叢刊本、《風流院》、《媚幽閣文娛》陳傳、《繡像閨閣才子奇書》、《虞初新志》、《文章辨體彙選》、《古今圖書集成》作“台”。

〔五〕玄玄叩首瀝血，致啓于夫人鸞座下：《媚幽閣文娛》支傳、《蘭因集》支傳俱無。

〔六〕迥：《媚幽閣文娛》支傳並陳傳作“迴”，《蘭因集》支傳、《虞初新志》、《文章辨體彙選》作“迴”。

〔七〕睇：黄來鶴鈔本作“涕”。

〔八〕娣娣：《媚幽閣文娛》支傳、《蘭因集》支傳、《繡像閨閣才子奇書》作“姊姊”。

〔九〕別來：黃來鶴鈔本、《風流院》、《媚幽閣文娛》支傳並陳傳、叢刊本、《蘭
因集》支傳、《虞初新志》、《文章辨體彙選》、《古今圖書集成》無。

〔一〇〕夜：《蘭因集》支傳作“宵”。

〔一一〕諧：《媚幽閣文娛》支傳作“階”。

〔一二〕嬌：黃來鶴鈔本、《文章辨體彙選》、《古今圖書集成》作“嬈”。

〔一三〕無：《蘭因集》支傳作“毋”。

〔一四〕娣：《風流院》《文章辨體彙選》作“姊”。

〔一五〕彩：黃來鶴鈔本作“影”。

〔一六〕詞：《媚幽閣文娛》支傳、芥子園本、叢刊本、《繡像閨閣才子奇書》、《文
章辨體彙選》、《古今圖書集成》、《媚幽閣文娛》陳傳作“辭”。

〔一七〕如：《名媛詩歸》作“有”。

〔一八〕鄙：《風流院》《文章辨體彙選》作“彼”。

〔一九〕衷：黃來鶴鈔本作“悰”。

〔二〇〕餓：《風流院》《文章辨體彙選》作“飢”，《蘭因集》支傳作“臥”。

〔二一〕供：《媚幽閣文娛》支傳、《蘭因集》支傳作“快”。

〔二二〕致：黃來鶴鈔本、《風流院》、《媚幽閣文娛》陳傳、《蘭因集》支傳、《虞
初新志》、《文章辨體彙選》、《古今圖書集成》作“即”，《媚幽閣文娛》
支傳、《繡像閨閣才子奇書》作“敢”。

〔二三〕住：《文章辨體彙選》作“留”。

〔二四〕便：《虞初新志》作“使”。

〔二五〕浣：《風流院》作“洗”。

〔二六〕雖：《繡像閨閣才子奇書》作“難”。

〔二七〕荷：《繡像閨閣才子奇書》作“藕”。

〔二八〕思：黃來鶴鈔本、《風流院》、叢刊本、《媚幽閣文娛》支傳並陳傳、《虞
初新志》、《蘭因集》支傳、《古今圖書集成》作“絲”。

〔二九〕謖謖松聲：《蘭因集》支傳作“唧唧蚤聲”。

〔三〇〕晨：《風流院》、《媚幽閣文娛》支傳、《繡像閨閣才子奇書》、《蘭因集》
支傳、《古今圖書集成》作“朝”。

〔三一〕潮:《名媛詩歸》作"朝"。

〔三二〕然:《風流院》《繡像閨閣才子奇書》作"燃"。

〔三三〕粒:《文章辨體彙選》作"妝"。

〔三四〕娣:《風流院》、《媚幽閣文娛》支傳作"姊"。

〔三五〕無:《蘭因集》支傳作"毋"。

〔三六〕謬:《風流院》、《媚幽閣文娛》支傳並陳傳、芥子園本、叢刊本、《繡像
　　　閨閣才子奇書》、《虞初新志》、《古今圖書集成》無。

〔三七〕妾少謬受天穎……故未應寂寂也:《蘭因集》支傳無。

〔三八〕晝:黃來鶴鈔本、芥子園本、叢刊本、《媚幽閣文娛》支傳並陳傳、《繡
　　　像閨閣才子奇書》、《蘭因集》支傳、《虞初新志》、《古今圖書集成》作
　　　"旦"。

〔三九〕死:《繡像閨閣才子奇書》作"死者"。

〔四〇〕之:《蘭因集》支傳作"所"。

〔四一〕令:《名媛詩歸》作"以"。

〔四二〕寶:《媚幽閣文娛》支傳、《蘭因集》支傳作"瑤"。

〔四三〕然:《媚幽閣文娛》支傳、《蘭因集》支傳無。

〔四四〕竟:《媚幽閣文娛》支傳、《繡像閨閣才子奇書》、《蘭因集》支傳無。

〔四五〕鳥死哀鳴:《虞初新志》、《繡像閨閣才子奇書》、《媚幽閣文娛》支傳
　　　作"鳥語鳴哀"。

〔四六〕詩:《蘭因集》支傳作"拙"。

〔四七〕像:《名媛詩歸》作"豫"。

〔四八〕嫗:《媚幽閣文娛》支傳並陳傳、《虞初新志》、《文章辨體彙選》、《古
　　　今圖書集成》、《蘭因集》支傳作"媼"。

〔四九〕又:黃來鶴鈔本、《媚幽閣文娛》支傳並陳傳、叢刊本、《繡像閨閣才子
　　　奇書》、《文章辨體彙選》、《蘭因集》支傳、《古今圖書集成》無。

〔五〇〕及:《媚幽閣文娛》支傳並陳傳、《文章辨體彙選》、《蘭因集》支傳、《古
　　　今圖書集成》無。

〔五一〕他:《媚幽閣文娛》陳傳作"它"。

〔五二〕放船隄下:黃來鶴鈔本"放舟隄下",《繡像閨閣才子奇書》、《蘭因集》

支傳作"放船隄畔"。

〔五三〕生平:《媚幽閣文娛》陳傳作"平生"。

〔五四〕于:《媚幽閣文娛》陳傳、《蘭因集》支傳作"之"。

〔五五〕非:《繡像閨閣才子奇書》作"否"。

〔五六〕永從此辭:《媚幽閣文娛》支傳、《蘭因集》支傳作"從此永辭"。

〔五七〕思:《媚幽閣文娛》支傳、《蘭因集》支傳作"言"。

〔五八〕何如:黃來鶴鈔本作"如何"。《蘭因集》支傳至此完篇。

〔五九〕叩首叩首上:《名媛詩歸》作"再叩首",《古今圖書集成》無"上"。《名媛詩歸》、《文章辨體彙選》、《小青焚餘集》至此完篇。

【箋註】

〔鸞座〕有明典籍不數見此語,"鸞座"或爲清人易爲"台座"。北宋梅堯臣《永叔寄澄心堂紙二幅》:"幅狹不堪作詔命,聊備粗使供鸞臺。"南宋陳元靚《事林廣記》:"婚書第一幅式。某啓。孟春猶寒,恭惟官親家台候萬福。即日蒙恩,謹奉啓申問起居。不宣。月日。忝眷具位,姓某啓上。某官親台座前。"

〔夫人〕錢塘楊廷槐之妻。康熙《錢塘縣志》:"楊廷槐,字祖植,號元蔭,萬曆二十三年進士。初仕得浮梁縣,其民多治陶爲業,大吏徵佳窰,輒拒之。邑多盜,槐捕治不遺餘力,擢比部郎。值妖書楚獄相繼起,槐持論侃侃,保全甚多。分校禮闈,稱得士。以僉事備兵閩海,有洋販勾外番者,立置之法,海氛頓息。會嫉公者中以計典,左遷釐判,量移南比部,調禮曹,出備兵徐淮,首闢駱馬河達漕艘以避呂梁諸溜。議遷徐州雲山,改州爲府,條上六宜改十不容不改之議。沛邑焚劫,一檄解散,尋調天津。時監漕李明道以瑠勢恣橫,槐悉按治。明道大不堪,乃指糧凍誣劾。槐上疏自理,竟削籍歸,由是直聲著于朝野。崇禎初,起復原職,時睢寧被水,槐亟築堤停課,歷陽復爲壯縣。調參江西,尋陞湖廣按察使,槐遂致仕。家居種蔬輯圃,不事干謁,遇地方大利病如論積貯、議救荒、維士風,皆娓娓數千言上之大吏,卓乎可傳。見王思任《墓志》。"清魏標《湖墅雜詩》引《湖墅志略》:"胡爾愷撰《湖廣按察使元蔭楊公行狀》:楊廷槐,仁和人,萬曆乙未進士,官廉使歸,築菟裘于湖墅,顏曰‘教忠堂’。”王思任《墓志》，今《王季重集》不見，胡爾愷《行狀》亦佚，欲知元蔭行跡，祇得參他書進行考證。康熙《錢塘縣志》載廷槐“備兵徐淮”，查同治《徐州府志》卷六職官表淮徐兵備一列無楊廷槐，而淮安府河務同知一列載廷槐曾兩度任職，首任在天啓六年前，再任在天啓六年後。楊夫人隨廷槐北上在天啓前，即廷槐首任時。而首任之時間，同治《徐州府志》未載，所知者唯前任爲忻州趙謙。乾隆《忻州志》僅謂趙謙“萬曆丁未科，歷長葛、汝陽知縣，户部主事員外，陞淮徐道右參議，祀鄉賢”，何時任淮徐道右參議不詳。查康熙《汝陽縣志》知縣條載趙謙“萬曆三十六年任，陞户部主事，有去思碑”，繼任者楊巨鯨“萬曆四十年任”，則趙謙任淮安府河務同知應在三十九年末，到任未久因他故下世（乾隆《忻州志》不言致仕或調遷，應是卒于任），廷槐便應命北上繼其任。而廷槐所應何命，今已不能確考。康熙《錢塘縣志》謂“首闢駱馬河達漕艘以避吕梁諸溜”，則繼任之時或逢水災。清夏燮《明通鑒》載：“（萬曆四十年）八月，河決徐州。”又明陳仁錫《無夢園初集‧黄河舟中》：“駱馬河東岸上荒田長二十五里，可得地十四萬五千餘畝。河浚之後，水不泛溢堤築而外水不入，且留口建壩而内水不出，可漸次田。然資防佐役可耳，開科起租反爲害矣。治河不惜大費，不收近利，故駱馬河功太速，費太省，易以石乃可久也。”可知駱馬河與黄河連通，甚關漕運利害。河決之時間與地點恰與廷槐所任之命吻合，則廷槐于四十年因徐州河決北上料理此事應無疑。再據《明實録》載萬曆三十六年“陞刑部郎中楊廷槐爲福建右參議兼僉事”，萬曆三十七年“廣西僉事胡琳爲福建右參政”。可推測萬曆三十六年至三十九年，楊夫人一直里居錢塘。三十八年、三十九年楊廷槐則“左遷齍判，量移南比部，調禮曹”，四十年“出備兵徐淮，首闢駱馬河達漕艘以避吕梁諸溜”，楊夫人隨其北上，小青恰好于是年下世。是《書》作于萬曆四十年秋冬間。

　　〔祖帳〕《周禮》鄭玄註：“杜子春云：‘罰當爲軷。軷讀爲別異之別，謂祖道、轢軷、磔犬也。《詩》云：“載謀載惟，取蕭祭脂，取羝以軷。”《詩》家説曰：“將出祖道，犯軷之祭也。”《聘禮》曰：“乃舍軷，飲酒于其側。”《禮》家説亦謂時祭。’”《禮記》孔穎達正義：“經言‘道而出’，明諸侯將行，爲祖祭道神而後出行。引《聘禮》者，證祖道之義。按《聘禮記》云：‘出祖釋軷祭酒脯。’

彼注云：‘祖，始也。行出國門，止陳車騎，釋酒脯之奠於軷，爲行始也。’《春秋傳》曰：‘軷涉山川。’然則軷，止行之名也。道路以險阻爲難，是以委土爲山，或伏牲其上，使者爲軷，祭酒脯。祈，告也。禮畢然後乘車，轢之而遂行，其有牲犬羊可也，此城外之軷祭也。其五祀行神，則在宫内，故鄭注《聘禮》云：‘行，謂行者之先，其古人之名未聞。天子諸侯有常祀在冬也。’”

〔慈雲〕唐佚名《柏鄉縣丞牛密母造像記》：“鬱彼慈雲，遊心拯難。”

〔糜身百體〕北宋蘇軾《小圃五詠·人參》：“糜身輔吾生，既食首重稽。”南宋方嶽《諸公賦翠毛筆因次韻爲羊毛筆歎》：“君不見華元分羹奇禍作，糜身鼎烹竟無補。”《尚書·益稷》孔穎達正義：“君爲元首，臣爲股肱耳目，大體如一身也。足行手取，耳聽目視，身雖百體，四者爲大，故舉以爲言。”范浚《心箴》：“君子存誠，克念克敬，天君泰然，百體從令。”

〔南樓〕南宋耐得翁《都城紀勝》：“官庫則東酒庫曰大和樓，西酒庫曰金文庫，有樓曰西樓，舊有‘樓攻愧’書榜，後爲好奇者取去。南酒庫曰昇暘宮，樓曰和樂樓。北酒庫曰春風樓。正南樓對吳、越兩山，南上酒庫曰和豐樓。西子庫曰豐樂樓，在今湧金門外，乃舊楊和王之簮翠樓，後張定叟兼領庫事，取爲官庫，正跨西湖，對兩山之勝。”“此南樓”非實名，南樓元夜歡謔事在萬曆四十年正月十五，則小青與楊夫人相識在三十九年春後。

〔執拂〕唐姚思廉《梁書》：“（謝）舉造坐，屢折（盧）廣，辭理通邁。廣深嘆服，仍以所執塵尾薦之，以況重席焉。”五代劉昫等《舊唐書》：“其郊廟享宴等所奏宮懸，文舞宜用《功成慶善》之樂，皆著履執拂，依舊服袴褶、童子冠。”

〔角彩〕南宋朱敦儒《朝中措》：“元宵初過少吹彈。樓角綵燈殘。”

〔風流雲散〕南宋柴元彪《水龍吟·己卯中秋寓玉山章泉趙石硐家相留爲延桂把菊之會》：“江左百年，風流雲散，不堪重舉。怎得歸來，樵歌互答，自相容與。”

〔仙槎〕西晉張華《博物志》：“舊説云天河與海通。近世有人居海渚者，年年八月有浮槎去來，不失期，人有奇志，立飛閣於查上，多齎糧，乘槎而去。十餘日中，猶觀星月日辰，自後茫茫忽忽，亦不覺晝夜。去十餘日，奄至一處，有城郭狀，屋舍甚嚴。遥望宮中多織婦，見一丈夫牽牛渚次飲之。牽牛人乃驚問曰：‘何由至此？’此人具説來意，並問此是何處，答曰：‘君還至蜀郡訪嚴君平則知之。’竟不上岸，因還如期。後至蜀，問君平，曰：‘某年月日有客星犯牽牛宿。’計年月，正是此人到天河時也。”

〔斷梗〕唐李賀《詠懷二首（其一）》：“梁王與武帝，棄之如斷梗。”

〔屠肆〕唐房玄齡《諫伐高麗表》：“惡殺之仁，息鼓刀於屠肆。”

〔餓狸悲鼠〕清黃漢《貓苑》：“貓頭公事，貓口裏挖食，貓哭老鼠假慈悲，俱見《談概》及《莊岳委談》。”後註曰：“俗傳笑話，謂一日者鼠見貓頸懸念珠，群以是已歸佛，必然慈悲，吾輩可以無恐。然而未可深信，先令小鼠之，貓伏不動；次令中鼠過之，亦不動。大鼠信其無他，最後過之，貓忽突起擒而斃之，群鼠於是抱頭竄去，曰：‘此假慈悲，此假慈悲。’”

〔換馬〕唐李冗《獨異志》：“後魏曹彰，性倜儻。偶逢駿馬，愛之，其主所惜也。彰曰：‘予有美妾可換，唯君所選。’馬主因指一妓，彰遂換之。馬號曰白鵠。後因獵，獻於文帝。”唐李玫《纂異記》：“酒徒鮑生，家富畜妓。開成初，行歷陽道中，止定山寺，遇外弟韋生，下第東歸，同憩水閣。鮑置酒，酒酣，韋謂鮑曰：‘樂妓數輩焉在？得不有攜挈者乎？’鮑生曰：‘幸各無恙。然滯維揚日，連斃數駟。後乘既闕，不果悉從，唯與夢蘭、小倩俱，今亦可以佐歡矣。’頃之，二雙鬟抱胡琴、方響而至，遂坐鮑生之右，撥絲擊金，響亮溪谷。酒闌，鮑謂韋曰：‘出城得良馬乎？’對曰：‘予春初塞遊，自郇、坊歷烏延，抵平夏，止靈武而迴。部落駔駿獲數疋，龍形鳳頸，鹿頸兔膺，眼大足輕，脊平肋密者，皆有之。’鮑撫掌大悦，乃停杯命燭，閱馬於軒檻前數匹，與向來誇誕，十未盡其八九。韋戲鮑曰：‘能以人換，任選殊尤。’鮑欲馬之意頗切，密遣四絃，更衣盛妝，頃之乃至，命捧酒勸韋生，歌一曲以送之，云：‘白露濕庭砌，皓月臨前軒。此時頗留恨，含思獨無言。’又歌送鮑生酒云：‘風颭荷珠難暫圓，多生信有短因緣。西樓今夜三更月，還照離人泣斷絃。’韋乃召御者，牽紫叱撥以酬之。鮑意未滿，往復之説，紊然無章。有紫衣冠者二人，導從甚衆，自水閣之西，升階而來。鮑、韋以寺當星使交馳之路，疑大寮夜至，乃恐悚入室，闔戶以窺之，而杯盤狼籍，不暇收拾。時紫衣即席，相顧笑曰：‘此即向來捐妾換馬之筵。’因命酒對飲，一人鬚髯甚長，質貌甚偉，持杯望月，沉吟久之，曰：‘足下盛賦云“斜漢左界，北陸南躔。白露曖空，素月流天”，可得光前絕

後矣。’對曰：‘殊不見賞“風霽地表，雲斂天末。洞庭始波，木葉微脱！”’長
鬚云：‘數年來在長安，蒙樂遊王引至南宫，入都堂，與劉公幹、鮑明遠看試秀
才。予竊入司文之室，於燭下窺能者制作。見屬對頗切，而賦有蜂腰鶴膝之
病，詩有重頭重尾之犯。若如足下“洞庭”“木葉”之對，爲紕謬矣。小子拙
賦云：“紫臺稍遠，燕山無極。涼風忽起，白日西匿。”則“稍遠”“忽起”之聲，
俱遭黜退矣。不亦異哉！’顧謂長鬚曰：‘吾聞古之諸侯，貢士于天子，尊賢
勸善者也。故一適謂之好德，再適謂之尊賢，三適謂之有功，乃加九錫；不貢
士，一黜爵，再黜地，三黜爵地。夫古之求士也如此，猶恐搜山之不高，索林
之不深，尚有遺漏者，乃每歲季春，開府庫，出幣帛，周天下而禮聘之。當是
時，儒墨之徒，豈盡出矣；智謀之士，豈盡舉矣；山林川澤，豈無遺矣；日月照
臨，豈得盡其所矣。天子求之既如此，諸侯貢之又如此，聘禮復如此，尚有棲
棲于岩谷，鬱鬱不得志者。吾聞今之求聘之禮缺矣，貢舉之道隳矣。賢不肖
同途焉，才不才汨汨焉。隱岩穴者，自童髦窮經，至于白首焉；懷方策者，自
壯歲力學，訖于没齒焉。雖每歲鄉里薦之于州府，州府貢之于有司，有司考
之詩賦，蜂腰鶴膝，謂不中度；聲音清濁，謂不協律。雖有周、孔之賢聖，班、
馬之文章，不由此製作，靡得而達矣。然皇王帝霸之道，興亡理亂之體，其可
聞乎？今足下何乃贊揚今之小巧，而隳張古之大體？況予乃“訴皓月長歌”
之手，豈能歡于雕文刻句者哉！今珠露既清，桂月如晝，吟咏時發，杯觴間
行，能援筆聯句，賦今之體調一章，以樂長夜否？’曰：‘何以爲題？’長鬚云：
‘便以《妾換馬》爲題，仍以“捨彼傾城，求其駿足”爲韻。’命左右折庭前芭
蕉一片，啓書囊，抽毫以操之，各占一韻。長鬚者唱云：‘彼佳人兮如瓊之瑛，
此良馬兮負駿之名。將有求于逐日，故何惜于傾城？香暖深閨，未厭夭桃之
色；風清廣陌，曾憐噴玉之聲。’紫衣曰：‘原夫人以姝其容，馬乃稱其德。既
各從其所好，諒何求而不克。長跪而別，姿容休耀其金鈿；右牽而來，光彩頓
生於玉勒。’長鬚曰：‘步及庭砌，效當軒墀。望新恩，懼非吾偶也；戀舊主，
疑借人乘之。香散綠駿，意已忘于鬢髮；汗流紅頰，愛無異於凝脂。’紫衣曰：
‘是知事有興廢，用有取捨。彼以絶代之容爲鮮矣，此以軼群之足爲貴者。買
笑之恩既盡，有類夢焉；據鞍之力尚存，猶希進也。’賦四韻訖，芭蕉盡。韋
生發篋取紅箋，跪獻於廡下。二公大驚曰：‘幽顯路殊，何見逼之若是？然吾

子非後有爵祿，不可與鄙夫相遇。'謂生曰：'異日主文柄，較量俊秀輕重，無以小巧爲意也。'言訖，二公行十餘步間，忽不知其所在矣。"北宋郭茂倩《樂府詩集》："《樂府解題》曰：'《愛妾換馬》，舊說淮南王所作，疑淮南王即劉安也。'古辭今不傳。"余曾言太白《襄陽歌》"千金駿馬換小妾"或其誤記"愛妾換馬"之典，今見樂天《酬裴令公贈馬相戲》《有小白馬乘馭多時奉使東行至稠桑驛溘然而斃足可驚傷不能忘情題二十韻》二詩均用此典。前者曰"安石風流無奈何，欲將赤驥換青娥"，似以爲"愛妾換馬"事出謝安。參讀今人周燕《〈纂異記〉版本考略》和劉澤華、王俊德《〈獨異志〉作者及其版本源流考辨》，知此二書皆成於宣宗大中時。而白香山卒於宣宗大中，或未見此二書，故其所耳聞目見與此二書不同。梁簡文帝解題又言"淮南王疑爲劉安"，余以爲樂天或誤記劉安爲謝安，乃有此說，又或當時俗說亦有謝安一說。何爲太白、樂天用典與傳世文獻乖謬至此？"夫屠肆菩心，餓狸悲鼠"諷大婦貓哭耗子，故作慈眉。

〔當壚〕東漢辛延年《羽林郎》："昔有霍家姝，姓馮名子都。依倚將軍勢，調笑酒家胡。胡姬年十五，春日獨當壚。長裾連理帶，廣袖合歡襦。頭上藍田玉，耳後大秦珠。兩鬟何窈窈，一世良所無。一鬟五百萬，兩鬟千萬餘。不意金吾子，娉婷過我廬。銀鞍何煜爚，翠蓋空踟躕。就我求清酒，絲繩提玉壺。就我求珍肴，金盤鱠鯉魚。貽我青銅鏡，結我紅羅裾。不惜紅羅裂，何論輕賤軀。男兒愛後婦，女子重前夫。人生有新故，貴賤不相踰。多謝金吾子，私愛徒區區。"西漢司馬遷《史記》："相如與（卓文君）俱之臨邛，盡賣其車騎，買一酒舍酤酒，而令文君當鑪。相如身自著犢鼻褌，與保庸雜作，滌器於市中。"此處小青應用《羽林郎》典爲是。楊夫人北上後，大婦對小青之態度變本加厲，小青幾於不堪。

〔蘭因〕《春秋左氏傳》："冬，鄭穆公卒。初，鄭文公有賤妾曰燕姞，夢天使與己蘭，曰：'余爲伯鯈。余，而祖也。以是爲而子。以蘭有國香，人服媚之如是。'既而文公見之，與之蘭而御。辭曰：'妾不才，幸而有子，將不信，敢徵蘭乎？'公曰：'諾。'生穆公，名之曰蘭。"

〔絮果〕元舒頔《七佛庵三十韻》："稽首幡幢翻，升階路徑熟。禪心絮沾泥，世味蠟煮粥。"元佚名《仙侶·一半兒》："南樓昨夜雁聲悲，良夜迢迢玉漏遲,蒼梧樹底葉成堆。被風吹,一半兒沾泥一半兒飛。"

〔**現業**〕《佛本行集經》:"爾時佛告諸比丘言:汝諸比丘,若欲聞者,今應諦聽。彼之提婆大婆羅門,亦有過業,亦有現業。何等名爲過去之業。……比丘當知,何者名爲現在世業。我昔六年苦行之時,而彼提婆隨宜將食,佈施於我。我今得成無上菩提,其復請我至於己家,佈施我食,以是因緣,得現世報。是故汝等諸比丘輩,應當須向佛法僧邊,生於恭敬稀有之心。當得如是,功德果報。猶如提婆婆羅門身現受其福,不得報者,以慳貪人,不肯佈施,今受貧賤困苦之患。汝等比丘,當如是學。世尊自從波羅奈國,來至優婁頻螺聚落。於其中間,有八萬人受佛教化,入諸法中。"

〔**空門**〕《大智度論·釋初品》:"空門者,生空法空。"

〔**遠笛哀秋**〕西晉向秀《思舊賦》:"余與嵇康、呂安居止接近,其人並有不羈之才。嵇意遠而疏,呂心曠以放,其後並以事見法。嵇博綜伎藝,於絲竹特妙,臨當就命,顧視日影,索琴而彈之。逝將西邁,經其舊廬。于時日薄虞泉,寒冰凄然。鄰人有吹笛者,發聲寥亮。追思曩昔游宴之好,感音而歎,故作賦曰……"

〔**雞骨**〕南朝宋劉義慶《世說新語·德行》:"王戎、和嶠同時遭大喪,俱以孝稱。王雞骨支牀,和哭泣備禮。武帝謂劉仲雄曰:'卿數省王、和不?聞和哀苦過禮,使人憂之。'仲雄曰:'和嶠雖備禮,神氣不損;王戎雖不備禮,而哀毀骨立。臣以和嶠生孝,王戎死孝。陛下不應憂嶠説而應憂戎。'"

〔**未知生樂,焉知死悲**〕《莊子》:"'予惡乎知説生之非惑邪!予惡乎知惡死之非弱喪而不知歸者邪!……予惡乎知夫死者不悔其始之蘄生乎!'……古之真人,不知説生,不知惡死。……仲尼曰:'夫孟孫氏盡之矣,進於知矣,唯簡之而不得,夫已有所簡矣。孟孫氏不知所以生,不知所以死,不知就先,不知就後。'"

〔**非達**〕唐白居易《故饒州刺史吳府君神道碑銘(并序)》:"汨市朝,溺妻子,非達也。困山林,擯血屬,亦非達也。若有人與群動處一代間:彼爲彼,我爲我,不自潔,不自污,不巢許,不伊呂,水其心,雲其身,浮沉消息,無往而不自得者,其達人乎?"唐張籍《卧疾》:"顧非達性命,猶爲憂患生。"

〔**神爽**〕唐房玄齡等《晉書·姚興傳》:"潁川太守姚平都自許昌來朝,言於興曰：'劉裕敢懷奸計，屯聚芍陂，有擾邊之志，宜遣燒之，以散其衆謀。'興曰：'裕之輕弱，安敢闚吾疆場！苟有奸心，其在子孫乎！'召其尚書楊佛嵩謂之曰：'吳兒不自知，乃有非分之意。待至孟冬，當遣卿率精騎三萬焚其積聚。'嵩曰：'陛下若任臣以此役者，當從肥口濟淮，直趣壽春，舉大衆以屯城，縱輕騎以掠野，使淮南蕭條，兵粟俱了，足令吳兒俯仰回惶，神爽飛越。'興大悦。"

〔淪忽〕唐李白《古風(其三十二)》："良辰竟何許，大運有淪忽。"明徐禎卿註："淪忽，暮也。"

〔結褵〕《詩·東山》："親結其縭，九十其儀。"西漢毛萇註云："縭，婦人之褘也。母戒女，施衿結帨。"《爾雅》曰："褵，緌也。"東晋郭璞註曰："即今之香纓也。"

〔夜臺〕三國魏阮瑀《七哀詩》："冥冥九泉室，漫漫長夜臺。"西晋陸機《輓歌三首(其一)》："按轡遵長薄，送子長夜臺。"唐李周翰註："墳墓一閉，無復見明，故云'長夜臺'。"明程登吉《幼學瓊林》："墳曰夜臺，壙曰窀穸。"

〔紫玉成煙〕東晋干寶《搜神記》："吳王夫差小女，名紫玉。童子韓重有道術，紫玉悦之，許與韓重爲婚。韓重乃學於齊魯之間，臨去，屬其父求婚。王怒，不與女，紫玉結氣亡，葬于閶門之外。重三年歸，聞其死哀慟，至紫玉墓所哭祭之。紫玉忽魂出冢傍，見重流涕。重與言，乃左顧宛頸而歌曰：'南山有鳥，北山張羅。鳥既高飛，羅將奈何。志欲從君，讒言孔多。悲結生疾，没命黄壚。命之不造，冤如之何！''羽族之長，名爲鳳凰。一日失雄，三年感傷。雖有衆鳥，不爲匹雙。故見鄙姿，逢君輝光。身遠心近，何嘗暫忘！'遂邀重入冢。三日三夜，重請還。臨去，紫玉取徑寸明珠并崑崙玉壺以送重。重齎二物詣夫差，夫差大怒，按其發冢。紫玉見夢於父，以明重之事。夫差異之，悲咽流涕，因捨重，以子婿之禮待之。"

〔白花飛蝶〕疑用梁祝典。唐張讀《宣室志》："祝英臺，上虞祝氏女也，僞爲男裝遊學，與會稽梁山伯者同肄業。山伯字處仁，祝先歸，二年，山伯訪之，乃知其爲女子，悵然如有所失，告其父母求聘，而祝已字馬氏子矣。山伯後爲鄞令，病死，葬鄞城西，祝適馬氏，舟過墓所，風濤不能進，聞知有山伯墓，祝登號慟，地忽自裂，陷祝氏，遂並埋焉。晋丞相謝安奏表其墓曰'義婦塚'。"南宋劉克莊《落花怨十首(其十)》："謝女吟邊絮,英臺去日衣。不應零落盡,惟見蝶兒飛。"清光緒《恒春縣志》："《寧波府志》云:'土人呼黑而有彩者曰"梁山伯",純黃色者曰"祝英臺"。'"

〔**超輪**〕《不退轉法輪經》："久超輪回趣,不受於生死。"

〔**鳥死哀鳴**〕《詩·鴻雁》："鴻雁於飛,哀鳴嗸嗸。"

〔**零膏冷翠**〕《莊子·人間世》："山木自寇也,膏火自煎也。"西漢班固《漢書》："捎翡翠,射鵔鸃。"唐顏師古註："鳥赤羽者曰翡,青羽者曰翠。"

〔**開我西閣門,坐我綠陰床**〕北魏佚名《木蘭辭》："開我東閣門,坐我西間床。"

〔**是耶非耶**〕東漢班固《漢書》："上(漢武帝)思念李夫人不已,方士齊人少翁言能致其神。乃夜張燈燭,設帷帳,陳酒肉,而令上居他帳,遙望見好女如李夫人之貌,還幄坐而步,又不得就視,上愈益相思悲感,爲作詩曰:'是邪,非邪?交而望之,偏何姍姍其來遲!'"

【評點】

黃來鶴曰:"小青一書,小青自傳矣。幽恨纏綿,酸情婉蔦,真堪一字一淚。至於筆之□雋,又當與六朝人分一席也。小青《焚餘》終。崇禎四年夏五月念七日霄賓老人手鈔,時年七十有六。"

小青傳〔一〕

小青者〔二〕,武〔三〕林某〔四〕生姬也。家廣陵,與生同姓,故諱之,僅以小青字云〔五〕。姬夙根穎異〔六〕,十歲遇一老尼授《心經》,一再過了了,覆之不失一字〔七〕。尼曰:"是兒早慧福薄,願乞作弟子〔八〕。即不爾,無令識字,可三十年活耳〔九〕。"家人以爲妄,嗤之〔一〇〕。母本女塾師,隨就學,所游多名閨,遂得精涉諸技,妙解聲律〔一一〕。江都〔一二〕故佳麗地〔一三〕,或〔一四〕諸閨彥雲集〔一五〕,茗戰手語〔一六〕,衆偶〔一七〕紛然。姬〔一八〕隨變〔一九〕酬答,悉出〔二〇〕意表,人人〔二一〕惟〔二二〕恐失姬〔二三〕。雖素嫻儀則,而風期逸〔二四〕艷,綽約自好，其天性也。[二五]年十六[二六]歸生。生豪公子也，性嘈喋，憨跳不韻[二七]，婦更奇妒。姬曲意下之，終不解[二八]。一日，隨遊天竺[二九]，婦問曰："吾聞西方佛無量，而世多崇[三〇]禮大士者，何也？"姬曰："以其慈悲耳。"[三一]婦知諷己，笑曰："吾當慈悲汝。"乃徙之孤山別業[三二]，誡曰："非吾命而郎至，不得入；非吾命而郎手札至，亦不得入。"[三三]姬自念彼置我閒地，必密伺短長，借莫須有事魚肉我，以故深自斂戢。婦或出游，呼與同舟，遇兩隄間[三四]馳騎挾彈游冶少年，諸女伴指點謔躍，倏東倏西，姬淡然凝坐而已。

　　婦之戚屬某夫人者，才而賢，嘗[三五]就[三六]姬學弈[三七]，絕愛憐之[三八]。因數取巨觴觴婦，矚婦已醉，徐語姬曰："船有樓，汝伴我一登。"比登樓，遠眺久之，撫姬背曰："好光景可惜，無[三九]自苦。章臺柳亦倚紅樓盼韓郎走馬[四〇]，而子作蒲團空觀邪？"姬曰："賈平章劍鋒可畏也。"夫人曰："子誤矣。平章劍鈍，女平章乃厲害[四一]耳。"居頃之，顧左右寂無人，從容諷曰："子才韻，色色無雙，豈當墮羅剎國中[四二]？吾雖[四三]非女俠，力[四四]能脫子火坑。頃言章臺事[四五]，子非會心人邪[四六]？天下豈少韓君平，且彼視子去，拔一眼中釘。縱能容子[四七]，子遂[四八]向党將軍帳下作羔酒侍兒乎？"姬謝[四九]曰："夫人休矣。吾[五〇]幼夢手折一花，隨風片片著[五一]水，命止此矣。夙業未了，又生他想。彼冥曹姻緣簿，非吾如意珠[五二]，徒供群口畫描[五三]耳。"夫人歎曰："子言亦是，吾不子強。雖然，好自愛[五四]。彼或好言飲食汝，汝[五五]乃更可慮。即旦夕所須，第告我[五六]。"相顧[五七]泣下霑衣，恐他婢竊聽[五八]，徐拭淚還坐，尋別去。夫人每向宗戚語之，聞者酸鼻[五九]。自是[六〇]幽憤悽怨[六一]，俱託之詩或小詞，而夫人後亦從宦遠方，無與同調者[六二]，遂鬱鬱[六三]感疾。歲餘益深〔六四〕,婦命醫來,仍遣婢以〔六五〕藥至。姬佯感謝。婢出,擲藥牀頭,笑〔六六〕曰:"吾固不願生,亦當以净體皈依,作劉安雞犬,豈汝〔六七〕一杯鴆能〔六八〕斷送乎〔六九〕?"〔七〇〕然病益不支〔七一〕,水粒俱絶,日飲梨汁一小盞許〔七二〕,益〔七三〕明妝冶服,擁襟〔七四〕欹坐。或呼琵琶婦唱盲詞自遣〔七五〕,雖數暈醒〔七六〕,終不蓬首僵卧也。〔七七〕忽一日,語老嫗〔七八〕曰:"可〔七九〕傳語冤業郎覓〔八〇〕一畫師〔八一〕來。"師至,命寫照。寫畢,攬鏡熟視曰:"得吾形似〔八二〕矣,未盡〔八三〕吾神也。姑置之〔八四〕。"又易一圖〔八五〕,曰:"神是〔八六〕矣,而風態〔八七〕未流動也〔八八〕。若見我而目端手莊,太矜持故也。姑置之。"命捉筆於旁,〔八九〕而自與嫗指顧語笑。或茶鐺〔九〇〕,或簡書〔九一〕,或自整衣褶〔九二〕,或代調丹碧諸色,縱其想會〔九三〕。須臾更〔九四〕圖成〔九五〕,果〔九六〕極妖纖之致〔九七〕。笑曰:"可矣。"師去〔九八〕,即〔九九〕取圖〔一〇〇〕供榻前,焚〔一〇一〕名香,設梨酒〔一〇二〕奠之,曰:"小青,小青,此〔一〇三〕豈有汝緣分耶?"撫几而泣,潸潸如雨〔一〇四〕,一慟而絶〔一〇五〕。時萬曆壬子歲也,年纔十八耳。〔一〇六〕哀哉!人美於玉,命薄於雲,瓊蕊優曇,人間一現。欲求知〔一〇七〕如杜麗娘牡丹亭畔重生,安可得哉!〔一〇八〕是〔一〇九〕日向暮〔一一〇〕,生始〔一一一〕踉蹌來,披幬〔一一二〕,見〔一一三〕容光藻逸〔一一四〕,衣態鮮好,如生前無病時〔一一五〕,忽〔一一六〕長號頓足,嘔血升餘〔一一七〕。徐簡得書〔一一八〕一卷,遺像一幅,又一緘寄某夫人。啓視之,敘致婉痛,後書一絶句〔一一九〕,今載集中〔一二〇〕。生痛呼〔一二一〕曰:"吾負汝,吾負汝〔一二二〕!"婦聞〔一二三〕恚〔一二四〕甚,趨索圖,乃匿第三圖,偽以第一圖進〔一二五〕,立焚之。又索詩,詩至〔一二六〕,亦焚之〔一二七〕。廣陵業〔一二八〕散,從兹絶矣〔一二九〕。悲夫!楚焰成〔一三〇〕烈,何不以紀信誑之?則罪不在婦,又在生耳。〔一三一〕及再簡草稿〔一三二〕而得〔一三三〕姬臨卒時,取〔一三四〕花鈿數事贈〔一三五〕嫗〔一三六〕之小女,襯

以二紙,正其詩稿[一三七],得十[一三八]絕句、一古詩、一詞,併所寄某
夫人者[一三九],共十三篇耳[一四○]。余酒友劉無夢,素滑稽生,甚狎
之。嘗隨過別業,于姬臥處拾牋寸許,乃《南鄉子》詞,今載集中。
後云:[一四一]"數盡惏惏深夜雨,無多,也只得一半功夫。"李易安集
中無此情話也。[一四二]劉又竊書遺稿示余,予讀其詩[一四三],雖悽
婉,不失氣骨,使與楊太史夫人唱和,殆難伯仲,憾全稿不傳。要之
經[一四四]寸珊瑚,更自可憐惜耳。聞第二圖藏嫗家,余竭力購得之。
娟娟楚楚,如秋海棠花。其衣裹朱外翠,秀艷有文士韻。然尚是副
本,即姬所謂神是已,而風態未流動者,未知第三圖更復何如。嫗
嘗言姬性喜看書,書少,就郎處取不得,悉從某夫人處借觀。間作
一[一四五]小畫,畫一扇,甚自愛。郎聞之苦索,亦[一四六]不與。[一四七]
又言姬好與影語[一四八],或斜陽花際,煙水空清[一四九],臨池自照,
對影絮絮如問答。婢輩[一五○]窺之,則不復爾[一五一]。但微[一五二]
見眉痕慘然[一五三],似有泣意。今[一五四]覽集中第四絕,知此語非
妄也。余向欲刊其詩,因與生有微戚,未敢著錄。第識其顛末[一五五],
藏之以俟稗史採擇,或他日名媛傳中,又添一段佳話。然天下女子
有情[一五六],信有如杜麗娘者乎?惜不令湯若士見之耳。[一五七]嗟
乎。世之負才零落,躑躅污泥[一五八]中,顧影自憐,若忽若失如小
青者,可勝道哉![一五九]

　　康熙戊戌孟夏朔日錄於西邨之養拙齋。

　　咸豐己未莫春鹽官鄒氏本傳錄蟫盦記。

【校記】

〔一〕《繡像閨閣才子奇書》本《小青傳》正文前有評語曰:"雪廬主人曰:
　　　'千百年來,艷女才女怨女,未有一人如小青者。臨邛章臺,艷矣才矣,
　　　而不怨;綠珠小玉,亦艷矣才矣,而歡極憾終。要亦怨其所不必怨,孰
　　　與姬之託根失所,闃寂自如?或諷之去,終不去,竟以怨死乎?姬之前

身似屈平，馮生之前生似楚懷王，妬婦之前身似上官大夫令尹子蘭。楚懷王之莽也，上官令尹之陰賊也。桂中之蠹，生則俱生。姬病益苦益明妝靚衣，又似當年汨羅將沉，猶餐英而紉蕙也。太史公曰：“以彼才遊諸國，何國不容？而令自若是。”噫！斯三閭之爲三閭，亦小青之爲小青歟？三閭求知己於世人不得，而索之雲中之湘君。湘君，女子也，因結想輪迴，現女子身而爲小青，小青求知己於世人不得，而問之水中之影。夫太白舉杯邀月，對影三人。惟太白之影可與太白對，小青之影可與小青語耶？讀其詩至“瘦影自臨春水照，卿須憐我我憐卿”，淚亦不能爲之墮，心亦不能爲之哀也。’煙水散人曰：‘紅顏薄命，自古皆然，環珮空歸，留青莎於絶塞；陽臺檀變，織錦字於迴文。其怨可謂深矣。然予謂小青之怨，更有甚焉。蓋狂童匪匹，不亞青衿；獅子揚威，豈同黃裏。而能寂處孤山，托芳懷於素蕚。怨固堪憐，貞尤可取。此艷質香魂，羞見墜樓之句，不得爲非煙而寛詠也。予嘗於雨窗燈下讀其詩，而爲之撫掌稱幸。夫史遷不被腐刑，則《史記》可以不作，姬若得其所歸則已，合歡金屋，調笑鴛房，又何能苦思抒怨，而有零珠殘玉如十二章之詩，至今歷歷猶在人口耳間耶？美人兮美人，不知爲暮雨兮爲朝雲。芳徽莫忘，彤管無愧，集小青爲第一。’明朝曆昌（按：萬曆、泰昌）間，杭州有一馮生者，豪公子也。嘗慕揚州爲天下第一名郡，泛棹往游。遂託媒嫗，買小青爲妾。”

底本正文之前，《媚幽閣文娛》支傳曰：“自杜麗娘死，天下有情種子絶矣。以吾所聞小青，殆麗娘後一人也。小青讀《牡丹亭》詞，歎曰：‘人間亦有癡於我，豈獨傷心是小青。’悲夫，真情種也！爰作《小青傳》。”

“序曰：古來女士恒流落不偶，若姬能無傷，爲立傳。”以上《綠窗女史》《小青傳》篇首。

〔二〕小青者：《繡像閨閣才子奇書》作“青與生同姓，名曰元元”，下接“姬夙根穎異”。

〔三〕武：芥子園本、叢刊本、《虞初新志》、《媚幽閣文娛》支傳作“虎”。

〔四〕武林某：黃來鶴鈔本作“武陵某”，《蘭因集》支傳作“武林馮”。

〔五〕與生同姓，故諱之，僅以小青字云：《媚幽閣文娛》支傳作“名玄玄，字小青,其姓不傳",《蘭因集》支傳作"名元元,字小青,具姓不傳"。

〔六〕姬夙根穎異:《媚幽閣文娛》兩傳皆無,《媚幽閣文娛》支傳徑接"姬幼
　　隨母學,母本閨塾師,所遊多名閨,故得博覽圖書,妙解聲律,兼精諸技。
　　每當閨秀雲集,茗戰手語,姬隨變酬答,人人自失,十齡時遇一老尼";
　　《蘭因集》支傳徑接"十齡時遇一老尼口授《心經》"。

〔七〕一再過了了,覆之不失一字:《媚幽閣文娛》支傳作"一過輒成誦",《蘭
　　因集》支傳作"一過輒成誦"。

〔八〕願乞作弟子:《媚幽閣文娛》支傳作"乞隨予作弟子",《蘭因集》支傳無
　　女尼乞作弟子事。

〔九〕即不爾,無令識字,可三十年活耳:《媚幽閣文娛》支傳作"即不許,毋令
　　識字,可三十年活",《繡像閨閣才子奇書》作"設或不肯,切不可令其識
　　字,方有三十年之壽",《蘭因集》支傳作"毋令識字,可三十歲活"。

〔一〇〕家人以爲妄,嗤之:《繡像閨閣才子奇書》作"家人以爲妄,怒而叱
　　之",《媚幽閣文娛》支傳、《蘭因集》支傳作"母難之"。《媚幽閣文娛》
　　支傳、《蘭因集》支傳此處徑接下文"年十六歸生"。

〔一一〕"母本女塾師"至"妙解聲律":黃來鶴鈔本"妙解聲律"作"妙解音
　　律",《繡像閨閣才子奇書》作"其母本係女塾師,故小青得以相隨就
　　學,所往之家俱是名閨宦室,遂能工習詩詞,妙解聲律"。

〔一二〕江都:《繡像閨閣才子奇書》前有"且以"二字。

〔一三〕故佳麗地:芥子園本、叢刊本、《虞初新志》"故"作"固"。《繡像閨閣
　　才子奇書》作"故佳麗地也"。

〔一四〕或:《繡像閨閣才子奇書》作"每當"。

〔一五〕雲集:《繡像閨閣才子奇書》作"雲集之時"。

〔一六〕語:黃來鶴鈔本作"談"。

〔一七〕彙偶:《繡像閨閣才子奇書》作"談笑"。

〔一八〕姬:《繡像閨閣才子奇書》作"小青能"。

〔一九〕隨變:《繡像閨閣才子奇書》作"隨機"。

〔二〇〕悉出:《繡像閨閣才子奇書》作"出人"。

〔二一〕人人:《繡像閨閣才子奇書》作"因此人人喜愛"。

〔二二〕惟：黃來鶴鈔本、《虞初新志》作"唯"。

〔二三〕失姬：《繡像閨閣才子奇書》作"小青不肯少留"。

〔二四〕逸：《虞初新志》作"異"。

〔二五〕此句後馮生來歷、小青徙別業及游天竺事，《繡像閨閣才子奇書》與
　　　　他本順序及簡繁不同，故直接附錄於此，與底本不同者，不重複標出。
　　　　《繡像閨閣才子奇書》"年僅十八耳"後與底本有不同者，仍標出不同
　　　　之處。"及年十六，其母貪得金帛，遂不及詳訪清濁，即以小青許嫁馮
　　　　生。小青一見馮生之狀，嘈嗻戚施，憨跳不韻，不覺淚如雨下，慘然歎
　　　　息曰：'我命休矣。'小青之怨自此始。及隨生至杭，其婦更加妬悍，
　　　　一聞娶妾，吼聲如雷，含怒而出。只見小青眉黛不展，容光黯淡，嫋嫋
　　　　然恰似迎煙芍藥。婦自上至下把小青仔細看了一會，但冷笑曰：'標
　　　　緻，標緻。'小青回鬟掩淚，愈加憤懣，然已是籠中鸚鵡，只得曲意承
　　　　順，而婦妬嫉之念不能少解。婦有戚屬楊夫人者，才而賢淑，嘗就小
　　　　青學棋，絕憐愛之。偶談及婦之奇妬處，不覺歎息曰：'我觀汝女工
　　　　諸技，色色皆精，奈何墜落在羅刹國內？我思欲脫子火坑，子能從我
　　　　作筆硯友乎？'小青斂容起謝曰：'多蒙夫人愛同親女，賤妾豈不知
　　　　感？所恨命如一葉，與死爲鄰，只怕此生無由侍奉。'語未畢，忽值婦
　　　　至，遂各散去。一日，春光明媚，楊夫人邀婦泛湖，并拉小青隨往。船
　　　　到斷橋，俱登岸閒步，婦與夫人攜手立於垂楊之下，小青獨至蘇小墓
　　　　邊，取酒澆奠，低低口占一詩曰：'（按：即"西陵芳草騎轔轔"一首，
　　　　略）。'時小青出居湖上未歸，故有'內信傳來'之句。當下徘徊，閒看
　　　　了一會，即命肩輿向岳墳而行，及至天竺，小青拜祝已畢，又默占一絕
　　　　云：'（按：即"稽首慈雲大士前"一首，略）。'婦向前禮畢，顧謂夫人
　　　　曰：'我聞西方佛無量，而人多專禮大士，此是何故？'楊夫人未及答，
　　　　小青應曰：'只爲菩薩能慈悲耳。'婦知諷己，便笑曰：'是了，是了，我
　　　　當慈悲汝。'既而捨輿登舫，盪槳中流。只見兩堤間花柔草嫩，有許多
　　　　艷服少年，挾彈馳騎，往來冶遊。同船諸女伴，捲簾憑檻，笑語喧嘩，
　　　　倏東倏西，指點譃躍。而小青淡然坐凝，絕無輕佻之容。既而飲至半
　　　　酣，楊夫人數取巨觴觴婦，瞷婦已醉，徐語小青曰：'船有樓，汝可伴我

一登。'比及登樓遠眺,久之,撫小青之背,而附耳低言曰:'你看遠山橫黛,煙水空濛,好光景可惜,汝何自苦? 豈不聞章臺柳亦曾倚紅樓,而盼韓郎走馬,汝乃作蒲團空觀耶?'小青曰:'賈平章劍鋒可畏也。'夫人笑曰:'汝誤矣,平章劍鈍,女平章乃利害耳。'居頃之,顧左右寂無人,楊夫人又從容諷曰:'觀子丰神絕世,才韻無雙,我雖非女俠,力能爲定籌。適間所言章臺柳故事,汝乃會心人,豈不領悟? 今世豈少一韓君平,汝何爲絾愁含怨,自苦如此。且彼視汝之去,如拔一眼中釘耳。縱能容汝,汝遂向党將軍帳下作羔酒侍兒乎?'小青謝曰:'夫人休矣。吾幼時曾夢手折一花,隨風片片着水,命止此矣。凤業未了,又生他想,彼冥曹姻緣簿,非吾如意珠,再辱奚爲,徒供群口畫描耳。'夫人歎曰:'予言亦是,吾不子强。雖然,好自愛,彼或好言語,或以飲食啖汝,汝乃更可慮。即旦夕所需,應用物件,只須告我。'遂相顧泣下沾衣,惟恐他婢窃聽,徐拭淚還坐,尋別去。楊夫人每向宗戚語之,聞者莫不酸鼻云。居無何,婦妒益深,乃徙小青於孤山別業,誡曰:'非我命而郎至,不得入;非我命而郎之手札至,亦不得入。'小青既到孤山,暗自念彼置我於閑闃之地,必然密伺短長,借莫須有事魚肉我,以故深自斂戢。山在蘇公堤畔,乃林和靖之故址。梅畦竹径,一水千峰,雖幸猖語得辭,耳目清逸,然當夢迴孤枕,聽野寺之鐘聲;煙染長堤,望疎林之夕照,又未嘗不黯然下淚也。因書一絕,以寄其幽怨云:'(按:即"春衫血淚點輕紗"一首,略)。'小青之怨自此益深,而其幽憤之懷俱託之詩。或作小詞,又好與影語。或斜陽花際,煙空水清,辄臨池自照,對影絮絮如問答。婢輩窺視,則不復爾。但微見眉痕慘然,似有泣意。一日,早起梳妆畢後,獨自步至池邊,臨波照影。徒倚之間,忽又呼影而言曰:'汝亦是薄命小青乎? 我雖知汝,汝豈相憐? 假使我齎恨而死,汝豈能因我而現形耶?'喃喃了一會,復又笑曰:'狂且濁媪,無意於我,若得與汝作水中清友,我來汝現,我去汝隐,汝非我不親,我尋汝而至,洵足以相數晨夕,而可以無愁岑寂矣。'正在躊躇之際,忽聞婢女尋唤,遂回至卧内,即時題詩一章曰:'(按:即"新妝竟與畫圖争"一首,略)。'又一夕,風雨瀟瀟,梵鐘初動,四顧悄然,乃於書卷中檢出一帙《牡丹亭》,挑燈細玩。及讀至'尋夢''冥會'諸齣,不覺低首沉吟,廢卷而歎曰:'我只道感春興怨,只一小青。豈知癡情綺債,先有一個麗娘?然夢而死,死而生,一意纏綿,三年冰骨,而竟得夢中之人作偶。梅耶?柳耶?豈今世果有其人耶?我徒問水中之影,汝真得夢裏之人,是則薄命,良緣相去殊遠。'言訖泫然泣下。回顧侍婢俱已熟寢,遂援筆賦成一絕云:'(按:即"冷雨幽窗不可聽"一首,略)。'時已夜半,但聞雨聲淅瀝,亂洒芭蕉;風响蕭疎,斜敲窗纸;孤燈明滅,香冷雲屏。而愁心耿耿,至曉不能成寐。於時,楊夫人之女小六娘,染病而没,夫人又欲從宦遠方,小青遂因弔奠,即與夫人言別。一叩靈輀,涙如泉湧,遂以卮酒奠。畢,與夫人握手綢繆,備叙別後衷曲。夫人因女夭亡,見了小青,倍加憐愛。小青又以夫人遠去,轉覺唏嘘。盤桓數日,遂與婦一同送出北關,洒涙而别。自從夫人去後,無與同調,遂鬱鬱成疾。葳餘益深,婦每命醫來看視,仍遣女婢以藥送至。小青佯爲感謝,俟婢退出,將藥傾擲床頭,笑曰:'吾固不願生,亦當以净體皈依,作劉安雞犬,豈汝一杯鴆所能斷送乎?'然病益沉重,水粒俱絶,每日止飲梨汁一小鍾許。而益明妝冶服,未嘗草草梳理,或擁襆欹坐,或呼琵琶婦唱盲詞消遣。雖數暈數醒,終不蓬首傴卧也。忽一日,語老嫗曰:'可爲我傳語冤孽郎覓一良畫師來。'有頃,師至,即命寫照。寫畢,攬鏡細視:'得吾形似矣,猶未盡我神也,姑置之。'畫師遂又凝神極巧,重寫一圖。小青又注目熟視曰:'神是矣,而丰態未流動也,得非見我目端乎莊,故爾矜持如此。'乃令置之。復命捉筆於旁,而自與老嫗指顧語笑,或扇茶鐺,或檢書帖,或自整衣褶,或閒調朱碧諸色,縱其想會。須臾圖成,果極妖纖之致,笑曰:'可矣。'畫師去後,取圖張供榻前,焚香設梨酒而奠之,曰:'小青,小青,此中豈有汝緣分耶?'遂命侍婢捧過筆硯,爲書以寄楊夫人,其書曰:'(按:略,見前録)。'末又有絶句一首曰:'(按:即"百結回腸寫淚痕"一首,略)。'寫畢,擲筆於地,撫几涙下,潸潸如雨,一慟而絶,年僅十八耳。"

〔二六〕年十六:《媚幽閣文娱》支傳、《蘭因集》支傳作"十六",且無"母本女塾師”至“其天性也”一段。

〔二七〕生豪公子也,性嘈喋,憨跳不韻:《媚幽閣文娛》支傳、《蘭因集》支傳
　　　　無。

〔二八〕婦更奇妒。姬曲意下之,終不解:《媚幽閣文娛》支傳、《蘭因集》支傳
　　　　作“生之婦奇妒,姬曲意下之,終不悦”。

〔二九〕一日,隨遊天竺:《媚幽閣文娛》支傳、《蘭因集》支傳作“偶隨婦遊天
　　　　竺”。

〔三〇〕峕:黄來鶴鈔本作“尊”。

〔三一〕“婦問曰”至“以其慈悲耳”:《媚幽閣文娛》支傳作“婦問西方佛無量,
　　　　世多專禮大士者何。姬曰:‘以慈悲故耳。’”《蘭因集》支傳作“婦問
　　　　西方佛無量,大士獨著者何。姬曰:‘以慈悲故。’”黄來鶴鈔本、《虞
　　　　初新志》無“也”。

〔三二〕業:《蘭因集》支傳作“室”。

〔三三〕《蘭因集》支傳徑接“姬往,郎亦不甚相顧,姬悽惋無已”;《媚幽閣文
　　　　娛》支傳徑接“姬往,生亦不甚相顧,姬悽惋無已”。然後二本皆直接
　　　　下一段某夫人事。

〔三四〕間:《虞初新志》作“之”。

〔三五〕嘗:《虞初新志》作“常”。

〔三六〕“嘗就”後至“其想會。須臾更圖成”前,底本缺,據芥子園本補録。

〔三七〕姬學弈:《媚幽閣文娛》支傳作“有某夫人者,時從姬學弈”,《蘭因集》
　　　　支傳作“有楊夫人者,時從姬弈”。

〔三八〕絶愛憐之:《媚幽閣文娛》支傳作“絶憐愛之,而姬性好書,向生索取
　　　　不得,數從夫人處借觀,間賦小詞自遣。對佳山水有所得,輒作小畫。
　　　　生聞之,每索卒不與”,然後接下文小青與影語事。《蘭因集》支傳徑
　　　　接下文“姬性好書,向生索取不得,數從夫人處借觀,間賦小詞自遣。
　　　　對佳山水有得,輒作小畫。生聞之索,亦不與”,然後爲小青與影語事。

〔三九〕無:黄來鶴鈔本作“毋”。

〔四〇〕好光景可惜,無自苦。章臺柳亦倚紅樓盼韓郎走馬:《媚幽閣文娛》
　　　　支傳作“好光景,可惜虚過,章臺柳亦倚紅樓盼韓郎走馬”。

〔四一〕女平章乃厲害：黃來鶴鈔本作“女平章乃利害”，《媚幽閣文娛》支傳作“女平章利害耳”。

〔四二〕“居頃之”至“豈當墮羅剎國中”：《虞初新志》作“頃之，從容諷曰：‘子既嫻儀則，又多技能，而風流綽約復爾，豈當墮羅剎國中？吾雖非女俠，力能脱子火坑。’”《媚幽閣文娛》支傳作“少選，從容諷曰：‘子既閑儀則，多技能，而風流綽約復爾，豈當墮羅剎國中？’”《蘭因集》支傳無“因數取巨觵觴婦”至“豈當墮羅剎國中”一段，于“‘……卿須憐我我憐卿’之句”後逕接“一日，夫人乘間言曰：‘吾非女俠云云。’”

〔四三〕雖：《媚幽閣文娛》支傳無。

〔四四〕力：《蘭因集》支傳作“然力”。

〔四五〕事：《虞初新志》、《媚幽閣文娛》支傳作“柳”。

〔四六〕邪：《虞初新志》、《媚幽閣文娛》支傳作“耶”。

〔四七〕“且彼視子去”至“縱能容子”：《虞初新志》作“且彼縱善遇子”，《媚幽閣文娛》支傳作“且彼婦即善遇子”。《蘭因集》支傳無“頃言章臺事”至“縱能容子”數句。

〔四八〕子遂：《媚幽閣文娛》支傳、《虞初新志》作“子終”，《蘭因集》支傳作“豈終”。

〔四九〕謝：《媚幽閣文娛》支傳、《虞初新志》、《蘭因集》支傳無。

〔五〇〕吾：《媚幽閣文娛》支傳、《虞初新志》、《蘭因集》支傳作“妾”。

〔五一〕著：《蘭因集》支傳作“墮”。

〔五二〕非吾如意珠：《媚幽閣文娛》支傳、《虞初新志》作“非吾如意珠，再辱奚爲”。

〔五三〕畫描：《蘭因集》支傳作“描畫”。

〔五四〕好自愛：《虞初新志》作“子亦宜自愛”。

〔五五〕汝：《虞初新志》無。

〔五六〕第告我：《虞初新志》作“第告我無害”。

〔五七〕相顧：《虞初新志》作“因相顧”。

〔五八〕恐他婢竊聽：《虞初新志》無。

〔五九〕聞者酸鼻：黃來鶴鈔本作“聞者鼻酸云”，《虞初新志》作“無不咨嗟
　　　歎息云”。

〔六〇〕自是：黃來鶴鈔本、《虞初新志》作“姬自後”。

〔六一〕怨：《虞初新志》作“惻”。

〔六二〕無與同調者：《虞初新志》作“姬益寥闃”。

〔六三〕鬱鬱：《虞初新志》無。

〔六四〕歲餘益深：《虞初新志》無。

〔六五〕以：《虞初新志》作“捧”。

〔六六〕笑：《虞初新志》作“歎”。

〔六七〕汝：《虞初新志》作“以”。

〔六八〕能：《虞初新志》無。

〔六九〕乎：《虞初新志》作“耶”。

〔七〇〕“夫人歎曰”至“豈汝一杯鴆能斷送乎”：《媚幽閣文娛》支傳作“夫人
　　　點首長歎，相顧良久，泣下沾衣，徐拭淚還坐。夫人向宗戚每談及之，
　　　無不咨嗟太息云。自後夫人從宦遊，姬益寥闃，遂感疾。婦命醫來，
　　　仍遣婢捧藥至。姬佯謝，婢出，擲藥床頭，泣曰：‘吾即不願生，亦當以
　　　净體皈依，作劉安雞犬，豈以一杯鴆斷送耶？’乃貽書夫人曰：‘（按：
　　　略，見上録）。’”《蘭因集》支傳作“夫人默坐長歎，相顧良久，泣下沾
　　　衣。自後夫人從夫宦遊，姬益寥闃，遂感疾。醫來，姬佯謝。俟出，擲
　　　藥牀側，歎曰：‘吾即不願人世，亦當以净體皈依，作劉安雞犬，寧以一
　　　杯酖斷送耶？’乃作書貽夫人曰：‘（按：略，見上録）。’”

〔七一〕《蘭因集》支傳接上文注《書》後，“然病益不支”作“書未達而疾益
　　　甚”；《媚幽閣文娛》支傳接上文注書後，“然病益不支”作“書成未達，
　　　疾益甚”。

〔七二〕日飲梨汁一小盞許：《虞初新志》作“日飲梨汁盞許”，《媚幽閣文娛》
　　　支傳作“日飲梨汁少許”，《蘭因集》支傳作“惟日飲梨汁少許”。

〔七三〕益：《媚幽閣文娛》支傳、《蘭因集》支傳作“然”。

〔七四〕襟：《媚幽閣文娛》支傳、《虞初新志》、《蘭因集》支傳作“襆”。

〔七五〕自遣：《虞初新志》作“以遣”。

〔七六〕雖數暈醒：《虞初新志》作“雖數暈數醒”。

〔七七〕《媚幽閣文娛》支傳、《蘭因集》支傳均無“然病益不支，水粒俱絕，日飲梨汁一小盞許，益明妝冶服，擁襟欹坐。或呼琵琶婦唱盲詞自遣，雖數暈醒，終不蓬首偃卧也”。飲梨汁事在下文，與《媚幽閣文娛》支傳同，唯“終”作“未嘗”。《蘭因集》支傳作“乃作書貽夫人曰：‘（按：略，見上録）。’書未達而疾益甚，水粒俱絕，惟日飲梨汁少許，然明妝靓服，擁襆欹坐，未嘗蓬垢偃卧也”。

〔七八〕老嫗：《媚幽閣文娛》支傳作“老媼”，《蘭因集》支傳作“女奴”。

〔七九〕可：《媚幽閣文娛》支傳、《蘭因集》支傳無。

〔八〇〕覓：《蘭因集》支傳作“可覓”。

〔八一〕畫師：黃來鶴鈔本、《媚幽閣文娛》支傳、《虞初新志》作“良畫師”。

〔八二〕似：《媚幽閣文娛》支傳、《蘭因集》支傳無。

〔八三〕盡：《媚幽閣文娛》支傳、《蘭因集》支傳作“得”。

〔八四〕之：《蘭因集》支傳作“此”。

〔八五〕又易一圖：《媚幽閣文娛》支傳作“師易一圖進，姬”，《蘭因集》支傳作“師易一圖進”。

〔八六〕是：《蘭因集》支傳作“似”。

〔八七〕風態：《媚幽閣文娛》支傳、《蘭因集》支傳作“丰采”。《媚幽閣文娛》支傳下接“昔杜麗娘自圖小像，恐爲雨爲雲飛去，丰采流動耳。乃命師且坐”。

〔八八〕未流動也：《媚幽閣文娛》支傳作“流動耳”。

〔八九〕“若見我而目端手莊”至“命捉筆於旁”：《媚幽閣文娛》支傳、《蘭因集》支傳無。

〔九〇〕或茶鐺：《虞初新志》作“或扇茶鐺”。

〔九一〕或簡書：《虞初新志》作“簡圖書”。

〔九二〕或自整衣褶：《虞初新志》無。

〔九三〕或代調丹壁諸色，縱其想會：《媚幽閣文娛》支傳作“自與老嫗扇茶鐺，或檢圖書，或整衣褶，或代調丹碧諸色，縱其想會”，《蘭因集》支傳作“乃命師復坐，自與女奴扇茶鐺，或檢圖書，或整衣褶，或代調丹碧諸色,縱其領會"。

〔九四〕更:黄來鶴鈔本、芥子園本、叢刊本無。

〔九五〕須臾更圖成:《虞初新志》作"久之,復命寫圖,圖成"。

〔九六〕果:《虞初新志》無。

〔九七〕須臾更圖成,果極妖纖之致:《蘭因集》支傳作"命寫圖,圖成"。

〔九八〕"須臾更圖成"至"師去":《媚幽閣文娛》支傳作"久之,命寫圖。圖成,
　　　極妖纖之致。笑曰:'可矣。'"

〔九九〕即:黄來鶴鈔本、《媚幽閣文娛》支傳、芥子園本、叢刊本、《蘭因集》
　　　支傳無。

〔一〇〇〕圖:《媚幽閣文娛》支傳、《蘭因集》支傳無。

〔一〇一〕焚:《媚幽閣文娛》支傳、《虞初新志》作"爇"。

〔一〇二〕焚名香,設梨酒:黄來鶴鈔本作"焚香設梨酒",《媚幽閣文娛》支
　　　傳作"爇名香,設梨汁"。

〔一〇三〕此:《虞初新志》、《媚幽閣文娛》支傳、《蘭因集》支傳作"此中"。

〔一〇四〕撫几而泣,潸潸如雨:《蘭因集》支傳作"淚與血俱",黄來鶴鈔本
　　　作"撫几淚潸潸如雨",《媚幽閣文娛》支傳作"撫几而泣,淚雨潸
　　　潸下",《虞初新志》作"撫几而泣,淚雨潸潸下"。

〔一〇五〕《媚幽閣文娛》支傳、《蘭因集》支傳"年纔十八耳"一句在此處。

〔一〇六〕時萬曆壬子歲也,年纔十八:黄來鶴鈔本作"時年十八耳",無以
　　　下議論,徑接至"是日向暮",而無"是"字。《情史》各本無"時萬
　　　曆壬子歲也",戲曲《梅花夢》言小青生年在乙未年,與此説相同。
　　　芥子園本無"纔"字。

〔一〇七〕知:《虞初新志》無。

〔一〇八〕"哀哉"至"安可得哉":《蘭因集》支傳、《繡像閨閣才子奇書》無。

〔一〇九〕是:《媚幽閣文娛》支傳、芥子園本、叢刊本、《虞初新志》、《蘭因集》
　　　支傳無。

〔一一〇〕是日向暮:《繡像閨閣才子奇書》作"直至傍晚"。

〔一一一〕始:《媚幽閣文娛》支傳無。

〔一一二〕幛:黄來鶴鈔本作"帷"。

〔一一三〕披幃,見:《媚幽閣文娛》支傳、《蘭因集》支傳作"披帷視之,則"。

〔一一四〕逸:《蘭因集》支傳作"耀"。

〔一一五〕衣態鮮好,如生前無病時:《媚幽閣文娛》支傳作"衣態鮮好如生前",《蘭因集》支傳作"如生前"。

〔一一六〕忽:《媚幽閣文娛》支傳、《蘭因集》支傳作"不覺"。

〔一一七〕嘔血升餘:《媚幽閣文娛》支傳、《蘭因集》支傳無。

〔一一八〕書:黃來鶴鈔本、《虞初新志》作"詩"。

〔一一九〕"徐簡得書一卷"至"後書一絶句":《蘭因集》支傳無,接下文"婦聞之"。《媚幽閣文娛》支傳作"既檢遺詩及像,又一緘,即前寄某夫人稿也。讀之,敘致惋痛"。

〔一二〇〕今載集中:芥子園本、叢刊本、《虞初新志》無。

〔一二一〕痛呼:《媚幽閣文娛》支傳作"狂叫"。

〔一二二〕吾負汝,吾負汝:《媚幽閣文娛》支傳作"吾負卿矣"。

〔一二三〕婦聞:《蘭因集》支傳作"婦聞之"。

〔一二四〕恚:《繡像閨閣才子奇書》作"怒"。

〔一二五〕乃匿第三圖,僞以第一圖進:《媚幽閣文娛》支傳、《蘭因集》支傳作"生詭以第一圖進"。

〔一二六〕詩至:《蘭因集》支傳無。

〔一二七〕黃來鶴鈔本後徑接至"及再檢草稿"。

〔一二八〕業:《虞初新志》、《媚幽閣文娛》支傳無。

〔一二九〕廣陵業散,從兹絶矣:芥子園本作"及再簡草稿,業散失盡",後接下文"而得姬臨卒時"至"共十三篇耳","三"作"二",且無"耳"。《蘭因集》支傳作"廣陵散從兹絶矣",下接"猶幸第二圖,其姻婭有購得之者,而姬臨卒之先日,以花鈿數事贈鄰媼小女,襯以二紙,有字云'數盡慚慚春夜雨,無多,也只得一半工夫',乃姬親筆。噫!脱姬臨卒,不以花鈿贈人,而彼畫師寫照,落筆便肖,則遺照殘箋,盡歸妒婦劫火,又安得桃花一瓣,流出人間也哉",並以此處爲結尾。

〔一三〇〕成:《虞初新志》作"誠"。

〔一三一〕"廣陵業散"至"又在生耳"：芥子園本、叢刊本、《繡像閨閣才子奇書》無。《媚幽閣文娛》支傳接"猶幸第二圖，其姻婭有購得之者"。

〔一三二〕及再簡草稿：黃來鶴鈔本、《虞初新志》作"及再檢草稿，業散失盡"，《媚幽閣文娛》支傳無。

〔一三三〕得：《虞初新志》、《媚幽閣文娛》支傳無。

〔一三四〕取：《媚幽閣文娛》支傳作"以"。

〔一三五〕贈：《媚幽閣文娛》支傳作"贈聞"。

〔一三六〕嫗：《媚幽閣文娛》支傳作"媼"。

〔一三七〕正其詩稿：《媚幽閣文娛》支傳作"偶爲好事者所見，則皆姬手蹟，字亦漫滅。細閱之"。

〔一三八〕十：黃來鶴鈔本、芥子園本、叢刊本、《媚幽閣文娛》支傳、《虞初新志》作"九"。

〔一三九〕併所寄某夫人者：《媚幽閣文娛》支傳作"殆詩艸也，然題亦不可考。嗟夫！夫姬信情種，命題亦當有致，惜乎其不可考也。雖然，詩且不全，何有於題"。

〔一四〇〕共十三篇耳：黃來鶴鈔本、芥子園本、叢刊本、《虞初新志》作"共十二篇"，《媚幽閣文娛》支傳無。《虞初新志》下接"古詩云：'（按：略，見上錄）。'生之戚某，集而刻之，名曰《焚餘》"，至此《虞初新志》本《小青傳》完。

〔一四一〕今載集中。後云：黃來鶴鈔本作"詞不全，僅得三句云"。

〔一四二〕"余酒友"至"李易安集中無此情話也"：芥子園本、叢刊本無。《媚幽閣文娛》支傳作"而更有遊姬別業者，於壁間拾殘箋數寸許，有字云'數盡懨懨深夜雨，無多，也只得一半工夫'，亦姬遺墨。蓋《南鄉子》詞而未全，李易安工爲情語不逮也。而世所傳僅此，併寄某夫人一絕，及一緘耳。嗟乎。麗娘幀首數言，便足千古，亦何必盡吐奇葩，供人長玩耶？不然，脫小青臨卒，不以花鈿贈人，而彼畫師寫照，落筆便肖，則遺照殘箋，且盡歸姤劫火，又安得桃花一瓣流出人間也哉？"

〔一四三〕予讀其詩：芥子園本、叢刊本作"戔戔居士曰'讀小青諸咏'"。

〔一四四〕經：芥子園本、叢刊本、《繡像閨閣才子奇書》作“徑”。

〔一四五〕一：黃來鶴鈔本無。

〔一四六〕亦：芥子園本無。

〔一四七〕《繡像閨閣才子奇書》此句下接：“及歿後，即浮厝於孤山之側。
　　　　其詩有未載入傳中者，備錄於左：‘（按：古詩一首、絕句四首、《天
　　　　仙子》詞一闋見前錄，略）。’雲間有一煮鶴生者，落魄不羈，頗工
　　　　吟詠。嘗於春日薄遊武林，泊舟於孤山石畔。尋至小青葬處，但
　　　　見一環草土，四壁煙蘿，徘徊感愴，立賦二絕以弔之，其詩曰：‘羅
　　　　衫點點淚痕鮮，照水徒看影自憐。不遂求凰來月下，冰心爭似步
　　　　飛煙。’‘哮聲猺語不堪聆，竟使紅顏塚上青。可惜幽窗寒雨夜，更
　　　　無人讀《牡丹亭》。’是夜月明如晝，煙景空濛。煮鶴生小飲數杯，
　　　　即命艤舟登岸，只檢林木幽勝之處，縱步而行。忽遠遠望見梅花
　　　　底下有一女子，丰神絕俗，綽約如仙。其衣外颺翠袖，內襯朱襦，
　　　　若往若來，徜徉於花畔。煮鶴生緩緩跡之，恍惚聞其歎息聲。及
　　　　近前數武，只見清風驟起，吹下一地梅花香雪，而美人已不知所適
　　　　矣。煮鶴生不勝歎異，曰：‘豈小青之艷魄耶？’遂回至船中，又續
　　　　二首云：‘梅花嘗伴月徘徊，月泣花啼千載哀。夜半岩前風動竹，
　　　　分明空裏佩環來。’‘不須惆悵恨東風，玉折蘭摧自古同。昨夜西
　　　　泠看明月，香魂猶在亂梅中。’自後名流韻士，紛紛弔挽，無非憐
　　　　才而傷其命薄，篇什頗多，不能備錄。嗚呼！世之負才零落，躑躅
　　　　泥犁中，顧影自憐，若忽若失如小青者，可勝道哉！予以戔戔居
　　　　士作原傳，稍加編述，以爲名媛傳中添一段佳話云。‘淡抹濃鋪，
　　　　無非把一怨字托出，想子搦管時，豈真有淒風酸雨從窗外而至。
　　　　不然，哀思怨況，無影無形，何得躍然於紙上，若有神助也。’（釣鰲
　　　　叟評）‘空濛煙影，黯然月色，小青在焉。呼之欲出顰蛾。’（月鄰
　　　　主人評）‘獨坐太白之詩，紈扇悲秋；摩詰之畫，如此一傳。詩耶？
　　　　畫耶？’（叟又評）”

〔一四八〕又言姬好與影語：《媚幽閣文娛》支傳作“姬又好與影語”，《蘭因集》
　　　　支傳作“又時時好與影語”。

〔一四九〕煙水空清：黃來鶴鈔本、芥子園本、叢刊本、《媚幽閣文娛》支傳、《蘭因集》支傳作“煙空水清”。

〔一五〇〕婢輩：《蘭因集》支傳、《媚幽閣文娛》支傳作“女奴”。

〔一五一〕則不復爾：《蘭因集》支傳作“即止”，《媚幽閣文娛》支傳作“輒止”。

〔一五二〕微：《媚幽閣文娛》支傳、《蘭因集》支傳無。

〔一五三〕性喜看書，顧影自語一段，《蘭因集》支傳記叙在前，此處接“嘗有‘對影自臨春水照，卿須憐我我憐卿’之句。一日，夫人乘間言曰：‘（按：見上文‘吾雖非女俠’至‘寧以一杯鴆斷送耶’，意大同，小異處見上注。）”《媚幽閣文娛》支傳此段亦記叙在前，此處作“故嘗有‘瘦影自臨春水照，卿須憐我我憐卿’之句。悲哉！妬婦庸奴，都無可語，徒向《牡丹亭》説夢耶？一日，從婦登樓船，某夫人亦在座，時同遊女伴，見兩堤間，遊冶少年馳騎，俱指顧相謔，姬獨淡然凝坐，或俯清流轉晒而已。某夫人曰：‘昔太白舉杯邀月，對影三人，惟太白之影可與太白飲，亦惟小青之影可與小青對耶？’時婦已醉臥，姬頻覷婦，低語夫人曰：‘太白仙才，小青怨女，故自不類。三閭大夫索知己不得，索之雲中之湘君。妾又索湘君不得，索之水中之影耳。’夫人曰：‘子悲憤無聊，政類三閭。生亦類楚懷王，顧不知誰爲上官大夫也。’姬默然。夫人曰：‘以三閭之才，遊諸侯，何國不容，而自令若此，太史公憾之矣。’姬曰：‘此三閭之爲三閭也。’夫人乘間向姬曰：‘此舟有樓，（按：略，見上小青與夫人登樓事。）”下至“乃貽書某夫人曰：‘（按：略，見上録。）”《書》畢寫畫師畫事。再接上文“時萬曆壬子歲”至“李易安集中無此情話也”止，其中損益異同見上註。

〔一五四〕今：芥子園本、叢刊本作“余”。

〔一五五〕第識其顛末：黃來鶴鈔本此句作無“第録諸詩，識其顛末”。

〔一五六〕然天下女子有情：黃來鶴鈔本作“然姬詩有‘挑燈閒看《牡丹亭》’之句，似非無謂語。天下女子有情”。

〔一五七〕“余向欲刊其詩”至“惜不令湯若士見之耳”：《繡像閨閣才子奇書》、芥子園本、叢刊本無。

〔一五八〕污泥：黄來鶴鈔本、《繡像閨閣才子奇書》、芥子園本、叢刊本作"泥犁"。

〔一五九〕黄來鶴鈔本至此完篇，有識曰："萬曆壬子秋仲戔戔居士書于西湖之明樓。"又曰："諸詩非一時之作，各自有題，而無夢草草録寄，都不註。惟第四首題註'默默'二字，及'寄某夫人'二題而已。乃知姬故情種郎，命題亦自有致矣。今未敢妄臆，姑以其一、其二紀之，獨憾寥寥數篇，出秦火之餘，而題又不全。姬薄命耶？吾曹薄命耶？戔戔子又書。"含秋亭主人曰："此傳得最確，出最先，据事直書，字字悽惋。嗣後名公傳者紛紛，大約本此。余録之存其始也。其餘名作如傳、如詩，及小青逸事，行遍搜彙集，如騷類別云。"

【箋註】

〔**與生同姓，故諱之**〕《禮記·曲禮》："取妻不取同姓，故買妾不知其姓則卜之。"

〔**夙根**〕明智旭《楞嚴經文句》："'即事捨塵勞'，犹所云就路還家也。餘門圓通，深位方達，淺位不知，但能被於一種夙根成就之人，不能三根普被。惟此耳根圓通，普被三根，而妙尤在巧被下根也。"

〔**心經**〕唐智昇《開元釋教録》："《摩訶般若波羅蜜大明咒經》一卷，姚秦三藏鳩摩羅什譯。"

〔**了了**〕東晉葛洪《抱朴子内篇·袪惑》："自言已四千歲，敢爲虛言，言之不作。云已見堯舜禹湯，説之皆了了如實也。"北宋蘇軾《江城子》："夢中了了醉中醒。只淵明，是前生。走遍人間，依舊却躬耕。昨夜東坡春雨足，烏鵲喜，報新晴。"

〔**佳麗地**〕南朝齊謝朓《入朝曲》："江南佳麗地，金陵帝王州。"

〔**茗戰**〕《雲仙雜記》："建人謂鬥茶爲'茗战'。"明謝肇淛《五雜組》："昔人喜鬥茶，故稱'茗战'。"

〔**風期**〕唐李白《梁甫吟》："廣張三千六百釣，風期暗與文王親。"唐褚亮《傷始平李少府正己》："風期嵇呂好，存歿范張親。"

〔**嘈喋**〕南朝梁顧野王《玉篇》："嘈，才刀切。聲也。""喋，丈甲切。鴨唛食。又徒叶切，便語也。"

〔憨跳〕明徐翙《盛明雜劇序》："寧漫付之李龜年及阿蠻輩草草演習，供綺宴酒闌所憨跳！"

〔天竺〕雍正《浙江通志》："下天竺寺。《咸淳臨安志》：'在縣西一十七里。隋開皇十五年，僧真觀與道安建，號南天竺。唐永泰中，賜天竺靈山寺額。宋大中祥符初，改賜靈山寺。天禧四年，復天竺寺額。紹興十四年，改賜天竺時思薦福寺額。慶元三年復元額，爲天竺靈山之寺。寶祐二年，賜天竺靈山教寺額。'《錢塘縣志》：'元末燬，明洪武間重建。'……中天竺寺。《神州古史考》：'在稽留峰北。隋開皇十七年，僧千歲寶掌禪師從西土來建。'《咸淳臨安志》：'宋太平興國元年，錢氏復建爲崇壽院。政和四年，改賜天寧萬壽永祚禪寺。南渡初有摩利支菩薩感應，因以禁中所奉佛像賜焉。'《武林梵志》：'元天曆間，改天曆永祚禪寺。明洪武初，賜號中天竺寺。山門"中天竺"三字爲賈似道署額，正德間燬。嘉靖二十五年，僧惠鑣募建殿刹并建白衣觀音堂。'……上天竺寺。《名勝志》：'在北高峰麓（白云峰）下。'《上天竺山志》：'後晋天福四年，僧道翊結廬山中，夜有神光，就視得奇木，命孔仁謙刻觀音像。會僧從勳自洛陽來，持古佛舍利至，因納之頂間，妙相具足。錢忠懿王夢白衣人求治其居，因感寤，乃即其地創佛廬號天竺看經院。宋咸平初，郡守張去華以旱迎大士至梵天寺致禱，即日雨，自是遇水旱必謁焉。'"

〔大士〕丁福保《佛學大辭典》："對佛之尊稱之一。與'無上士'同義，意即最勝之士夫。據《雜阿含經卷》四十八載，八天神曾讚歎沙門瞿曇，其中第二天子讚歎云：'大士之大龍，大士之牛王，大士夫勇力，大士夫良馬，大士夫上首，大士夫之勝。'"

〔孤山別業〕馮夢禎所構。明馮夢禎《快雪堂日記》："（萬曆二十五年十月十七日）微雨，陰。……汪仲嘉、巨源來。……以孤山地屬仲嘉、巨源，必九十金乃可得，此非所惜也。"汪道會字仲嘉，安徽歙縣松明山人，汪道貫從弟。

〔魚肉〕西漢司馬遷《史記·項羽本紀》："沛公已出，項王使都尉陳平召沛公。沛公曰：'今者出，未辭也，爲之奈何？'樊噲曰：'大行不顧細謹，大禮不辭小讓。如今人方爲刀俎，我爲魚肉，何辭爲？'於是遂去。"

〔章臺柳亦倚紅樓盼韓郎走馬〕唐許堯佐《柳氏傳》："天寶中，昌黎韓翃有詩名，性頗落托，羈滯貧甚。有李生者，與翃友善，家累千金，負氣愛才。其幸姬曰柳氏，豔絕一時，喜談謔，善謳詠。李生居之別第，與翃爲宴歌之地，而館翃於其側。翃素知名，其所候問，皆當時之彥。柳氏自門窺之，謂其侍者曰：'韓夫子豈長貧賤者乎？'遂屬意焉。李生素重翃，無所吝惜。後知其意，乃具膳請翃飲。酒酣，李生曰：'柳夫人容色非常，韓秀才文章特異。欲以柳薦枕於韓君，可乎？'翃驚慄，避席曰：'蒙君之恩，解衣輟食久之，豈宜奪所愛乎？'李堅請之。柳氏知其意誠，乃再拜，引衣接席。李坐翃於客位，引滿極歡。李生又以資三十萬，佐翃之費。翃仰柳氏之色，柳氏慕翃之才，兩情皆獲，喜可知也。明年，禮部侍郎陽浚擢翃上第。屏居間歲，柳氏謂翃曰：'榮名及親，昔人所尚。豈宜以濯浣之賤，稽採蘭之美乎？且用器資物，足以待君之來也。'翃於是省家於清池。歲餘，乏食，鬻妝具以自給。天寶末，盜覆二京，士女奔駭。柳氏以豔獨異，且懼不免，乃剪髮毀形，寄跡法雲寺。是時，侯希逸自平盧節度淄青，素藉翃名，請爲書記。洎宣皇帝以神武返正，翃乃遣使間行求柳氏。以練囊盛歘金，題之曰：'章臺柳，章臺柳，昔日青青今在否？縱使長條似舊垂，亦應攀折他人手。'柳氏捧金嗚咽，左右悽憫，答之曰：'楊柳枝，芳菲節，所恨年年贈離別。一葉隨風忽報秋，縱使君來豈堪折。'無何，有蕃將沙吒利者，初立功，竊知柳氏之色，劫以歸第，寵之專房。及希逸除左僕射，入覲，翃得從行。至京師，已失柳氏所止，歎想不已。偶於龍首岡，見蒼頭以駁牛駕軿軿，從兩女奴。翃偶隨之，自車中問曰：'得非韓員外乎？某乃柳氏也。'使女奴竊言失身沙吒利，阻同車者，請詰旦幸相待於道政里門。及期而往，以輕素結玉合，實以香膏，自車中授之，曰：'當遂永訣，願置誠念。'乃回車，以手揮之，輕袖搖搖，香車轔轔，目斷意迷，失於驚塵，翃大不勝情。會淄青諸將合樂酒樓，使人請翃，翃強應之，然意色皆喪，音韻悽咽。有虞候許俊者，以材力自負，撫劍言曰：'必有故，願一效用。'翃不得已，具以告之。俊曰：'請足下數字，當立致之。'乃衣縵胡，佩雙鞬，從一騎，徑造沙吒利之第。候其出行里餘，乃被衽執轡，犯闕排闥，急趨而呼曰：'將軍中惡，使召夫人。'僕侍辟易，無敢仰視。遂升堂，出翃札示柳氏，挾之跨鞍馬。逸塵斷鞅，倏忽乃至，引裾而前曰：'幸不辱命。'四座驚歎。柳氏與翃執手涕泣,相與罷酒。是時沙吒利恩寵殊等,翊、俊懼禍,乃詣希逸。希逸大驚曰:'吾平生所爲事,俊乃能爾乎!'遂獻狀曰:'檢校尚書金部員外郎兼御史韓翊,久列參佐,累彰勳效。頃從鄉賦,有妾柳氏,阻絕凶寇,依止名尼。今文明撫運,遐邇率化。將軍沙吒利兇恣撓法,憑恃微功,驅有志之妾,干無爲之政。臣部將兼御史中丞許俊,族本幽薊,雄心勇決,卻奪柳氏,歸於韓翊。義切中抱,雖昭感激之誠;事不先聞,固乏訓齊之令。'尋有詔,柳氏宜還韓翊,沙吒利賜錢二百萬。柳氏歸翊,翊後累遷至中書舍人。然即柳氏,志防閑而不克者;許俊,慕感激而不達者也。向使柳氏以色選,則當熊、辭輦之誠可繼;許俊以才舉,則曹柯、澠池之功可建。夫事由跡彰,功待事立。惜鬱堙不偶,義勇徒激,皆不入於正。斯豈變之正乎? 蓋所遇然也。"

〔蒲團空觀〕南宋普濟《五燈會元》卷七:"師如是往來雪峰、玄沙二十年。問:'坐破七個蒲團,不明此事。'"

〔賈平章劍鋒可畏也〕元劉一清《錢塘遺事》:"賈似道居西湖之上,嘗倚樓望湖,諸姬皆從。適有二人道妝羽扇,乘小舟由湖登岸。一姬曰:'美哉二少年。'似道曰:'爾願事之,當令納聘。'姬笑而無言。逾時,令人持一合,喚諸姬至前,曰:'適爲某姬受聘。'啓視之,則姬之頭也。諸姬皆戰慄。初,似道於浙西行公田,民受其害,有人題詩曰:'襄陽累載困孤城,豢養湖山不出征。不識咽喉形勢地,公田枉自害生靈。'至乙亥罷相,公田、國事俱休矣。"

〔羅刹國〕《法華經》:"入於大海,假使黑風吹其船舫,飄墮羅刹鬼國。"丁福保《佛學大辭典》"羅刹"條:"惡鬼之名。又作羅刹娑、羅叉娑、羅乞察娑、阿落刹娑。意譯爲可畏、速疾鬼、護者。女則稱羅刹女、羅叉私。乃印度神話中之惡魔,最早見於梨俱吠陀。相傳原爲印度土著民族之名稱,雅利安人征服印度後,遂成爲惡人之代名詞,演變爲惡鬼之總名。男羅刹爲黑身、朱髮、綠眼,女羅刹則如絕美婦人,富有魅人之力,專食人之血肉。相傳在楞伽島中,即有羅刹女國,此於《佛本行集經》卷四十九、《有部毗奈耶》卷四十七、慧琳《音義》卷七等均有記載。又羅刹具神通力,可於空際疾飛,或速行地面,爲暴惡可畏之鬼。"

〔韓君平〕元辛文房《唐才子傳》:"(韓)翊,字君平,南陽人。天寶十三載楊紘榜進士。侯希逸素重其才,至是表佐淄青幕府。罷,閑居十年。及李勉在宣武,復辟之。德宗時,制誥闕人,中書兩進除目,御筆不點,再請之,批曰:'與韓翃。'時有同姓名者爲江淮刺史,宰相請孰與。上復批曰:'春城無處不飛花韓翃也。'俄以駕部郎中知制誥。終中書舍人。翃工詩,興致繁富,如芙蓉出水,一篇一詠,朝士珍之。比諷深於文房,筋節成於茂政,當時盛稱焉。有詩集五卷,行於世。"

〔**子遂向党將軍帳下作羔酒侍兒乎**〕清潘永因《宋稗類鈔》:"陶學士穀,買得党太尉故妓,取雪水烹團茶,謂妓曰:'党家應不識此。'妓曰:'彼粗人,安得有此!但能銷金帳下淺酌低唱,飲羊羔美酒耳。'陶愧其言。"

〔**姻緣簿**〕《太平廣記》引唐李復言《續幽怪録》:"斜月尚明。有老人倚巾囊,坐於階上,向月檢書。覘之,不識其字,固問曰:'老父所尋者何書? 固少小苦學,字書無不識者。西國梵字,亦能讀之。唯此書目所未覩,如何?'老人笑曰:'此非世間書,君因得見?'固曰:'然則何書也?'曰:'幽冥之書。'固曰:'幽冥之人,何以到此?'曰:'君行自早,非某不當來也。凡幽吏皆主人生之事,主人可不行其中乎? 今途之行,人鬼各半,自不辨耳。'固曰:'然則君何主?'曰:'天下之婚牘耳。'"

〔**如意珠**〕後秦鳩摩羅什譯《大智度論》:"如意珠,生自佛舍利,若法没盡時,諸舍利皆變爲如意珠,譬如過千歲冰化爲頗梨珠。……如菩薩先爲國王太子,見閻浮提人貧窮,欲求如意珠,至龍王宮。……龍即與珠,是如意珠能雨一由句。……有人言:此寶珠從龍王腦中出,人得此珠毒不能害,入火不能燒,有如是等功德。有人言:是帝釋所執金剛,用與阿修羅戰時碎落閻浮提。有人言:諸過去久遠佛舍利,法既滅盡,舍利變為此珠,以益衆生。有人言:衆生福德因緣故,自然有此珠。譬如罪因緣故,地獄中自然有治罪之器。此寶珠名如意,無有定色,清徹輕妙,四天下物皆悉照現。如意珠義如先説,是寶常能出一切寶物,衣服飲食隨意所欲盡能與之。"

〔**皈依**〕丁福保《佛學大辭典》:"釋氏謂皈依佛,皈依法,皈依僧,爲三皈。皈依者,謂身心歸向之也。"

〔**劉安雞犬**〕漢王充《論衡》:"儒書言淮南王學道,招會天下有道之人,傾一國之尊,下道術之士,是以道術之士,並會淮南,奇方異術,莫不爭出。王遂得道,舉家升天,畜產皆仙,犬吠於天上,雞鳴於雲中。"

〔鴆〕北宋佚名《物類相感志》：“《禁蛇廣志》曰：‘鴆似鷹而大如鶚，毛紫黑色，有毒，食之殺人。喙長七八寸，黃赤如銅。食蝮蛇及橡粟，蛇入口則爛，屎溺著石，石爛如泥。屎石則變爲生金及雄黃。其鳥有法知巨石大樹間有蛇虺，即爲禹步以禁之。進退俯仰有度，或獨爲，或結群逡巡，石樹爲之崩倒。取蛇虺時，呼同力數十聲，石起蛇出，皆啄食之。有人入山見其步法，歸向其妻學之，婦正織而機翻倒。’凡鴆飲水處，百鳥吸之皆死，或得犀牛蘸角其中則水無毒。此鳥與犀二物相伏，今有犀處必有鴆，鴆生處必有犀，不然有毒氣傷物類，故天資之以含育萬物。”

〔盲詞〕清顧張思《土風録》：“今人謂之盲字，字爲詞字之轉，以爲盲者所唱故名。”

〔冤業郎〕北魏拓跋宏《弔比干墓文》：“闡穆音乎萬祀，傳冤業以修長。”明智旭《勸戒殺文》：“自佛法東流，人知殺生爲首戒，垂爲勸誡，充楹積棟矣。而猶多未悟者，冤業虛妄結集，不能頓解也。經云：‘除奢摩他及佛出世，不可除滅。’嗚呼！憒憒斯世，將何抵極？殺業既厚，劫成刀兵。寇賊紛然，干戈不息。釋迦往矣，彌勒未生。設欲拯救，惟力修奢摩他耳。”

〔優曇〕丁福保《佛學大辭典》：“又作烏曇，花名，具曰優曇婆羅，烏曇跋羅，鄔曇鉢羅，優曇鉢等。譯曰靈瑞，瑞應。《法華文句》四上曰：‘優曇花者，此言靈瑞。三千年一現，現則金輪王出。’慧琳《音義》八曰：‘優曇花，訛略也。正音烏曇跋羅，此云祥瑞，靈異天花。’同二十六曰：‘此云起空，亦云瑞應。’玄應《音義》二十一曰：‘烏曇跋羅花，舊言優曇波羅花，或作優曇婆羅花。此葉似梨，果大如拳，其味甘。無花而結實，亦有花而難植。故經中以喻稀有者也。’慧苑《音義》下曰：‘烏曇花，此云稀有也，此花多時乃一開也。’《法華玄贊》三曰：‘鄔曇鉢羅，此云瑞應。’《法華義疏三》末曰：‘河西道朗云：此云靈瑞花，又云空起花，天竺有樹而無其花。若輪王出世，此花則現。’《翻梵語》九曰：‘鬱曇鉢林，亦云優曇婆羅，亦云優曇鉢。譯曰：優者起也，曇婆羅者空也。’《法華經方便品》曰：‘譬如優曇華一切皆愛樂，天人所稀有，時時乃一出。’同品曰：‘如是妙法，諸佛如來，時乃説之，如優曇鉢華時一現耳。’同《化城喻品》曰：‘昔所未曾睹，無量智慧者，如優曇鉢羅。’同《妙莊嚴王品》曰：‘佛難得值，如優曇鉢羅華。’”

〔**廣陵業散**〕唐房玄齡等《晋書》："(嵇)康將刑東市,太學生三千人請以爲師,弗許。康顧視日影,索琴彈之,曰:'昔袁孝尼嘗從吾學《廣陵散》,吾每靳固之,《廣陵散》於今絶矣!'時年四十。海內之士,莫不痛之。帝尋悟而恨焉。初,康嘗遊於洛西,暮宿華陽亭,引琴而彈。夜分,忽有客詣之,稱是古人,與康共談音律,辭致清辯,因索琴彈之,而爲《廣陵散》,聲調絶倫,遂以授康,仍誓不傳人,亦不言其姓字。"

〔**楚焰成烈**〕西漢司馬遷《史記·項羽本紀》："居數日,項羽引兵西屠咸陽,殺秦降王子嬰,燒秦宮室,火三月不滅,收其貨寶婦女而東。"

〔**紀信**〕西漢司馬遷《史記·項羽本紀》："漢將紀信説漢王曰:'事已急矣,請爲王誑楚爲王,王可以間出。'於是漢王夜出女子滎陽東門被甲二千人,楚兵四面擊之。紀信乘黄屋車,傅左纛,曰:'城中食盡,漢王降。'楚軍皆呼萬歲。漢王亦與數十騎從城西門出,走成皋。項王見紀信,問:'漢王安在?'信曰:'漢王已出矣。'項王燒殺紀信。"

〔**楊太史**〕康熙《錢塘縣志》:"楊廷槐,字祖植,號元蔭,萬曆二十三年進士。初仕得浮梁縣,其民多治陶爲業,大吏徵佳窰,輒拒之。邑多盜,槐捕治不遺餘力,擢比部郎。值妖書楚獄相繼起,槐持論侃侃,保全甚多。分校禮闈,稱得士。以僉事備兵閩海,有洋販勾外番者,立置之法,海氛頓息。會嗛公者中以計典,左遷醎判,量移南比部,調禮曹,出備兵徐淮,首闢駱馬河達漕艘以避吕梁諸溜。議遷徐州雲山,改州爲府,條上六宜改十不容不改之議。沛邑焚劫,一檄解散,尋調天津。時監漕李明道以璫勢恣橫,槐悉按治。明道大不堪,乃指糧凍誣劾。槐上疏自理,竟削籍歸,由是直聲著於朝野。崇禎初,起復原職,時睢寧被水,槐亟築堤停課,歷陽復爲壯縣。調參江西,尋陞湖廣按察使,槐遂致仕。家居種蔬輯圃,不事干謁,遇地方大利病如論積貯、議救荒、維士風,皆娓娓數千言上之大吏,卓乎可傳。見王思任《墓志》。"雍正《浙江通志》:"《獻徵録》:'字祖植,錢塘人,萬曆乙未進士,任浮梁令。邑景德鎮歲辦貢磁外供應諸司,廷槐一無所賦,曰:"吾去日必不攜一磁以傷吾民也。"擢刑部郎,會楚獄妖書相繼起,廷槐於中調護甚力,晋憲副備兵閩海。忌者假大計中之,左遷醎判,稍移南比部,歷禮部,出備兵徐淮,議開駱馬湖以通漕運,徙徐州城以避河患,改州爲府以便控制,並淮徐道以一統體清。沛縣妖黨以安反側，尋調天津，津故魏璫鄉里。先是監司有匐伏庭下者，槐曰："吾自用吾法。"與平交一刺，璫大不懌，令璫私人李明道出監漕，勢張甚，槐擒治，其下隸遂以凍糧不前罪槐，削籍。後璫敗，復官，再備兵徐淮，築歸仁堤，停課稅，行捐賑，葺浮橋，立軍營，復河道，善政不一。而忌者復中之，竟拂衣歸，尋調江西參政，再除湖廣按察使，俱不起。'"

〔**經寸珊瑚**〕"經"作"徑"爲是。南朝宋劉義慶《世說新語·汰侈》："石崇與王愷爭豪，並窮綺麗，以飾輿服。武帝，愷之甥也，每助愷。嘗以一珊瑚樹高二尺許賜愷，枝柯扶疏，世罕其比。"

〔**秋海棠花**〕清劉灝《廣群芳譜》："一名八月春，草本，花色粉紅，甚嬌艷，葉綠如翠羽，此花有二種，葉下紅筋者爲常品，綠筋者開花更有雅趣。"《採蘭雜志》：'昔有婦人懷人不見，恒灑淚於北牆之下，後灑處生草，其花甚媚，色如婦面，其葉正綠反紅，秋開，名曰斷腸花，即今秋海棠也。'于若瀛曰：'秋海棠喜陰生，又宜卑濕，莖岐處作淺絳色，綠葉，文似朱絲，婉媚可人，不獨花也。'"

〔**湯若士**〕光緒《江西通志》："湯顯祖，字若士，臨川人。少善屬文，有時名，張居正欲其子及第，羅海內名士以張之，聞顯祖及沈懋學名，命諸子延致，顯祖謝弗往，懋學遂與居正子嗣修偕及第。顯祖至萬曆十一年始成進士，授南京太常博士，就遷禮部主事。十八年，帝以星變，嚴責言官欺蔽，並停俸一年。顯祖上疏曰：'言官豈盡不肖，蓋陛下威福之柄，潛爲輔臣所竊，故言官向背之情亦爲默移，但知自結於執政所得爵祿，直以爲執政與之縱，他日不保身名而今日固已富貴矣。陛下方責言官欺蔽，而輔臣欺蔽自如。失今不治，臣謂陛下可惜者四：朝廷以爵祿植善類，今直爲私門蔓桃李，是爵祿可惜也；群臣風靡，罔識廉恥，是人才可惜也；輔臣不越例，予人富貴不見爲恩，是成憲可惜也。陛下御天下二十年，前十年之政，張居正剛而多欲，以群私人，囂然壞之；後十年之政，申時行柔而多欲，以群私人，靡然壞之，此聖政可惜也。乞誠諭輔臣省愆悔過。'帝怒謫，徐聞典史，稍遷遂昌知縣。二十六年，上計京師，投劾歸。明年大計，奪官，家居二十年卒。"

〔**蟫盦**〕清勞權藏書印有"蟫盦"。

馮小青集外編

孟樸寄篇多閨閣語作三詩酬寄（其三）

董斯張

□□山橫眼力醒,蘭花無恙背寒汀。逢君拈出消魂□,西子湖頭夢小青。近西湖女子小青者,艷而能詩,不得志以死,陸叔度爲作傳。

（〔明〕董斯張:《静嘯齋存草》卷九,《四庫禁毀書叢刊》集部第 108 冊,北京:北京出版社,1997 年,第 81 頁）

《春波影》小引

徐旭旦

余奔走長安街,面土尺許,未得一第,跋涉數千里。悲哉! 余之遇也。乙丑之秋,又將掛孤篷渡浙水而西。荻花蕭條,霜月慘澹,四顧童僕,依棲無色。野君將余水湄,余謂之曰:"吾於世味已嚼蠟,幸爲我求隙地於湖渚,行將與爾賦咏著述,何物五斗,能使人折腰耶?" 野君戲曰:"予冷人也,合受冷趣。爾熱人也,應受熱業。爾若飄然歸來,我當分草堂半榻,容汝四大,何必買山而隱耶?" 余笑曰:"子何居高而視下也? 區區徐生,亦有心胸頭面者。斑衣捧檄,固知善動顏色,乃山鬼移文,亦知愧入毛髮。此行余之不得已也。戊辰之役,倘拾得青紫,則借一命娛兩親。不然,則袖書歸田爲老農畢世耳。"野君曰:"善。吾固知君非久於風塵者,吾將結茆花下以待。"已而閱余行裝,見余諸行卷,因曰:"吾亦有數首欲乞子一言以行於世間。"緘出之,則《春波影》也。艷句淋漓,藻色飛動。余捧讀良久,心花皆開,拍案歎曰:"嗟乎。余所行世,不過一時塵言,而子則千秋慧業,豈不仙凡霄壤,尚敢輕置一喙哉?"雖然,惟野君知我,亦惟我知野君。野君詞章高妙,人人所知,然余以爲正非野君本色也。野君外服儒風,内宗梵行,其於世間色相,一切放下。高樓山谷,睥睨今古,視富貴如浮雲,功名若苴土。即至山水煙霞、文章句字,亦如夢幻泡影,過眼變滅,但其性靈穎慧,機鋒自然。不覺吐而爲詞,溢而爲曲,以故不雕琢而工,不磨滌而净,不粉澤而艷,不穿鑿而奇,不拂拭而新,不揉摘而韻。蓋直出其緒餘,玩世弄物,彼其胸中寧有纖毫留滯者哉?即其命名《春波影》,而其意固已遠矣。余之知野君者,殆得之文彩之外,章句之先。若區區語其藻艷而已,則名箋灑翰,路口成碑,俊舌歌鶯,青樓偷譜,誰不知之?安見余之爲知野君也。余惟是速了熱業,轉受冷趣,他時分得野君草堂半榻,當以性靈爲師,梵貝爲課,賦咏著述,亦多休郤。野君此時靡詞綺語,亦□一切報罷。我正恐其機鋒四出,技不勝癢,指尖毛孔,皆蒸蒸然不得太平也。

([清]徐旭旦:《世經堂初集》,《四庫未收書輯刊》第7輯第29册,北京:北京出版社,1997年,第232—233頁)

《春波影》自序

徐士俊

慧業文人,應生天上,況名媛乎?彼偶現者,影耳。讀《小青傳》,諒庸奴妬婦,不堪朝夕作緣者,鬱鬱以死,豈顧問哉?余仿佛其人,大約是杜蘭香一輩。友人卓珂月謂余曰:"何不倩君三寸青鏤,傳諸不朽,千載下小青即屬君矣。"余唯唯,遂刻絳蠟五分,移宮換羽,悉如傳中云云,以示天下傷心處,不獨杜陵花荒園一夢。劇成,題以《春波影》。蓋取集中"瘦影自臨春水照,卿須憐我我憐卿"之句也。是夜,夢麗人攜兩袖青梅,贈余解渴,彼小青者是耶?非耶?

（〔明〕徐士俊:《雁樓集》卷十五,康熙五年刻本）

與徐野君

方 炳

憶髮未乾燥,于《盛明雜劇》中讀《春波影》,即傾倒野君,不啻野君之于小青也。幸晤高仲,耳野君近況頗悉。不識尊刻已告竣否?不識《小青傳》果出支小白筆否?或曰小青,"情"字耳,不識傳小青者,果同于子虛亡是公否?乞一一示下爲荷。嗟嗟。滄桑以來,典型盡矣,安得日與野君先生遊而聞所未聞乎?言之慨然,肅此緘候。

（〔明〕徐士俊、汪淇輯評:《分類尺牘新語》第 9 冊,清康熙二年刻本）

慶春宫·答徐野君

沈 謙

煙草沉山,蘋風蹙水,天涯又是殘春。喚友鶯兒,尋家燕子,那堪花雨紛紛。心驚物候,空目斷、江東暮雲愁。來不見□,夢去仍迷,此地逢君。　　那堪蹤跡沉淪。豪氣成虹,短髮如銀。名重詞壇,春波妙曲,幾番吹雪繁塵。淒涼舊事,漫提起、教人斷魂。只須付與,月底紅牙,掌上青樽。野君有《春波影》雜劇。

（〔清〕沈謙:《東江別集》卷三,《清代詩文集彙編》第 70 冊,上海:上海古籍出版社,2010 年,第 294 頁）

孤山吊小青墓作

　　　　沈　謙

　　【江頭金桂】〔五馬江兒水〕青山夕照，芳魂何處招？只見碧樹亂水，斜橋嫩桃，花風外飄。〔金字令〕想着你聽雨無聊，臨波獨笑，直弄得紅啼緑怨，翠減香消。今來教人空淚抛。〔桂枝香〕怪蒼天恁狠，怪蒼天恁狠。生他才貌，將他囉哯。漫心焦，如今幾箇憐文采，只是卿卿没下梢。

　　（〔清〕沈謙：《東江別集》卷五，《清代詩文集彙編》第 70 册，第 311 頁）

春波影北四折

　　　　徐　翽

　　（《春波影》）此等輕逸之筆，落紙當有風雨聲。小青得此，足爲不死。

　　（〔明〕祁彪佳：《遠山堂劇品》，《中國古典戲曲論著集成（六）》，北京：中國戲劇出版社，1959 年，第 170 頁）

風流院

　　　　朱京藩

　　《春波影》傳小青而情鬱，鬱故嫵媚百出；《風流院》演爲全本而情暢，暢則流於荒唐，故有所謂窈窕仙子，幽囚落花檻中者。且傳得湯若士粗夯如許，大煞風景。至其詞，時現快語，不得以音韻律之。

　　（〔明〕祁彪佳：《遠山堂曲品》，《中國古典戲曲論著集成（六）》，第 15 頁）

閑看牡丹亭_{南一折}

來　鎔

徐野君《春波影》有"小青翻閱《牡丹亭》"一境,元成爲再記數語,無字不令魂斷。

(〔明〕祁彪佳:《遠山堂劇品》,《中國古典戲曲論著集成(六)》,第 173 頁)

醉月緣_(節選)

薛　旦

(小旦)通舊的緊,有甚末新聞事,唱來我聽。(淨)有有有,近日杭州城裏有一樁新聞事,叫作《薄命小青詞》,我唱與你聽何如?(小旦)願聞。(淨作彈唱介)

自從盤古分天下,三王五帝奪乾坤。過了漢唐並宋元,大明一統到如今。風調雨順年豐熟,國泰民安莫比倫。看了萬般花世界,杭州城內出新聞。有個天生女絶色,生長揚州叫小青。琴棋詩畫般般會,刺鳳描龍件件能。年方二八多嬌媚,嫁與杭州馮姓人。馮家官人真俗子,大娘兇悍忒無情。一到家中多受苦,千般打罵怎安身?見了二官多可厭,聲聲只叫眼中釘。

(小旦)可惜,可惜,嫁夫不著了。(淨又彈唱介)

遷到孤山別業住,凄凄冷冷去安身。小青忽然得一夢,荷花片片水中行。小青自分多不好,悶悶昏昏病鬼侵。看看粒米俱難咽,懨懨一息過光陰。雖然病體多憔悴,不作蓬頭垢面人。忽然一日濃妝起,簪花對鏡畫真形。自把紅顏來比看,分明就是畫中人。畫畢一聲長嘆息,放聲大哭失三魂。嘔血一升氣已絶,化作南柯一夢人。馮二官人忙來到,放聲哭倒在埃塵。急將真容來藏過,僅留詩稿數篇存。可憐絶代能文女,渾如水中幻泡夢中身。其詞曰:文姬遠嫁昭君塞……

　　（小旦）好詞，好詞，將銀一錢賞他去。（老旦）唱這樣沒收成的事……（净）媽媽，你不曉得世間有好收成的有得幾個哩……

　　〔清〕薛旦：《醉月緣》，康熙四十九年鈔本）

仿佛行

李　雯

　　余少聞小青之事，傷其哀麗矣。今年秋，同郡好事者爲小青作傳奇劇於其宅，召余觀之。事既絶賞，情又淒異。而體是曲旨、神態仿佛者，實吴郡女郎青來也。小青怨才深秀，單思激哀，雖古之才婦何以加？乃其人去今亦數年矣。凉草冷風，化其妙質，昔之所哭，今已爲歌。而是女郎持容適曲，悲引内發，意響所赴，形魂俱至，豈非有深傷之情者耶？神仙家言：情深之士不得聞道，類以夭喪，小青由此死也。乃或泝神清響之外，結意影似之内，亦自愧非達流矣。宣托所慨，聊作此行。

　　天下佳人不易得，小青之墓徒青青。生時艷逸人不知，死後空名傷娉婷。雲容綺思安可見，吴閶才人馳目成。滿堂斂容静不語，清唱獨發如哀筝。寡鶴夜叫山竹冷，幽蘭落露泫淺清。切如悲壑鳴素琴，商絲將斷不可聽。絶如秋風振哀玉，芙蓉欲墮難爲形。四座舉袂盡惆悵，白日爲凉蟬不鳴。憶昔小青信仙侣，任魄悲魂天不許。清姿下邁失所儔，有骨更作西陵土。西陵之土松柏修，石泉雨滑啼斑鳩。沉顔杳冥不可問，忽來堂上生麗愁。當年美人恨不遇，故托遺容垂絹素。豈知一曲寫最真，蛺蝶飛來錢塘路。

　　〔清〕李雯：《蓼齋集》，《清代詩文集彙編》第 23 册，第 529 頁）

仿佛行

陳子龍

廣陵小女隨煙霧，環佩踏雲向東度。星光掩抑花參差，頗綠嫣紅對秋雨。窈碧凝眸孤影通，啼魂無語黃昏路。畫圖不到春風前，夜夜傷心泣縑素。幽泉香氣日應薄，我曾灑酒松間墓。悲情遙斷草連天，杳冥神靈渺難遇。天下何人劇可憐，譜將幽恨入管絃。羅屏美人善惆悵，妙學此曲雙嬋娟。一聲宛轉盡生死，啾啾麗魄來當筵。雲髮眼波光影碎，我欲從之然不然。忽如移我孤山下，咫尺風雨清秋天。昔人何年在黃土，丹青雖好猶棄捐。解識相思古來少，此情久斷君何傳。傳神豈獨邯鄲步，攝魂反恐遙相妒。不須重見李夫人，劉郎空自愁無數。

（〔清〕陳文述輯撰：《蘭因集》，光緒辛巳錢塘丁氏刊本，《武林掌故叢編》第 4 冊，揚州：廣陵書社，2007 年，第 2277 頁）

紫雲歌

吳道新

維揚馮紫雲乃小青女弟，會稽馬髦伯姬。姿才絕世，既精書史，兼達禪宗，惜與小青俱早沒。讀其《妙山樓集》及髦伯《紀事》，略作歌志之。

奇香絕艷混難似，千古紫雲曾有二。將軍帳裏楚歌哀，司空燭畔金釵膩。今雲不與古雲同，芳華秀出邗江東。分明仙輅唐昌下，一朵瓊花謫蕊宮。妙山樓堪媲燕子，阿妹徽音嗣阿姊。賦心同抱茱萸秋，濺出一青更一紫。小青怨擬離騷芬，玉臺新詠推子雲。宋家姊妹差能比，謝韞崔徽未可群。海棠姿韻嫣然絕，梅花嶺對羅浮雪。錦軸牙籤芝體封，還因辟蠹焚雞舌。秋月春風廿四橋，彩毫時絢鳳凰毛。獨持玉笛吹秦玉，自浣濤箋寫薛濤。空閨不字須印友，

讀書門掩蒼苔厚。欲憑綠綺識相如,肯從青瑣窺韓壽。會稽名士
匡廬君,佳山佳水訪佳人。三生石上逢知己,一笑于歸趙德麟。《香
奩集》作《侯鯖錄》,易安緣分侔徐淑。梁鴻案並遠山眉,揚雄亭貯
黃金屋。白眉年少矜豪英,陰符寶劍喜談兵。繡窗紅綫司彤管,每
代陳琳草檄文。巫山巫峽雲光濕,紫雲惟與朝雲匹。朝雲曾學坡
公禪,紫雲兼擅坡公筆。可知龐照是前身,薦得西來大意真。靜參
貝葉無生旨,悟徹蓮花有漏因。電光石火誰長在,百歲千秋只三載。
秦嘉詩好贈偏多,荀粲情癡淚空灑。螺黛煤銷冷鵲薰,猶傳麗藻襲
靈芸。竟無鈿盒貽蓬海,惆悵泥金簇蝶裙。紫雲湘軿洛馭歸,縹緲
宋玉難招魂。西湖煙水西泠樹,小桃花繞斜陽路。寒食東風哭杜鵑,
雙鴛塚傍蘇卿墓。紫雲文字禪,小青斷腸句。天上人間無覓處,嵇
康何用惜朱絃,廣陵一曲猶堪顧。

　　此詩從沈西雍《續本事詩》錄得之,觀西湖煙水四語則紫雲墓
亦在孤山,並蒂埋香,聯芳瘞玉。桃根桃葉,不得專美青溪矣。頤
道居士記。

　　(〔清〕陳文述輯撰:《蘭因集》,光緒辛巳錢塘丁氏刊本,《武林掌故叢編》
第 4 册,第 2278 頁)

天仙子·追和小青

　　　龔鼎孳

　　劍戟橫排脂粉塞,鸞鳳死償雞鶩債。剪紅一寸石榴刀,金翠塚,
埋香快,白蝶紫煙蓮露界。　　才子單傳鸚鵡派,碎玉猶存蘭蕙概。
人間薄命是聰明,憐也在,憎也在,彩筆難容雙錦帶。

　　(〔清〕龔鼎孳:《定山堂詩餘》,《清代詩文集彙編》第 51 册,第 156 頁)

小　青

董　俞

亭亭病骨怯秋風，甖笼無端態愈工。腸斷不堪回首處，數枝花影夕陽中。

（〔清〕董俞：《樗亭詩稿》卷十二，《清代詩文集彙編》第 123 冊，第 253 頁）

和小青韻有序

卓發之

丁卯仲秋之廿日，文青女史送別鍾小天于雲抱阿。小天倩王閔卿爲文青寫一小影抱之而歸，趙若曾爲點樹石，擬共爲韻語紀之。偶文青諷小青絶句云："何處飛來集畫欄，朱朱翠翠似青鸞。而今幾個憐文采，也向西風鬪羽翰。"予輩謂小青以春女抱秋士之感，女史字同小青，又小字鸞哥，性好柔翰，不喜與俗士伍，因同賀可上（按：中男）、陳士業（按：宏緒）、吳默置、周安期（按：永年）、吳見末（按：穎），依小青韻即席賦贈，女史亦應聲倚席而和。

其一

睡思將酣尚倚闌，一庭秀色集青鸞。肯令漢殿穿針夜，獨自傳言拂翠翰。

其二

荒庭秋色到危闌，影落寒波似鏡鸞。羞與花枝鬪顏色，却依弱柳弄霜翰。

（〔明〕卓發之：《瀲藘集》，《四庫禁毀書叢刊》集部 107 冊，第 427—428 頁）

《風流院》敘

牧　幻

不可解人好讀奇書,深杯禪穴。每於清夜焚香,跏趺静坐,苦行踰於衲子。居似慧性靈虚,還作古秀。嘗謂余曰:"某宿世本一净僧,祇緣名、色二情不斷,生此瞻部耳。稍感遂願,自能於此色香中不去。"當是時,座客咸爲撫掌。

因閱小青《焚餘》,蹙眉凝慮而嘆曰:"才子未成名,佳人不歡偶。其似於若輩有意爾。"乃爲作傳奇,題曰《風流院》。一章大義,以風流爲宗,怨情爲本,義俠爲用,果報爲教。

故湯若士之居院,南老人之可等,絮影尋青,冥構思謔,通篇之面目也。兼以腔韻和、音律正、場户清、關目密、科渾番新、收場勝奪,是傳奇中一座南陽無縫塔也。是以明道人專之於淑,竟爲不可解人意中之意,言外之言,輕挑低逗,盡情拈出所心。每日聯窗共睹之餘,把臂絶倒,割腸相惜。或焚香煮茗,逃影於山凹;或枕糟呼麯,浪迹於湖濱。倏而峨冠博帶,爲山中之宰相;倏而蓬首垢面,作塵關之散人。崖高數仞,身長無限,呼朋引類,右信可談。若此者,乃不可解人之作《風流院》,而明道人之所以評《風流院》者也。余又烏足以書之哉?坐禪之際,戲爲綴墨。蟻衲牧幻書於栖霞嶺之淡菴。

（〔明〕朱京藩:《風流院》,明末德聚堂刻本）

《風流院》敘

朱京藩

□生也晚,漢不能與曹、吳諸人弄文,唐不能與元、白諸人賦詩,宋不能與秦、蘇諸人敲詞,即明不能與王、李諸人互相酬答,子然一身,澹蕩於春風秋霜中而已。嗚呼。知我者,其誰乎？抑天乎？抑木乎？石乎？抑鳥獸鬼魅乎？渺浩者天,天不可問；無言者木石,木石不可諧。蠢然者鳥獸,不測者鬼魅。鳥獸不可群,鬼魅不可老,余果已哉。必窮神於四荒,搜思於六隱,上下古今,摭拮人物有知我者。余從而誦之,拜之,哭之,欣之,生之,死之。夫所謂知我者不必其見我也,吳越而同堂也,冰炭而共睹也,存亡而一轍也。志以性通,氣以味合,倏忽往來,莫知其故。是故阮籍有窮車之哭,孫登有高山之嘯,李白有愛月之癡,杜甫有貪杯之雅。雲從龍,風從虎,水流濕,火就燥,磁引鍼,雷起蟄,投其所好,即赴湯蹈鑊所不辭也。余之於小青也,未知誰氏之家,一讀其詩,如形貫影,相契之妙,不在言表。即世人亦有契之者,而我契則別焉矣。故爲之設木主置之齋几,名香好茶,朝朝暮暮。今又值下第之□,爲之作記以況其苦怨,名曰《風流院》。小青爲讀《牡丹亭》一病而夭,迺湯若士害之,今特於記中有所勞若士以報之。至於文章之工拙,關目之嫌好,原俟天下解人自辨。雖上不能於董解元、王實甫爭衡,而較之今日辭壇蛇腔馬調者,庶幾徑庭矣。嗚呼。人苟有才,其知香識美,必爲上天所諱忌。男子有才,必塞抑于功名；女子有才,必迍邅於遭際。即余記中入院之後而復困厄者,亦示有才之故云。己巳小雪後二日不可解人朱京藩題。

〔〔明〕朱京藩:《風流院》,明末德聚堂刻本〕

《焚餘集》書後(整理者所擬)

朱京藩

余每於孤窗静夜,焚香危坐,將此書句讀而哭,哭而讀,讀而復哭,痛快乃止。嗟乎。才人美女,憂所同根,痛肺惜腸,臭有別調,哭之而當可以起死迴生,可以翻波蝕日,可以出没于不知所之,哭之故妙矣哉。如有繼余哭者，余復改而爲笑已。不可解人曉曉。

（〔明〕朱京藩：《風流院》，明末德聚堂刻本）

小青傳

朱京藩

　　曆昌間，武林有一翁，姓馮名炫，長於錢堆，不識世□，專以布帛菽粟賤天下珠玉。一日，忽游維揚，竞購一姬，小字小青，年紀十六，才色絕倫。小青之母係諸閨養娘，貪其金帛，不考其人之清濁，竞以親女予之，小青之怨自此始。小青初意以爲天生我才必爲我用，決不落於蠢鄙庸俗之手。既嫁斯人如許，如許分明日與豺虎爲伍，何恨如之。無何，從而之杭，未登户庭而哮聲達外，問於旁則曰："主母恚甚。"小青兩淚如雨注焉。須臾，其婦出見，滿臉皆刀劍容，別無他語，但曰"標致，標致"而已。此時此際，分明百千羅刹將小青枷紐，嘈雜唧喋，以參五殿閻老。嗟乎。押衙何在？恨不即刻以明珠贖還。小青自此知惟有死路矣。其婦乃閉之閒房，日用飲食，艱難清苦，不可枚記。一夜，月色大明，四墻人静。小青徘徊於楹靈之下，觸景追前，心腸斷碎。乃發嘆曰："不料小青竟至於斯。當日一尼僧相予，此兒福薄。予又夢見手折花一枝，片片因風墮地。不料小青竟至於斯。然天之能摧折我者，身軀也；不能埋没者，文章也。倘我死後，文章在即我在。我在□文章人必我憐，更有文章之尤者，得我矣。我爲文章之尤者，所得我與文章之尤之人，相與敘衷曲，玩物情，花晨月夕，焚香燒茗，作無涯清賞，又何苦苦豺虎爲？雖然，血肉之感領與空魂之沾着，無異焉耶？"是夜耿耿達旦，後得楊夫人遊説，出獨居孤山一莊。楊夫人者，婦之姻戚，美而賢，雅好詞賦，以當世皆筱才者，一見小青，憐而愛之。往往呼之同榻，因而熟睹小青所著，嘆曰："何物女流，才技至此，惜不得一好郎君配之。"楊夫人以爲青春之易邁也，人事之不堅也。人苟儚儚憒憒，不知早暮則已；苟而知之，不趨其長而守其短，吾不取焉。乃以司馬、文君之奇論小青，又以紅拂、衛公之偉動小青，又以韓君平、章臺柳之故事訂小青。小青聆其言而心肯之，難其人也。是時，雖有文章之尤者，其不我值也。而不知是時文章之尤者，亦難其人也。小青居孤山半載，寥落悽惋，不可枚記。恨即題詩賦詞，大都西湖一水千山，不堪舉筆。一□編俳優善謔，小青喜之，謂之鬧樓娘，恒銷簪珥喚□□詞者胡亂，又賴得楊夫人源源往顧。雖眼前暫遮而於中自傷容顏，竟與梅花爭瘦矣。一夜颶風鈴雨，頻剪淚燭，取《牡丹亭》記閱遍，忽然嘆曰："小青自有一人當於死後見之，杜麗娘其予之前身乎？所謂柳夢梅者，抑千里乎？抑同里乎？予當圖一丰容，傳於人間，以試伊人之誠信也。天下有誠信，如柳者，予不爲醉乎？癡情如予者，而柳不爲戀乎？是知予死之日，政生之期也。"言意嗚愴，一病果成。是時，楊夫人又奔宦吳地，無有解免者，兼以哮聲日逼，漸漸不火食，飲梨汁延息。雖四肢懶攤，而妝不草草。婢曰："青娘病已如此，胡不討些舒逸？"小青曰："吾從來愛好，其天性也。倘首如飛蓬，其何以夢中對我人乎？"不移時，命婢取紙，紙到圖成，風情體態與生無二。大概其像低其首，將右手小指抵其脣，雙目斜盼，左袂長垂，一段怨情難敘。小青即以之掛壁，焚香斟茗以奠之曰："小青小青，爾終爲畫裏愛寵耶？"言畢，淚如河海，羅衣盡濕，急命婢收之。有頃，鬧樓娘來，小青出牀頭一卷，生平詩集也，并此畫俱付與鬧樓娘。鬧樓娘不知其故，小青曰："我病不好，此書是我之詩，此畫是我之容。我死後有哭我者，欲與我同穴而處者，其風流才性類我者，汝將我二物遺之，毋以亂遺，予必爲祟也。"又出一紙包曰："內中零星珠玉與汝。"鬧樓娘亦流淚收之，曰："婆雖不才，深會青娘意也。"小青曰："更有不了一事，楊夫人爾知與我好者也，迢遙闊隔，相思展轉，不獲一見爲恨。今欲以書別之，幸爲我覓便以遞。”乃命婢取筆研，哭泣而書，完即氣唈。鬧樓娘等扶喚不醒，歸之于牀。有頃，其俗翁來，其婦亦來，婦竟不辦其後事，惟以搜檢形跡爲急。因而索鬧樓娘袖，得此二物。詩即付之一火，將欲焚畫，鬧樓娘死諍曰：“此我家下所帶來觀音像，要青娘頂禮，強病者并付之火，毋使我婆子罪案如山。”其婦亦狐疑，擲而還之。鬧樓娘持之即去，深恨詩稿爲妬婦所焚，負小青於地下，乃縊於梁。家人聞而救之，不知其故，鬧樓娘亦不云。其意悵悵，連日後開其珠玉包，尚有小青詩十二首，乃其稿之一章也。因并此書俱寄與楊夫人。楊夫人在署，未得書已夢小青曰：“妾不遠千里來，蓋以夫人厚我也。□□我生母爲金帛而失我，夫人其愈於生母迢甚，生母其有愧於夫人迢甚。妾長眠時已有書托陳嫗見寄，不日將至。妾在九泉怨亦不少解，惟有每日乘風駕霧，來往倏忽如意。”楊夫人聆言而悸，覺來寒汗沾背。天明書至，讀之大慟，語其夫欲歸弔之。即日起程，抵於武林，閟不返家，即往孤山哭奠。哭聲沸天，聞者心惻。是夜即宿於樓，張燈設幔，陰陰閃閃，恍惚與小青語，語中有夫人珍重句。婢環輩亦聽聞，乃於陳嫗索其畫。展畫而視之，竟日呆想，飯不爲箸。早暮必□禮□敘焉，其相愛如此。嗚呼。予抱才而游，無一寧所，每到好光景處，寂寥難遣，取小青詩文讀之，愈爲悲痛，更深恨其全集爲妬婦所焚，不得醉所讀耳。嗚呼。小青爲怨婦，余爲怨夫，兩怨交發，天地寡色。小青怨於冥，予怨於陽。怨於冥，怨有歸宿之處；怨於陽，怨無安頓之所。如小青憐我孤漢，去冥而就陽；不則，予去陽而就冥。夫小青所謂文章之尤之人，予小子不敢多讓。若謂予未必盡誠信，則願小青□有以試我也。其所存十二詩，《與楊夫人書》，已行於世，而文章人亦共憐之焉。

　　有此傳而小青始在矣，有此傳而小青始可無怨矣。僕聞風雲龍虎，大才人自有感會之妙，非可俗語而論。今以後，小青死而生，朱君生而死，生死交情，神妙莫測。余當拍掌狂笑以賀之，知者會焉。

（〔明〕朱京藩：《風流院》，明末德聚堂刻本）

《風流院》敘

　　柴紹然

　　余讀《風流院》而不禁唏嘘太息，感慨流連也。讀者然而作者從可知矣。夫士抑鬱不得志，窮愁悲憤，迺著書以自見。朱子懷才未偶，著述滿笥，至不得已而牢騷憤懣，復爲斯記。良是悲己以彼其才而黼黻皇猷，光昭史册，詎不成一代文章？迺俾之鬱鬱無聊，戲托諸生旦净丑以見志也。悲夫？抑不是悲也。古今來常理，窮而後變，變而後通，名山大川之靈彙結而爲□才，鮮不犯造物之忌。忌之深則其虐之酷，迨至奇窮，歷盡萬死一生，始取生平所羨慕者報之慰之，此古今之常理也。小青一女子尚然，大丈夫又可知矣。至如舒潔郎曠世逸才，遭逢不偶，悲歌慷慨，以至移情花柳，死而復生，乃始酬之以絶色，報之以功名。嗚呼。其初抑何塞抑，而其後得於造物者又何豐也。則又古今之常理也。然則舒生非他夫，亦作者自爲寫照云爾。是記成，囑余弁首。余唯是紀事之幻，寫景之真，呼應之周，波瀾之巧，與夫賦之奇艶，之自然。業已字櫛而句比之，又復何贅？獨其窮愁悲憤，記未成而惻惻然者，記已成而益不勝其悽悽然、悵悵然也，聊書數語以慰之云。下元後二日，明道人柴紹然漫書於素堂。

（〔明〕朱京藩：《風流院》，明末德聚堂刻本）

《風流院》跋二則

吳　梅

此劇當是石渠未見《療妒羹》而作。朱京藩，字里無考，末附《小青傳》《焚餘》，一爲京藩自作，一即取子猶原傳中所附小青詩詞及《與楊夫人書》匯録成卷也。《療妒》以小青改適楊生，此書又適舒生，使小青地下蒙詬，皆非正當，唯詞采則可取耳。明人詠小青者至多，吳、朱兩作外，如徐野君《春波影》之北詞，陳季方《情生文》之南詞，尤有《梅花夢》一種，中以《春波影》爲最。此作以湯若士爲風流院主，真荒唐可樂矣。己未又七月壬子長洲吳梅跋。又據《里堂雜劇談》云京藩字价人。

前跋謂未見《療妒羹》而作，是余誤處。後讀方仰松《雷峰塔自序》，乃知石渠之作，實不愜此種爲改頭換面也。小青事本文人寄託，與烏有子虛同。余遊孤山，竟有小青墳墓，且陳文述立石紀事亦可怪矣。吳人愛《療妒羹》最至而苦於宮譜不全，余從婁縣俞粟廬宗海家借抄《澆墓》一折，文字甚佳，與《療妒》吊蘇文大異，究不知是誰手筆。粟廬爲度曲家老輩，嘗持此爲問，顧不能知《療妒》之原委，他可知矣。余既得《粲花五種》，又獲《紅友三劇》，吳氏甥舅之作差備，而《療妒》之旨則始終未明了也。倘偶遇通人，再當博詢。己未十月十八日長洲吳梅跋時寓東斜街癭庵。

清笠閣漁翁《笠閣批評舊戲目》列爲下下等。

（〔清〕笠閣漁翁：《笠閣批評舊戲目》，《中國古典戲曲論著集成（七）》，北京：中國戲劇出版社，1982 年，第 308 頁）

《風流院》第十一齣小青與楊夫人書

玄玄叩首。關頭祖帳，迥隔人天。官舍良辰，當非寂度。祇候夫人無恙。自違駕後，哮聲百至，刻難自便。憶昔尊旨所云，轉展

於懷。去則弱絮風中，住則幽蘭霜裏。蘭因絮果，現業誰深？恒欲
洗妝浣慮，削髮空門，而艷思綺語，觸緒紛來。正恐蓮性雖胎，荷絲
難殺，又未易言此也。邇來錯情易意，悅憎不馴，避粒辭湯，斷歸冥
路。自結褵以來，有宵靡旦。夜臺滋味，諒不殊斯。何必紫玉成煙、
白花飛蝶乃謂之死哉？異日夫人放船堤畔，採梅山中。開我東閣
門，坐我口陰床。仿生平於想像，見空幬之寂寥。是耶？非耶？其
人斯在。言念及此，慟也何如。過蒙夫人愛逾骨肉，死生長別，一
見無由。特托陳嫗持賤容一幅、拙詩一策呈覽，以志魂魄常侍左右
云爾。玄玄叩首。後賦詩一絕：百結回腸寫淚痕，重來惟有舊朱門。
夕陽一片桃花影，知是亭亭倩女魂。

（〔明〕朱京藩：《風流院》，明末德聚堂刻本）

讀《小青傳》

韓　錫

裴回華下讀瑤篇，一片貞心若爲傳。覺得小青魂未遠，和煙和
月畫欄前。

（〔明〕韓錫：《韓子己巳集》，《明別集叢刊》第 5 輯，第 59 冊，合肥：黃山
書社，2015 年，第 485 頁）

醋葫蘆·一起風流未盡事　小青告

西湖伏雌教主

審得馮二、苟氏，一系村鄙賤夫，一系囂頑蠢婦。以蕞爾之銅
臭，得糟餐溺飲於人世者幸矣。乃妄想青娥，浪揮白鏹，娶小青於
廣陵，陷爲側室。當想福分無多，日夕燒香拜禮，少懺平生之僥幸，
尤恨遲耳，豈得反肆驢肝，輕鍛鳳翥，使接輿有德衰之歎，明妃無返
漢之期。苟氏因之，得以火張妒檄，廣樹雌旌，揉碎嬌花之瓣，削殘

方竹之棱,焚詩毀像,淩爍百般。彼嬺者,已灰飛矣;吾昭昭者,能煙滅哉?首以苟氏,去其“艹”而傍“犭”;從以馮二,增其“盧”而減“丫”。小青天命不辰,有才無偶,既列散仙,勿生怨望。

（〔明〕西湖伏雌教主:《醋葫蘆》,日本內閣文庫藏明刊本）

小　青

盛於斯

空堦細雨樹凄凄,冷翠寒鈿照舊幛。湖上春深六橋月,煙籠杏子嫁時衣。

（〔明〕盛於斯:《休庵前集》,《明別集叢刊》第5輯,第73冊,第351頁）

《牡丹亭》後跋

盛於斯

小青詩:“冷雨幽窗不可聽,挑燈閑看《牡丹亭》。人間亦有癡於我,不獨傷心是小青。”嗟乎。千古有百千小青,千古無兩麗孃。生爲情癡,死爲情鬼,夫復何恨?乃知塚上之青,井中之紅,實與羽泉之碧,易水之虹同吊云。

（〔明〕盛於斯:《休庵後集》,《明別集叢刊》第5輯,第73冊,第371頁）

西陵曲西泠小青常居此

陸雲龍

垂虹一道截蒼玉,兩岸虬龍怒相觸。青沉綠遠天日暗,中有一人在山曲。珊珊麗質橫梅花,青年似伴白日斜。輕裝照水水仙妬,清吟溪剗堆鮮霞。幽貞羞學蘇小小,自把丹青貌幽窕。一從歸骨山無人,蕭瑟西風滿寒篠。佳麗由來多運蹇,湖波猶爲起哀湍。難將塊壘覓知己,爛醉西陵第一灘。

（〔明〕陸雲龍：《媚娛閣近言》，《明別集叢刊》第 5 輯，第 52 册，第 220 頁）

小青雜劇序

卓人月

余嘗謂人不獨生前有命，死後亦有命。有生前大著于時，而死即消歇，且或暴其短矣。有生前殊不知名，而遲之死後，甚而遲之數百年之後矣。昔武才人高祖名居常者遇一丐鬼云："郎君骨法當刑，然有身後名。"八十年後，一女起家暴貴尋亦寝微，然則五世六世之事皆著于面，面既有之，命亦宜然。今姑布子平之説縱測未來，不過畢此生而止，吾是以笑其説有未盡也。天下女子有情有如杜麗娘者乎？然則生于宋，宋人未之知也。元人以雜劇爲生活，亦未有譜其事也。入明又二百年，而始入湯若士之傳奇，而天下始知之。天下女子飲恨有如小青者乎？小青之死，未幾天下無不知。有小青者，而見之于聲歌，則有若徐野君之《春波影》、陳季方之《情生文》，斯豈非命耶？論其生前之命，麗娘艱于嫁，而小青易；麗娘得所從，而小青弗得；麗娘死而復生，而小青不復生。其不同則又如此。雖然命有不同，而其薄命則同矣。其所以同者，何也？蓋才人之才與女子之情如燈相接，各有嫡派，非其族者不相及也。麗娘之後有小青，猶若士之後有野君、季方，此則傳燈之人耳。傳其燈而安得不同其命耶？雖麗娘絕色，小青亦絕色；麗娘善詩，小青亦善詩；麗娘善繪，小青亦善繪。然天下女子不乏兼此長者，而不得與于此燈，則麗娘、小青之相接，必有進乎此者矣。其同乎麗者而不足以爲同，則其不同乎麗者而亦不足以爲不同也。且夫麗娘、小青之所以不同者，又何也？蓋女子之與文人，又常相依爲命，麗娘雖有絕奇之緣，要以獨得若士之筆爲無恨，若士雖負絕代之才，要以獨得麗娘而傳之爲無恨，乃小青之意與夫傳小青者之意又何獨不然？是故麗娘之歿也，小説中亦有記其事者，而出于無才之人，則孰從而覽之。麗娘之必得若士而後傳，猶之必得柳生而後活也。乃若傳小青之事者，始于戔戔居士。居士之文淋漓宛轉，已屬妙手。而野君復從而填北劇焉，季方復從而填南劇焉。天下才人不可得，則女子與之同湮；才人輩出，則女子與之同著。夫人之才不才有命，故其得爲美人之知己、不得爲美人之知己亦有命，而美人之命因而參差于其間也。已至于麗娘之傳也，其姓氏鄉里瞭然也。其夫之姓氏，鄉里瞭然也。小青則并其姓而亡之矣，并其人之姓名而亡之矣，并所謂楊夫人者而不可考矣，并所謂戔戔居士者而不可考矣。則夫或顯而晦，或晦而顯，或遠而可知，或近而不可知，又似有命焉，非女子之所能主，亦非文人之所能主者。嗟乎。豈不悲哉？

（〔明〕卓人月：《卓珂月先生全集》，崇禎傳經堂本）

讀《小青傳》

卓人月

黑雲流，紅月收。閒讀《小青傳》，須教大白浮。漢宮玄乙今何在，梁苑倉庚不可求。

（〔明〕卓人月：《卓珂月先生全集》，崇禎傳經堂本）

吊小青詩和小青韻

卓人月

其一

攜取芳吟向月前，我將搔首問青天。一生有願曾如否，今作誰家並蒂蓮。

其二

爲誰飛墮碧煙紗，惆悵紅塵未可家。忽復乘風歸閬苑，玉勾洞口憶瓊花。

其三

天教薄命豈能爭，何用留他身後名。畢竟多情還是影，生天入地只隨卿。小青好與影語。

其四

孤山空自騎鱗鱗，難覓孤墳踏莫春。料得長攜蘇小小，夜深一對弄珠人。

其五

婁江舊事不堪聽，今日西湖哭杜亭。若使臨川猶可作，眼梢又有一番青。婁江女子俞二娘手評《牡丹亭》三册而死，湯臨川有吊詩。

其六

但覺今生意味闌，仍爲王母案前鸞。多年誤落人間網，纔得抽身整羽翰。

其七

圓荷墜露動微波，不計真珠撒幾何。若比孤山樓上女，羅裙還碧淚還多。

其八

金風忽起白蘋頭，送盡芳菲是蓐收。有恨蟬聲長是咽，無聊螢火不能流。

其九

空望天邊楚岫高，孤雲一片已遥遥。浙潮三日曾無信，悔向錢塘嫁弄潮。古詩："早知潮有信，嫁與弄潮兒。"

其十

三分春色已無痕，燕泣鶯愁小閣門。莫怪美人留不得，美人原是海棠魂。王蜀潘炕妾趙解愁，其母夢吞海棠花蕊而生。

　　（〔明〕卓人月：《卓珂月先生全集》，崇禎傳經堂本）

《小青集一卷閱稿一卷》序

　　平原居士

　　戔戔子以不見第三圖爲憾。余謂妬婦叫呼大索時，生、嫗俱手戰齒鬭，奔蹶應命，安知所焚非定本而各藏其副？又安知生所匿非副，而嫗家反得定本耶？且小青有知，必不樂以鍾情物埋没俗子手中。惺惺向惺惺惜，知我輩所珍，其爲姬得意筆無疑也。癸丑花朝，沈郎展卷漫書，余讀姬集而知畫師、蠢生、妬婦乃姬一生知己也。使生、婦不妬，即妬而生爲解人姬，固安之第，作一朱門閨秀耳。何從發種種愁思，令我輩仿佛其風流？又使寫照得落筆便有則已盡劫灰，郎止易一圖而生匿其一，以一作紀信代烹，又安得洞口桃花一片流出人間哉？固知三人皆巧于爲姬真知己也。平原居士書于梅花島中。

　　（〔明〕馮小青：《小青集一卷閱稿一卷》，明末刻本）

《小青集一卷閱稿一卷》序

　　空谷玉人

　　此傳情事甚佳，但作者刻意描畫，微失之肥。余謂其可登《豔異》之編，不可入《虞初》之志。然點吹一二逸事淒狀可感，初疑爲子虛無是之流，及友人自武林歸，乃知出朱小玉手。小玉館卓左車（按：卓發之），左車，某生戚也。生名開平，乃鍾中丞化民之後，某夫人則舒公俊民婦耳。所稱生“性嘈唼，憨跳不韻”，名不虛得。而妬婦錢氏，固閥閱女也，頗工詩。果若所云，當是直得一妬，且安知桓夫人非李妹知己哉？生尚有姬芳樹，才色俱不亞青，造物何愛于傖父,使生坐擁姝麗若此。吾不知生前世之因,知以生之今世矣。

姬好爲影語,此千一奇情。汨羅問天,青而呼月,略得此意。予曾爲之賦曰:"不須更覓傳神手,只此情深是畫圖。"

青墓在孤山,聞其死實以讀《牡丹亭》故,不意杜家娘千載下得此從葬妾也。琴心一曲,奔以生文君;《還魂》一傳,殉以死小青。臨以□輅,何羨臨邛乎?崇禎甲申花朝空谷玉人題。

（〔明〕馮小青:《小青集一卷閱稿一卷》,明末刻本）

小青閱稿

馮小青（存疑）

美人眉

春柳拖煙翠色浮,秋波輕黛碧光流。勸卿莫向溪頭站,恐誤游魚認月鈎。

美人面

一段嬌妖天與芳,非關脂粉自研光。如花貌把何花叱,玉井蓮邊伴海棠。

美人手

纖纖嫩嫩筍芽長,金釧閒籠白玉光。更把胭脂染細甲,幾枝紅倚粉墙東。

美人腰

婷婷嬝嬝一絲絲,尺幅羅裙寸帶垂。嫩柳三眠春欲瘦,教人疑出楚宮腰。

美人足

匝匝金蓮小鳳頭,輕尖巧俏美風流。鞦韆架上雙弓影,新月籠雲天半浮。

美人妝

菱花開出倚瓊樓，宮樣鮮妍冠女流。閒却雲翹與翠鳳，鬢邊斜插玉搔頭。

美人笑

檀口含羞開未輕，歡容微啓剖朱櫻。春生百媚天成巧，浪説千金回一般。

美人愁

舊掛新牽爲那般，悠悠長恨鎖眉間。斷腸腸裏憑誰訴，若個知心一解顏。

美人淚

莫問深啼與淺啼，殘妝界破濕嬌姿。眉間點點飄紅雨，分入簪前錯落垂。

美人浴

腰肢如柳膚如霜，自浴蘭湯自解裳。不是金盤凝玉露，會看錦水戲鴛鴦。

香美人

仙人姑射本仙芳，帶得旃檀襲綉裳。蘭麝不須焚寶鴨，逐風馥馥也颺揚。

醉美人

抹頭開甕舉金觴，三柱將頹半躲妝。莫怪朱顏換白面，妖嬌酒力繫柔腸。

病美人

兀自懨懨欹枕眠，流蘇帳裏卧嬋娟。冰輪自護冰凌骨，靈藥傳來不用錢。

善織美人

蔚藍斜月映流黃，機上迴文錦綉章。漫道金梭度王子，腹中還轉九回腸。

善綉美人

玉指金針自繪芳,刺花刺繡刺鴛鴦。世間那得天孫錦,乞巧樓頭分出光。

善詩美人

桃花爲面錦爲腸,綉閣親裁紉婦章。漫説當年柳絮句,於今彤管更流芳。

善書美人

碧紗窗下展花箋,真草隨毫寫幾篇。玉指纖纖擎玉管,蘭閨繡案起雲煙。

善畫美人

指尖嬌嫩筆尖柔,阿堵傳神繪滏流。閨閣幾曾出戶慣,如何尺幅湧滄洲?

善琴美人

暫將纖手撥冰絃,幾曲悠然韻欲仙。莫訝香閨奏流水,中郎元向女中傳。

善歌美人

短箏長笛弄笙簧,漫説人間殼繞梁。何似空中清籟響,移來嫋嫋奏蘭房。

臨鏡美人

青銅閃閃白毫光,水月觀音出上方。自映芳容也自愛,消魂何況畫眉郎。

對月美人

一輪冰影一輪光,斜掛欄干映緑窗。皎皎當空明似鏡,借來女伴晚臨妝。

簪花美人

花貌還應人似花，翻將花插鬥繁華。花神怪爾將花賽，好護花容莫亂斜。

精饌美人

列席張筵集廣庭，掌庖調出五侯鯖。倘煩太史真人奏，簡上須添一婺星。

事佛美人

色空空色禮空王，幾朵曇花淡素妝。不是出家也出世，且分蘭若到蘭房。

遮扇美人

玉面嬌柔怯曙光，輕持小箑轉迴廊。偷眸回顧開邅褶，步步羞容風送香。

春景美人

艷態嬌姿巧樣妝，東風簾捲映韶光。桃花畫入妖嬈面，妬殺天台萬種芳。

夏景美人

水閣冰肌交映涼，輕衫緩帶自飄揚。綠陰影裏籠紅袖，清淺波頭摘藕香。

秋景美人

碧空淡色素雲浮，可掛深閨一段愁。縱使迎寒身乍怯，不因蕭瑟損風流。

冬景美人

江天漠漠繡閨寒，雪片霏霏入畫欄。雪比人來人比雪，瓊花粉面一般香。

美人之動人品咏者多矣，要得其數端，便可悉其極致。故善品咏美人者，惟在情文兼至，不求繁麗厥辭。余讀《小青閱稿》僅三十咏而已，其間妍姿雅態，幽思麗景，已曲著(下缺)。

［〔明〕馮小青(存疑)：《閨稿一卷》，明末刻本〕

小青墓

鄭　鄬

佳人薄命文人老，狂醉無端哭小青。大有癡心人未了，燈花燒破《牡丹亭》。

(〔明〕鄭鄬：《崒陽草堂詩集》卷十二，《明別集叢刊》第5輯，第66冊，第512頁)

列朝詩集小傳

錢謙益

又有所謂小青者，本無其人。邑子譚生造傳及詩與朋儕爲戲，曰："小青者，離'情'字，正書'心'旁，似小字也。或言姓鍾，合之成'鍾情'字也。"其傳及詩俱不佳，流傳日廣，演爲傳奇，至有以孤山訪小青墓爲詩題者。俗語不實，流爲丹青，良可爲噴飯也。以事出虞山，故附著於此。

(按：以下陳文述語)此蒙叟謬論也。是條載女郎羽素蘭，傳下曰："素蘭名爲孺，字靜和，不詳其邑里，或曰吳人也。解音律，推律得羽聲，遂自命爲羽氏。能書善畫蘭。既嫁，不得意，爲《漚子》十六篇以見志云云。"按，此常熟翁素蘭也。素蘭風流放誕，卒以戕身。蒙叟既極詆之而諱其姓之半曰羽，且託於吹律得聲之説以傅會之，事已奇矣。而忽牽涉於杳不相即之小青，謂無其人，且謂事出虞山，因以附著。則素蘭爲虞山人可知，何云不詳邑里。至小青生於廣陵，歸於錢塘，與虞山何涉？而云事出虞山，則以《小青傳》爲支如璔小白所作。支，虞山人，故云爾也。於作傳之人既以虞山證之，又以譚生諱之。於素蘭之姓則合者分之，於小青之名則分者合之，忽昧忽明，幾成夢讞。或妬婦揚焚圖毀詩之餘烈，百計以滅其跡。馮既舊家，婦應豪族，蒙叟受託作此不經之語，未可知也。陳壽佳傳，魏收穢史，文人顛倒，古今一轍。愚山、講山，篤實君子，成說具在，信而可徵，無稽之談本不足辨。目論之儒，是丹非素，巧言簧鼓，易滋淆語，故申論之。頤道居士。

（〔清〕陳文述輯撰：《蘭因集》，光緒辛巳錢塘丁氏刊本，《武林掌故叢編》第 4 冊，第 2276—2277 頁）

小青佛舍

　　　　張　岱

　　小青，廣陵人。十歲時，遇老尼口授《心經》，一過成誦。尼曰：“是兒早慧福薄，乞付我作弟子。”母不許。長好讀書，解音律，善弈棋。誤落武林富人，爲其小婦。大婦奇妬，淩逼萬狀。一日攜小青往天竺，大婦曰：“西方佛無量，乃世獨禮大士，何耶？”小青曰：“以慈悲故耳。”大婦笑曰：“我亦慈悲若。”乃匿之孤山佛舍，令一尼與俱。小青無事，輒臨池自照，好與影語，絮絮如問答，人見輒止。故其詩有“瘦影自臨春水照，卿須憐我我憐卿”之句。後病瘵，絕粒，日飲梨汁少許，奄奄待盡。乃呼畫師寫照，更換再三，都不謂似。後畫師注視良久，匠意妖纖。乃曰：“是矣。”以梨酒供之榻前，連呼：“小青！小青！”一慟而絕，年僅十八。遺詩一帙。大婦聞其死，立至佛舍，索其圖並詩焚之，遂去。

　　小青《拜慈雲閣》詩：

　　稽首慈雲大士前，莫生西土莫生天。願將一滴楊枝水，灑作人間並蒂蓮。

　　又《拜蘇小小墓》詩：

西泠芳草綺粼粼，內信傳來喚踏青。杯酒自澆蘇小墓，可知妾是意中人？

（〔明〕張岱撰，馬興榮點校：《西湖夢尋》，北京：中華書局，2007 年，第 183 頁）

小　青

張大復

長洲許仲謙見示《小青集》，湖上異書也。首冠一傳，却是俗工寫照，正遠神情。青詩云："瘦影自臨春水照，卿須憐我我憐卿。"如此流利，從何處摸捉？戔戔居士許大膽識，乃爾放筆自恣耶。集中《書》應入《昭明選》，不爾，《品》外錄中，豈得無此？

（〔明〕張大復：《梅花草堂筆談》，《四庫全書存目叢書》子部第 104 冊，濟南：齊魯書社，1995 年，第 459 頁）

和錢彥林《哭小青》詩

楊文驄

一亭紙帳短衾單，鶴去何年夢又寒。但到月明梅綻後，素魂應得上闌干。

（〔明〕夏雲鼎輯：《前八大家詩選》卷之五，《四庫禁毀書叢刊》集部第 138 冊，第 699 頁）

小青傳定本

萬時華

小青者，虎林某生姬也。家廣陵，名玄玄，字小青，其姓不傳。姬幼隨母學，博覽圖書，妙解聲律，兼精諸技。十齡時，遇一老尼口授《心經》，一過輒成誦。尼曰："是兒蚤惠福薄，可令隨予作弟子。

即不可,毋令識字,可三十年活。"母難之。十六歸生。生憨甚,且制于婦。青善下之,終不悦。一日,偶遊三竺,婦好謂青曰:"西方無量佛,而大士獨著者何?"青曰:"以慈悲故耳。"婦恚其諷也,微咲曰:"吾當慈悲若。"遂徙之孤山,獨留一媪與居。誡曰:"非吾命而郎至,不得入;抑非吾命而郎手札至,亦不得入。"青顰眉而已。

婦戚屬某夫人者,賢而俠,時從青學弈,絕憐愛之。而姬性好書,數從生索取不得,輒從夫人處借觀,間作小詞自遣。對佳山水,有所意得,輒作小畫。生聞之每索,卒不與。青又好與影語,斜陽花際,煙空水清,輒臨池自照,絮絮如問答。聞女奴至,窺之輒止。但見眉痕慘然,故有"瘦影自臨春水照,卿須憐我我憐卿"之句。一日,從婦登樓船,夫人亦與焉。同游女伴見諸游冶年少挾彈試馬,蹴踘呼盧,群戲兩堤間,多指顧相謔。青獨淡然凝坐,或俯清流,轉眄無語。久之,青頻覷婦,欲語夫人。夫人心識之,乃取巨觥酹婦,婦徑醉,因攜青樓船遠眺,徐拊其背曰:"空自苦,以子才韻,墮羅剎國中耶?吾力能脱子,子豈有意乎?"青謝曰:"夫人休矣。兒幼時遇一老尼云薄禄相,無令識字,可三十年活。阿母不信,令稍涉獵經史,玲玲解聲律,涉諸技至此,此固命也。又嘗夢手折一花,隨風片片著水,水中花詎可久耶?宿業未了,又生他想,再辱奚爲?"因淚下不自持。夫人歎曰:"子議堅矣,吾無以易子。雖然,好自愛。渠或好言飲食汝,迺更可慮耳。昕夕有所須,第告我。"爾時恐他婢聞餘語,竟别去。

自後夫人從宦遊,青益感憤,病瘵經年。婦果命醫遣婢以藥至。青意其酖也,佯謝之。婢去,擲藥床頭,大嚷曰:"吾豈淮南雞犬,以此上昇邪?"顧體益癯,日飲梨汁少許,不能粒食矣。而益袨服靚妝自喜,明鏡熒熒,擁髻泫然,不蓬首僵卧也。一日,語媪:"爲

我覓一良畫師來。"師至,命寫照。寫畢,攬鏡熟視曰:"得吾形矣,
未得吾神也。"再易一圖進,曰:"神是矣,而丰態殊減,豈見我太
矜莊耶?"乃命師且坐,自與老媪扇茶鐺,或檢圖書,或整衣褶,或
代調丹碧諸色,縱其想會。久之,圖成。青徠徊自顧,轍然曰:"可
矣。"取梨汁供之榻前,曰:"小青,小青,此中豈有汝緣分耶?"因
作書與媪,寄某夫人曰:"玄玄叩首瀝血,致啓夫人台座下:關頭祖
帳,迥隔人天。官舍良辰,當非寂度。馳情感往,瞻涕慈雲。分燠
噓寒,如依膝下。糜身百體,未足云酬。娣娣姨姨無恙。猶憶南樓
元夜,看燈諧謔,姨指畫屏中一憑闌女曰:'是妖嬈兒,倚風獨盼,
恍惚有思,當是阿青。'姜亦笑指一姬曰:'此執拂狡鬟,偷近郎側,
將無似娣?'于時角彩尋歡,纏綿徹曙。寧復知風流雲散,遂有今
日乎?往者仙槎北渡,斷梗南樓,猜語哰聲,日焉三至。漸乃微辭
含吐,亦如尊旨云云。竊揆鄙衷,未見其可。夫屠肆菩心,餓狸悲
鼠,此直供其換馬,不即辱以當壚。去則弱絮風中,住則幽蘭霜裏。
蘭因絮果,現業誰深?若便祝髮空門,洗妝浣慮,而豔思綺語,觸緒
紛來。正恐蓮性雖胎,荷絲難殺,又未易言此也。乃至遠笛哀秋,
孤燈聽雨。雨殘笛歇,謖謖松聲。羅衣壓肌,鏡無乾影。晨淚鏡潮,
夕淚鏡汐。今茲雞骨,殆復難支。痰灼肺然,見粒而嘔。錯情易意,
悅憎不馴。老母娣弟,天涯問絶。嗟乎。未知生樂,焉知死悲?憾
促歡淹,無乃非達?妾少受天穎,機警靈速。豐茲嗇彼,理詎能雙?
然而神爽有期,故未應寂寂也。至其淪忽,亦匪自今。結褵以來,
有宵靡旦,夜臺滋味,諒不殊斯。何必紫玉成煙、白花飛蝶乃謂之
死哉?或軒車南返,駐節維揚。老母惠存,如妾之受。阿秦可念,
幸終垂憫。疇昔珍贈,悉令見殉。寶鈿繡衣,福星所賜,可以超輪
消劫耳。然小六娘竟先期相俟,不憂無伴。附呈一絶,亦是鳥死鳴
哀。其詩集、小像,托陳媪好藏,覓便馳寄。身不自保,何有于零膏

冷翠乎？它時放船堤下，探梅山中，開我西閣門，坐我綠陰床，仿平生之響像，見空帷之寂飂。是耶？非耶？其人斯在。嗟乎。夫人明冥異路，永從此辭，玉腕朱顏，行就塵土。興思及此，慟也何如。玄玄叩首上。"

　　書已，一慟而絕。時萬曆壬子歲，年纔十有八爾。郎竟不及訣，披帷見其貌，鮮好如平生，乃長號曰："吾負汝，吾負汝。"噫嘻。晚矣。而婦反恚甚，趣索圖，得其初本，立焚之，并焚其詩。今所傳者青病時遺老嫗之小女花鈿襯以二紙。紙字漫滅，細閱之，得九絕句、一古詩、一詞，然題已不可考。有遊姬拾殘箋寸許于壁間云："數盡慷慷深夜雨，無多，也只得一半功夫。"蓋《南鄉子》詞之半，亦青遺墨。第三圖竟不見，第二圖聞生姻婭有。購得之，娟娟楚楚，如秋海棠也。余聞之，愀然曰："世之好女子多矣，而文惠者鮮，文矣惠矣，而非坎廩悽痛，則憑而吊之者，亦不至心絕意恚，且將抉重泉而繫以續命之縷也。吾獨哀小青不以賢夫人策易其志，至甘心鏡亡乾影以終千秋奇語。有識同悲，是不可與西陵松柏並論也。"

　　（〔明〕萬時華：《溉園初集》卷二，《四庫禁毀書叢刊》集部第 144 冊，第 302—304 頁）

同姚撰采讀《小青傳》分韻弔之

　　　馬敬思

　　幽閉憑誰寄錦箋？明珠十斛亦徒然。小姑月冷清溪夜，神女雲歸巫峽天。我見猶憐今日句，他生難結後身緣。世間薄倖多如此，何必貪求並蒂蓮？

　　（〔清〕潘江輯，彭君華主編：《龍眠風雅全編》第 6 冊，合肥：黃山書社，2013 年，第 2603 頁）

秋殘與錢湘靈諸子同遊虎丘歸舟泊村墅燈下讀《小青傳》有感

錢繼登

暮山逢客眼逾青，老樹驚霜血淚腥。野水纖秋牽片艇，遠煙團氣沒孤城。詩窮有債還才鬼，意壯無聊讀《麗情》。潦倒酒杯須共罄，西林殘月夜來清。

（〔明〕錢繼登：《壑專堂集》，康熙六年吳偉業序本）

天香·韞林君爲余書小青詩卷系以題句見慨賦此答謝

陳世祥

散朗神情，幽閒風氣，于今閨閣誰匹？豪寄魚肌，健臨狸骨，釵腳想應斯跡。瀾翻千字，更首尾、精神如一。天壤王郎，爭信得墨雲生劈。　　却念才人堪惜。莽天公、有名無實，三寸管真視，萬年雞肋，自笑填詞空老。難寫盡、青衫舊消息，何意書生，佳人能識。

（〔清〕孫墨編：《十五家詞》卷十五，《四部備要》第98冊，北京：中華書局，1989年，第90頁）

踏莎行·韞林爲余書小青詩仍屬余代題

陳世祥

夢影驚潮，梨魂碎水，傷心盡在新詞裏。西湖一碧葬瓊花，杜鵑叫斷孤山尾。　　女子如斯，才人已矣，古今多少如卿比。莫將薄命爲才嗟，艷思誰使文成綺。

（〔清〕孫墨編：《十五家詞》卷十五，《四部備要》第98冊，第88頁）

風雪歲寒客影差倦度歲武昌署李建華郡侯以小青遺韻分和率爾步之何知布鼓雷門也

寅　吉

酒力初消怯似紗,數聲啼鳥落誰家? 年年心事空成夢,雨後垂珠串落花。

聞道秦人怨隴頭,一行書寄倩誰收? 繡林倦倚人何在,暗覺年華似水流。

淒淒芳艸騎轔轔,長恨情多夢裏春。只今惟有西泠月,曾照當時瘦影人。

寂寞香閨灑淚痕,伊人猶記入斯門。搔頭自顧依依影,疑是春風夢裏魂。

春花鶯聲不忍聽,閒行問柳獨依亭。妾是楊花花是妾,傷心豈獨柳青青。

江南六月北風高,讀盡蒼涼月影遥。我欲臨風尋麗質,臨卿不渡廣陵潮。

（〔清〕寅吉:《寅吉存草》,《清代稿鈔本》第一輯,第 25 冊,廣州:廣東人民出版社,2008 年,第 188 頁）

小　青

吳　琪

朝雲自鎖梨花夢,夜月空閒綠綺心。不爲孤山甘冷淡,世無真個是知音。

（〔清〕鄒漪編:《名媛詩選》,國家圖書館藏清初刻本）

《西湖覽勝詩志》"小青廬"條

　　夏　基

　　《小青外傳》：小青者，維揚人，善詞翰。萬曆間，有豪士過維揚買妾，得小青，載之而歸。其婦甚妒，青每日夜焚香，惟禮佛誦經而已。豪婦憤之不已，欲置青於冷室，逼殺之。時有一尼僧與婦善，青泣訴之。尼哀其孤孑無倚，慫恿以菩薩心動豪婦，遂令覓室孤山，屏與豪通往還，所給不過贈以薪米而已。青閉户無聊，日畫丹青數幅，囑尼賣以度日。暇即著詩，自寫其況，字語秀峭，武林人多賞之，爲刻成帙，流傳於後，今摘其尤者録之。山下爲陸公祠。

　　小青詩："稽首慈雲大士前，莫生西土莫生天。願將一滴楊枝水，灑作人間並蒂蓮。"《拜慈雲閣》

　　小青又詩："西陵芳草綺鱗鱗，内信傳來喚踏青。杯酒自澆蘇小墓，可知妾是意中人？"《拜蘇小墓》

　　夏樂只詞："薄雪冥迷，美人睡起。日遲遲懶妝弱態，陟樓梯，疏簾半捲，新愁與屋齊。　憶郎封字到深閨，別久音書不見提。風來閣外冷凄凄，透入重幃，和梅帶鵲啼。"右調《醉落花》

　　樂只又詞："昨夜霜風过小園，青松亂落夜啼猿，籬外喧。籬外喧，欲夢難成，孤衾卧未温。　早期梅花開幾丈，凌樓直挂重檐上。寂無言，悶無言，舉杯着眼，相對問寒暄。"右調《梅花引》

　　（〔清〕夏基：《西湖覽勝詩志》，《西湖文獻集成》第 9 冊，杭州：杭州出版社，2004 年，第 150 頁）

鬒殊挽詩爲毛大可檢討賦（其四）

　　方象瑛

　　話總傷心不可聽，幾番誓死淚熒熒。歸魂此去山陰道，寒食梨花泣小青。

（〔清〕方象瑛:《健松齋集》卷十九,《四庫全書存目叢書》集部第 241 冊,
濟南:齊魯書社,1995 年,第 320 頁）

金雲翹傳

青心才人

往事休提,即如揚州的小青,才情色性無不第一。嫁了恁般的
呆丈夫,也折得勾了。又遇著那般的惡妒婦,生生活活直逼立苦殺
了。豈不可傷? 豈不可痛? 正惟可傷可痛,故感動了這些文人墨
士,替他刻文集,編傳奇,留貽不朽,成了個一代佳人。誰人不頌美
生憐? 那個不聞名歎息? 若令小青不遇恁般狼毒的女平章,稍得
優遊於小星之列,將愁雲怨雨化爲雪月風花,亦何能留傳不朽哉!
大都玉不磨不知其堅,檀不焚不知其香,非惟小青爲然也。凡天下
美女,負才色而生不遇時,皆小青之類也,則皆可與小青並傳不朽。
我如今再説一女子,深情美色,冷韻幽香,不減小青,而潦倒風塵,
坎坷湖海,似猶過之,真足與小青媲美千秋也。

（〔清〕青心才人:《金雲翹傳》,北京:中國文史出版社,2003 年,第 1—
2 頁）

小青詩

呂　陽

洛女風流贈阿瞞,詩成淒切淚闌干。鮑音如磬生珠玉,安得聞
聲復耐看。漢臣云:“奈何一唤誠。” 誠之云:“轉得幻。”

（〔清〕呂陽:《薪齋三集》卷三,國家圖書館藏康熙壬寅顧景星序本）

《〈牡丹亭〉骰譜》識

徐　震

往余曾輯《女才子書》，首列小青，隻句單辭，無不俱載，棗梨二十餘年矣。茲于別篇復睹斯譜，卷首原序以爲小青、素素合成者，要未敢信爲實，然將毋文人戲筆，因"冷雨幽窗"一詩附會其名耶？然而錦心繡口，妍手巧思，即起青娘而示之，應亦欣然首肯，不嫌唐突也。因重爲校訂並附原序于後，其賞罰酒例，煩不雅馴，逸之鴛湖。煙火水散人識。

（〔清〕徐震：《〈牡丹亭〉骰子譜》，《叢書集成續編》第 102 冊，臺北：新文豐出版公司，1988 年，第 633 頁）

《〈牡丹亭〉骰譜》序

秀　先

此小六娘篋中故物也。昔小青與素素寒夜擲色，拈及《牡丹亭》句，各出一致，燈燼便睡，似未了公案。後傳示小六娘，六娘撫掌曰："妙哉。意而意者也。鳳窠鴛社、妙妓少尼，定有解人，慎勿落俗子腐儒牙縫。"嗟嗟。二小已矣。聞素素尚在人間，梓以發拊形屬影之感。秀先序。

（〔清〕徐震：《〈牡丹亭〉骰子譜》，《叢書集成續編》第 102 冊，第 642—643 頁）

《〈牡丹亭〉骰譜》跋

楊復吉

小青詩文流傳膾炙，疑者猶以爲妃青儷白，特支小白所自寓，本無其人。至於小六娘，不過一見諸尺牘，流水瓣桃，何由復留此雪鴻爪印？其爲文人僞托，大略可知。第同撰之素素、作序之秀先，名彰姓晦，里居莫考，抑又何爲胸中耿耿，不知何日始剖晰無疑。
聊存此一重公案，以俟解人雲雨。乙未夏日震澤楊復吉識。

（〔清〕徐震：《〈牡丹亭〉骰子譜》，《叢書集成續編》第 102 册，第 643 頁）

孤山梅亦西湖也，重出而逸其半。

　　　王夫之

　　放鶴亭空客已仙，裙腰褪粉斷橋邊。廣陵新送青娥怨，苦判餘
芳作杜鵑。謂馮小青。錢受之辨無其人，諱詞也。

（〔清〕王夫之：《和梅花百詠詩》，長沙：嶽麓書社，2011 年，第 623 頁）

書　影

　　　周亮工

　　丙寅年予在秣陵，見支小白如瞢，以所刻《小青傳》遍貽同人。
鍾陵支長卿語余曰："實無其人，家小白戲爲之。儷青妃白，寓意
耳。"後王勝時語予："小青之夫馮某，尚在虎林。"則又實有其人
矣。近虞山云："小青本無其人，其邑子譚生造傳及詩與朋儕爲戲，
曰小青者，離'情'字，正書'心'旁，似'小'字也。或言姓鍾，合
言成'鍾情'字也。"予意當時有其人，以夫在，故諱其姓字，影響
言之。其詩文或亦有一二流傳者，衆爲緣飾之耳。但虞山云"傳
出譚生手"，而余實見小白持以貽人。或譚生爲之，小白梓之耶？
抑竟出小白手也！鄭超宗謂陳元朋所改傳，勝小白舊傳，殊不然。
虎林徐野君譜爲《春波影》，荆溪吳石渠譜爲《療妒羹》，詞皆縟麗
可觀。即無其事，文人遊戲爲之，亦何不可！惟是過孤山者，必訪
小青墓，若過虎丘必灑酒真娘者，則大可噴飯矣。吾弟靖公曰：不
知當時果有揚子雲否，並真娘墓，吾亦疑之。

（〔清〕周亮工：《書影》卷四，上海：上海古籍出版社，1981 年，第 117 頁）

《蠖齋詩話》"小青"條

施閏章

小青詩盛傳於世，近有辨者謂實無其人，蓋析"情"字爲"小青"耳。予至武陵詢之，陸麗京圻曰："此故馮具區之子雲將妾也。所謂某夫人者，錢塘進士楊廷槐玄蔭妻也。楊與馮親舊，夫人雅諳文史，故相憐愛，頻借書與讀；嘗欲爲作計，令脱身他歸，小青不可。及夫人從官北去，小青鬱無可語，遺書爲訣，書中云云皆實録也。小青以命薄甘死，寧作霜中蘭，不肯作風中絮，豈徒以才色重哉？"客問："小青固能詩，恐未免文人潤色。"陸笑曰："西湖上正少此捉刀人。"

［〔清〕施閏章撰，何慶善、楊應芹校點：《施愚山集》（增訂版），第 4 册，合肥：黃山書社，2018 年，第 6 頁〕

吊小青

余　懷

莫對匣中鏡，傷情是綺羅。花塘春色盡，竹塢鳥聲多。有夢隨鸞燕，無心託芰荷。隔林蘇小在，長共涉清波。

（〔清〕余懷撰，李金堂編校：《余懷全集》，上海：上海古籍出版社，2011 年，第 29 頁）

西湖竹枝詞三首（其一）

余　懷

向晚移舟大幔亭，石牀閒寫換鵝經。堤邊蛙鼓螢燈鬧，道是林逋娶小青。

（〔清〕余懷撰，李金堂編校：《余懷全集》，第 29 頁）

西湖竹枝詞

駱胤容

見説新成放鶴亭,畫船争向湖裏行。兒家愛管前朝事,笑對孤山問小青。

（王利器、王慎之、王子今輯:《歷代竹枝詞》,西安:陝西人民出版社,2003 年,第 540 頁）

南鄉子·夜雨補小青詞

謝小湄

弱質苦難扶,家住孤山人更孤。數盡懨懨深夜雨,無多,也只得一半功夫。　雙淚落龍梭,寫就新詞調不和。繡枕冰寒眠未穩,憐吾,更鼓敲殘夢也無。

（〔清〕周銘輯:《林下詞選》卷十四,第 661 頁）

《小青仙集》序

龔五祺

谷永有言:"明天地之性,不可惑以神怪;知萬物之情,不可罔以非類。"夫永諂附王氏,猶知闢異,而況學爲儒宗者乎?余少不喜方術,即緯候之部、鈐訣之符,探抽冥賾,參驗人區,奚存弗論。至壽光之劾衆魅、劉根之聚群真,尤近于誕矣。然歷考記籍,幔亭之會,東幄奏"賓雲左仙"之曲,西幄奏"賓雲右仙"之曲,魏子騫以下,霞駢風馭,逾十數許。承華殿上彈八琅之璈、吹雲和之笙者,又不勝計也。它若蔡經、羊權,亦皆得親炙容光,且贈詩論道以去。所謂較而論之,其有必矣。葉令思始雖不信,及亡妄見形,廟神答拜,乃歎曰:"世間定無所不有。五經雖不載,不可便以意斷也。"玉清裊子,偉岸負奇,嗇齋先生試富春,嘗拔之冠通邑。今從淞泖歸，以乩仙決利鈍，多奇中。凡名在丹臺、身栖玄圃者，隨請輒至。所梓《愁裏句》，則小青附乩作也。詩清怳有致，真不似從人間來。此女淑慧，故應高舉出空，神理綿綿，不與氣運俱盡。杜孝廉允良愛其詩而梓之。余謂此太霄琅書也，吾輩當鑄金爲簡，刻玉結篇，千億萬年無所復疑矣，毋謂不遵法言，絕而不語也。西湖畸人龔五馘題於參寥泉閣上。

（〔清〕杜騏評點，裘可知訂輯：《小青仙集》，上海圖書館藏康熙三十二年刻本）

《愁裏句》序

> 杜　騏

不知愁者，必不知詩；不能詩者，亦不能愁。愁在詩之精神，而詩在愁之風韻也。千古詩人，大半是千古愁人。夫人之喜怒哀乐，其情皆有盡，而愁不可盡。夫人得意則忻，失意則慼，忻慼之情皆屬僞，而惟愁最真。愁之一字難言，真無理可説，無物可比，無言語可形容，惟多愁者多知之，多知之，多鳴之，於是托之乎吟詠，形之乎騷雅，以抒寫萬一，則詩也者政愁之所以言愁也。予實爲世上愁人。辛未文戰既敗，埋首蓬窗，鮮有知己者，通暄问冷，日惟一段愁光景，接依心目而不捨去。予嘗撫几嘆曰："知我者愁乎？親識故舊皆與我有疎有密，獨此愁入我之衷腸以居，隨我坐卧行止而日用取之無盡焉。我捨愁，其何與歸迹？"壬申，隨家大人往來富春，聞有青衿士毓清裘君能請仙，得一小青女仙臨覘上，善吟詩工詞賦，予延之故舍書室中，果見其妙，就策拈題，揮寫如流，一刻數十首，皆天際想，非凡人所可到。予亦間與分韻賡和，如彼此覿面，其爲詩，意味曠遠，聲音鮮艷，遇愁苦題尤親切婉至，情辭雙美，其多叙生前，蓋仙而曾謫人世者廿載，能以愁生，復以愁死者也。予與裘君約梓其稿,幸會李青蓮降覘,題其編曰"愁裏句"。異哉。惟小青而後能愁,惟青蓮而後知小青之詩之愁也。古人有四愁有九愁,有二分愁,有百種愁,揚子雲有畔牢愁,庾信有萬斛愁,皆前賢韻士,多愁無論已。嘗記曹娥之齊,鬻歌假食,既去,餘音遶梁三日,逆旅或辱之,娥漫聲哀哭,一里爲之悲愁。甚哉。愁之爲道,不言而喻,感而遂通,神之爲也。今試取小青詩讀之,見其悲影滿懷,興致淋漓,是愁譜也。委地千行,逍遥四注,是愁趣也。托物比興,因情寫景,是愁緣也。激發不可明言,別得而端莊又不能,是愁諦也。抽題分韻,更唱迭和而相應如訴,是愁多也。一字一情,連篇皆倩宛轉如睹當日,是愁之多寫生也。如折鏗物,餘音嫋嫋,使人傾耳會心,是愁之多作記也。可以歌,可以泣,可以興,可以怨,暢所欲言,是愁亦有快心處也。得之心,應之手,傳之騷人,詠之閭巷,千載如生,是愁亦能成不朽也。然則青蓮謂小青詩爲愁裏句,予直謂小青爲愁裏仙也。壬申嘉平月古魏杜驥題並書。

　　(〔清〕杜驥評點,裘可知訂輯:《小青仙集》,上海圖書館藏康熙三十二年刻本)

和《焚餘》絶句韻

　　　杜　驥

　　半世情緣山水前,芳魂牽恨入長天。雲箋剩有千行字,不爲人間唱採蓮。

　　少小溪邊學浣紗,吟成飛絮是詩家。可憐消瘦春光早,腸斷臨風怨落花。

　　鶯鶯燕燕共相争,湖上春光不盡名。獨有西山人寂寞,良宵夢裏喚卿卿。

　　水色濛濛山隱轔,傷情感興在芳春。流鶯不識清閨苦,兩兩交啼惱殺人。

一曲悲歌不忍聽，含愁常自望湖亭。纖纖玉質從驚目，何事東君不眼青？

俏理新妝倚畫闌，分明鏡裏照孤鸞。無情羞看鴛鴦枕，惹恨徒思比翼翰。

芙蓉艷艷映秋波，似得紅顏爭幾何。不謂紅顏偏命薄，芙蓉猶自撩人多。

十六青春新上頭，風光忽被野人收。此情盡付西湖外，一段傷心淚暗流。

巫山爭似越山高，那更藍橋路遠遥。願效落花隨水去，遊人共看浙江潮。

墨痕紙上間啼痕，寫罷愁腸重掩門。自是押衙千載少，無須若士誑還魂。

（〔清〕杜驥評點，裘可知訂輯：《小青仙集》，上海圖書館藏康熙三十二年刻本）

和《焚餘》次允良公韻

裘可知

撩亂雲鬟出檻前，胸中別具一壺天。孤山自有梅花嶼，不向湖邊學採蓮。

曾聞越女浣溪紗，錯認吳宮是妾家。博得館娃承寵愛，也應輕薄過桃花。

孤標不與柳桃爭，惟我蕭疏獨擅名。形影自憐清徹底，何須携手喚卿卿。

孤山梅樹過車轔，占斷凡葩早得春。回首岳家青塚在，應知妾是個中人。

鳥語鶯啼自可聽，繁華超出獨亭亭。妝臺不理雙眉黛，任爾東君眼不青。

蕭條獨自倚雕欄，不羨人間鳳與鸞。愁去愁來無歲月，好將心緒對霜翰。

文禽對對浴清波，偏我無緣奈若何。撇得閑愁千萬斛，那堪新恨上眉多。

朝朝登閣望潮頭，十里湖光一目收。月色照人清見骨，肯隨桃瓣逐東流。

愈磨愈折愈清高，舉目蓬山路不遙。孤勁自堪挣峭骨，一從波浪落江潮。

常觀湘竹有啼痕，讀罷湘江自掩門。萬頃煙波能洗恨，無勞清夜暗銷魂。

（〔清〕杜驥評點，裘可知訂輯：《小青仙集》，上海圖書館藏康熙三十二年刻本）

按：《小青仙集》收乩仙裘玉清降乩詩若干首，內容多與清人唱和，與小青本事無關，故僅輯錄其序及和小青韻詩。

梅嶼恨蹟

古吳墨浪子

西湖，行樂地也。花索笑，鳥尋歡，春去秋來，皆供人之怡悅，何嘗有恨？孰知人事不齊，當賞心樂意之場，偏有傷心失意之人如小青者，因而指出，為西湖另開一淒涼景界。

小青本姓馮，名玄玄，因從同姓馮子虛，故諱言姓，而以小青著，乃廣陵人也。雖賦命不辰，而夙根穎異。在十歲時，而眼際眉端，早有慧色，觸人之愛。忽有一老尼，自芙蓉城來到揚州，偶見小青，遂驚訝道："誰家生有是兒？聰慧自不必言，但惜其世福薄耳，可千古而不可一時。若肯乞與老尼爲弟子，尚可三十年活。"家人以爲妖妄，嗤老尼道："若僅活三十年，雖佛亦不去做他，何況一尼！"老尼正色道："既不相信，萬萬不可令識字讀書。"家人笑道："世間識字讀書的，難道都是短命鬼麼？"老尼見話不投機，飄然而去。

其時廣陵閭閻，競尚斯文伎藝。小青之母原係一女塾師，每日往教諸淑，而小青自幼隨行，因得遍交諸名媛，每聚會時，或茗戰而評品色香，或手談而指點高妙，衆論紛然，而小青交酬應答皆出人意表，人人惟恐失小青。在小青，素閑儀則，能解詩文，絕不以才自矜，蓋其天性有然也。年方十六，歸馮生。馮生乃西湖之富豪公子也，性貪佳麗，而束於妒婦，不能少生錦屛之色。後再三哀懇，方有許可之意，又不許就近娶討，恐近地者係馮生素所狎昵，令其維揚遠置，往返限以半月，如過期則不容入門。其意以爲匆匆選擇，未必便有；即有，亦未必佳。不料馮生至維揚，適聞小青之名，再一見而神往矣，遂不惜厚聘以娶。其母亦利其厚聘，而即以女歸馮生。小青聞之，潸然淚下道："以素昧平生之人，一旦而從之于千里之外，母子生離，誠薄命也。"馮生懼違半月之限，立刻掛帆。舟中情況，果如范大夫之泛湖，欣然而歸。

及至家，在馮生以爲曾請命過，則非私娶，竟與小青雙雙入室。那妒婦初意以淮揚女子，多被官長娶去。雖有，無非尋常姬妾耳。及見了小青之面，雖低眉下氣，不敢稍露風流，而一段嫣然之態愈隱愈彰，馮婦之妒心遂已百結不磨矣。小青至此，無可奈何，惟曲意下之。妒婦見其卑下，愈疑其有深心，時刻自隨，不令丈夫私一笑語。小青所帶脂粉，盡皆撒去，書籍盡爲燒毀，拘禁内房，不通半線。真所謂"一個是畫兒中的愛寵，一個是影兒裏的情郎"。就要做一年一會的牽牛織女，也是不能的了。

馮生自思無奈，只得浼姑娘楊夫人與小六娘來勸解一番，或能令妻子回心,也未可知。遂往楊夫人處苦訴道:"妻子初容我娶,及至小青進門,便生許大風波,一罵就是三朝四夜,一打便到萬紫千紅,甚覺難堪。明日元宵佳節,請姑娘過舍,借觀燈之意,苦勸一番。"楊夫人允其請,到十五,果同小六娘來馮家看燈。妒婦接着,敍不得幾句寒溫,便把丈夫娶妾,小青作妖,一五一十,説個不了。楊夫人道:"我也略知一二。你且叫他出來與我一會,果然妖媚否。"小青出來見了禮,楊夫人定睛一看,便道:"好個女子!眉清目秀,溫雅不群,非騷人韻士之偶,即玉堂金馬之匹,却不是我侄兒的對頭。今既屈他在此,還須侄媳涵養方好。"説話未終,只聽見外面笙歌喧鬧而來。小使禀道:"鬧花燈的過了,請夫人、小姐上樓觀燈。"馮婦便叫小青陪夫人、小姐樓上請坐。小六娘道:"青娘,諒你揚州燈看厭了,也要索個杭州燈兒換換眼睛。"小青道:"燈雖好,但恨妾不是賞燈人。"楊夫人道:"你不須憂慮,我自有一安頓你的所在。"遂辭別馮婦而歸。

隨即楊夫人着人約馮婦天竺進香。馮婦恐留小青在家,斷有不測之事,便叫小青同往。瞻禮大士畢,馮婦道:"西方佛無量之多,而世人獨專意拜禮大士,却是謂何?汝知其意乎?"小青低聲道:"此無難知,不過望其慈悲耳。"馮婦知其諷己,因冷笑道:"我今當慈悲汝,何如?"楊夫人接口道:"二娘既有此心,你家孤山梅嶼,何不送青娘在那裏住住,也省得在面前惹氣。"馮婦道:"夫人見教極是,且看他的緣法。"

既歸,馮生候於室,小青見之欲避。馮婦道:"此我屋,非汝避地;此我室,又非汝見地。避、見俱不可。看汝情性冷淡,命必孤獨,何須爲我僕僕耶?孤山梅嶼是我家別業,山水幽雅,甚與汝相宜。無論避郎隱秀,即有時見郎,或亦不礙我之眼。但我有約法三章,汝須遵守:非我命而郎至,不許接見;非我命而郎有手劄至,不許開拆；汝有書劄，必由我看，不許私遞與人。若有一差池，決不輕恕。"小青聞言，唯唯奉命。自放他住在梅嶼內，小青見了山明水秀，園中花木芬芳，池閣游魚戲水，枝頭好鳥嚶鳴，勝似在家日聞狺吠。但小青每自念："我之來，實是彼之聘，罪不可突加。今置我於此閑地，又明戒我不許一毫舉動，必然廣布腹心，暗藏耳目。略有風吹草動，定借莫須有之事以魚肉我，則彼有詞矣，我焉可不慎？"遂深自斂戢。雖有佳山水，亦不敢推窗縱觀。

馮婦無可奈何，只得借遊湖爲名，請了楊夫人、小六娘到船，撐到孤山，喚小青上船。放至蘇堤，見驅馳挾彈，遊冶少年三三五五，同舟諸女侍，或指點，或詼諧，無不暢觀，而小青則澄目凝坐，若不知有繁華者。馮婦見之無說，惟楊夫人知其心事，便叫女兒與之對弈，欲與細談。苦於馮婦在坐，因借景以巨觥觴馮婦，瞷其已醉，乃徐語小青道："舟有樓，可伴我一登。"遂登樓，稍稍遠眺一番，即撫小青之背道："好光景！可惜容花貌月，無徒自苦。唐之章臺柳，亦倚紅樓盼韓君平走馬，而汝錦堂中人，乃作蒲團空觀想，豈不辜負天之生才耶？"小青道："蒲團雖不願，然賈平章劍鋒殊可畏也。"楊夫人笑道："汝誤矣。賈平章劍鈍，女平章乃利害耳。"左右再顧，寂無一人，楊夫人復從容諷諭道："以汝之才，與汝之貌，舉世無雙，豈肯甘心而墮羅刹國中？我雖非古女俠，力尚可脫汝于火坑。請細思之，倘不以章臺柳爲多事，則湖上豈少韓君平？況彼視汝去，不啻拔眼中一釘耳，何傷乎？今縱能容汝，汝亦不過向党將軍帳中，作一羔酒侍兒止矣。才伎風流，寧不可惜？"小青謝道："夫人愛我，不啻父母，可謂至矣。但妾自思，金屋之貯，金屋之命貯之也。幼時曾遇一老尼，云妾薄福相，無令識字，可三十年活。妾後得一夢，夢手折一花，隨風片片着水，水中花，豈能久乎？大都命止此矣。夙業未了，又生他想，彼冥曹姻緣簿，非吾如意珠。倘

謝去孤單，又逢冷落，豈不徒供群口描畫乎？"楊夫人聞言，沉吟半
晌，忽歎道："汝言亦是，我不敢勉强。但以汝之人，處此之地，當
此之時，不得不爲汝痛惜。雖然好自愛，彼之好言，或好飲食及汝，
更可憂可慮，須留意一二。我不能時時看你，且暮所須，不妨告我。
再若要消愁解悶的書，也在我那裏取看。"遂相顧而泣下沾衣。又
恐侍婢竊聽，復拭淚還坐而別。

　　小青回到梅嶼，感楊夫人慰安憐惜的情義，可謂不幸中之幸。
又借得許多書籍在此，聊以解愁，便將《牡丹亭》開看，雖是舊日閱
過的，止晰大凡，今夜雨滴空階，愁心欲碎，便勉就枕函，終難合眼，
不免再三味玩一番，因題一絕云：

　　　　冷雨幽窗不可聽，挑燈閑看《牡丹亭》。人間亦有癡於我，
　　豈獨傷心是小青。

　　自是小青幽憤悲怨，無可訴説，多托之於詩詞。一日有感，作
《天仙子》詞一首云：

　　　　文姬遠嫁昭君塞，小青又續風流債。也虧一陣黑罡風，火
　　輪下，抽身快，單單另另清涼界。　　　原不是駕鴦一派，休算
　　做相思一概。自思自解自商量，心可在？魂可在？著衫又撚
　　裙雙帶。

　　每有吟詠，多寄楊夫人，而楊夫人同調，尚有賞識者。後楊夫
人從宦外遊，遂無一人可語。間作小畫，或畫一扇，皆自珍秘，不令
人見。每到夕陽落水時，空煙薄靄，臨池自照，啾啾與影語，雖不泣
亦神傷。因無聊賴，題一絕云：

　　新妝竟與畫圖爭，知在昭陽第幾名？瘦影自憐春水照，卿須憐我我憐卿。

　　從此鬱鬱成病，歲餘益深，馮婦聞之，喜不自勝，因命醫來，繼遣婢以藥至，小青佯爲稱謝，俟婢出，遂擲藥床頭，笑道："我固不願生，亦當以净體歸依，作劉安雞犬，豈汝一杯鴆所能斷送乎？"然病益不支，知不能起，因修書一封貽楊夫人。内有云：

　　瞻睎慈雲。分燠噓寒，如依膝下。糜身百體，未足云酬。自仙槎北渡，斷哽南樓，狺語哮聲，日焉三至。漸乃微詞含吐，亦如尊旨云云。竊揆鄙衷，未見其可。夫屠肆菩心，餓狸悲鼠，此直供其換馬，不當辱以當爐。去則弱絮風中，住則幽蘭霜裏。蘭因絮果，現業誰深？若便祝髮空門，洗妝浣慮，而豔思綺語，觸緒紛來。正恐蓮性雖胎，荷絲難散，又未易言此也。乃至遠笛哀秋，孤燈聽雨。雨殘笛歇，稷稷松聲。羅衣壓肌，鏡無乾影。朝淚鏡潮，夕淚鏡汐。今兹雞骨，殆復難支。痰灼肺燃，見粒而嘔。錯情易意，悅憎不馴。老母姊弟，又天涯問絶。嗟乎。未知生樂，焉知死悲？憸促歡淹，無乃非達？妾少受天穎，機警靈速。豐兹嗇彼，理詎能雙？然而神爽有期，故未應寂寂也。至其淪忽，亦匪自今。結褵以來，有宵靡旦，夜臺滋味，諒不殊斯。豈必紫玉成煙、白花飛蝶乃謂之死哉？或軒車南返，駐節維揚。老母惠存，如妾之受。他時放船堤下，探梅山中，開我西閣門，坐我綠陰床，仿生平于響像，見空帷之寂颷。是耶？非耶？其人斯在。興言及此，痛也如何。

　　書成，疾益甚，水粒俱絶，惟日飲梨汁一小盞，然明妝冶服，擁襖敬坐，雖昏暈幾絕，斷不蓬首垢面而偃臥也。忽一日，語老嫗道：
"汝可傳語冤業郎，覓一良畫師來，爲我寫一影。若此時不留個模
樣兒，越瘦得不堪，則不必畫矣。"少頃，師至，即令寫照。寫畢，攬
鏡熟視，歎道："僅得吾形似，未盡吾神也。"乞師再畫一圖。畫完
進覽，道："神是矣，而風態未流動。杜麗娘自爲小像，恐爲雲爲雨
飛去，蓋爲丰采流動耳。我知其故矣。我之丰采不流動，多因目端
手莊，矜持太過，必須再畫一幅，不要拘束了眼睛。我自閑耍，師自
臨摹。"遂同老嫗，或扇茶鐺，或檢圖書，或整衣衫，而來調丹碧諸
色，指顧語笑，縱其想會。須臾，圖成，果極風雅之致。始笑道："如
今都是了。"師去後，取供榻前，襄以名香，設以梨酒，親奠道："小
青，小青，此中豈有汝緣分耶？"撫几而泣，淚潸潸如雨下，一痛幾
絕，幸老嫗救醒。遂將書一緘，托老嫗覓便寄上楊夫人。再指春容
道："此圖千萬爲我藏好。我有花鈿數事，贈你女孩兒罷。"言訖而
終，年纔十八耳。哀哉。人美如玉，命薄如雲，瑤蕊優曇，人間一瞬。
欲求如杜麗娘牡丹亭畔重主，安可得哉？

　　日向暮，馮生踉蹌而來，披帷視之，見小青容光藻逸，衣態鮮
好，如生前無病的一般，但少言笑耳，不禁哀號頓足，嘔血升餘。徐
撿得詩一卷，遺像一幅。讀到《寄楊夫人》詩云：

　　　百結回腸寫淚痕，重來惟有舊朱門。夕陽一片桃花影，知
　　是亭亭倩女魂。

　　馮生不覺狂叫道："吾負汝矣，吾負汝矣。"妒婦聞之恚甚，立
取第一圖焚之，又向馮生索詩卷焚之。悲夫。《廣陵散》從兹絕矣。
猶幸第二圖，其姻婭購去。稍有一二著作，則臨卒時，贈老嫗女花
鈿紙上得之。有小青手蹟，字亦漫滅。細觀之，得九絕句、一古詩、

二詩餘。詩餘即《寄楊夫人》之作。又有馮生酒友劉無夢過梅嶼，於小青臥處窗縫中，拾殘紙少許，得《南鄉子》詞三句云："數盡懨懨深夜雨，無多，也只得一半工夫。"雖李易安集中，無此佳句。

　　有意憐才者，多以小青鬱鬱而死爲恨，予則不然，使馮生不畏妒婦，而馮婦不妒小青，不過於衆姬妾間叨恩竊愛，受尋常福庇，縱有美名，頃刻銷熔，安能于百年後，令文人才士過孤山別業，吊暮山之夕陽青紫，擬小青之風流尚在？嗟乎。此天不成就小青於一時者，正成就小青于千古也。何恨之有？

　　（〔清〕古吴墨浪子:《西湖佳話》，乾隆十六年會敬堂本）

春風舞歌吊何澹玉（節選）

尤　侗

　　君不見蘇娘家住錢塘滸，犀簪唱徹黄金縷。又不見青娘墓築孤山墅，春山血點紅顏簿。風流宜與何娘伍，三生一笑相爾汝。他年載酒賦招魂，舉杯澆遍西陵浦。

　　（〔清〕尤侗著，楊旭輝點校:《尤侗集》，上海:上海古籍出版社，2015年，第496頁）

憶　梅

釋元玉

　　雪滿前村月滿欄，不勝情思隔江干。幾番春夢都無實，一度親逢何處看。驟使遠來空有信，法曹重蒞豈圖官。品行既古人同羨，獨坐殷殷詎惜寒。

　　（吴雲評曰:）"嶺上梅花三百樹，一時盡變杜鵑花。"

　　（〔清〕釋元玉:《石堂集》卷九，《清代詩文集彙編》第114冊，第674頁）

驀山溪·孤山野集聞女郎有舉小青詩者走筆成詞

　　　　陳至言

　　斷橋西望，放鶴亭邊路。且載酒同來，喜不負、梅花千樹。誰家紅袖，正十五盈盈，聲如吐，心如訴。底事關情苦。　　魂離倩女，芳草青娘墓。想瘦影亭亭，夕陽一片桃花暮。臨風灑酒，聽杜宇啼殘，春無主，愁無數。淚落多於雨。

　　（〔清〕陳至言：《菀青集》，《清代詩文集彙編》第 195 册，第 315 頁）

孤山偶吟

　　　　徐　釚

　　五日泛舟。午風酣暢，畫舫笙歌，湖山環繞，冶湄使君載酒放鶴亭邊。其弟中溪子戲尋小青墓不得，微吟"銷魂一半是孤山"之句。余信口足成之，相與拍浮狂叫。酒痕墨瀋，幾污衫袖。半酣，小憩處士祠中，再賦《漁家傲》一闋。已而夕陽在山，人影散去，逋仙有靈，亦應呼梅妻鶴子，共伴香魂于暮烟衰草之際也。

　　青青芳草瘞紅顏，愁對雙峰似翠鬟。多少西陵松柏路，銷魂一半是孤山。附《漁家傲》："艾虎釵符懸百結。蘭橈重泛菖蒲節。影漾湖心清又徹。無休歇，子規枝上聲聲血。　　瘞玉埋香魂斷絕。銀濤江上空嗚咽。莫把靈均閒話説。春纖捏，半灣邐迆沉檀屑。"

　　（〔清〕徐釚：《南州草堂集》卷五，《清代詩文集彙編》第 141 册，第 287 頁）

《詞苑叢談》"乙卯五日泛舟"條

　　　　徐　釚

　　乙卯五日泛舟。午風酣暢，畫舫笙歌，湖山環繞，冶湄使君載酒放鶴亭邊。其弟中溪子偶尋小青墓不得，微吟"消魂一半是孤山"之句。余信口足成之云："青青芳草瘞紅顏，愁對雙峰似翠鬟。

多少西陵松柏路,銷魂一半是孤山。"相與拍浮叫絕。酒痕墨瀋,
幾污衫袖。酒半,小憩處士祠中,分韻賦《漁家傲》一闋。已而夕
陽在山,人影散去,逋仙有靈,亦應呼梅妻鶴子,共伴香魂于暮煙衰
草之際也。冶湄詞云:"面面漣漪呈繡縠。晚蒲小荇分新綠。何
處閒情聲陸續? 人爭逐,畫橈龍笛吹寒玉。　　幾負芳辰空鹿鹿。
五絲誰倩春纖束。寂寞香魂遺恨觸。尋芳躅,一阡荒草銷金屋!"
中溪詞云:"湖面晴分錦帶繞。午風諰諰笙歌裊。畫艇飛來聞語笑。
恣遠眺,蒲樽催動紅顏早。　　涼起孤山停晚棹。梅銷鶴去青苔老。
一任閒雲籠翠篠。人懊惱,蛾眉碣蝕香魂杳。"余詞云:"艾虎釵符
懸百結。蘭橈重汎菖蒲節。影漾湖心清又徹。無休歇,子規枝上
聲聲血。　　瘞玉埋香魂斷絕。銀濤江上空鳴咽。莫把靈均閒話
說。春纖捏,半灣邐迤沈檀屑。"小青,廣陵人,爲虎林某生姜,早卒。戔戔
居士爲之傳。有《天仙子》詞云:"文姬遠嫁昭君塞,小青又續風流債。也虧一陣
黑罡風,火輪下,抽身快,單單另另清涼界。　　原不是鴛鴦一派,休算做相思一
概。自思自解自商量,心可在? 魂可在? 著衣又攛雙裙帶。"《傳》中又有《南鄉子》
詞,止三句云:"數盡懨懨深夜雨,無多,也只得一半工夫。"

　　(〔清〕徐釚編著,王百里校箋:《詞苑叢談校箋》卷九,北京:人民文學出
版社,1988 年,第 558 頁)

《古今圖書集成》"小青"條

　　按周君標《小青傳》:"(按:文同《情史》不録)。"

　　(《古今圖書集成·明倫彙編·閨媛典》第 422 冊,北京:中華書局,1934 年,
第十八至十九葉)

吊馮小青

任繩隗

鏡潮鏡汐淚無餘,猖語哮聲非妬予。試想姻緣若寧貼,此郎可是小青夫。

（〔清〕任繩隗:《直木齋全集》卷七,《清代詩文集彙編》第74冊,第539頁）

孤山菊香墓

李式玉

孤山一席地,纍纍埋容冶。南齊蘇小小,有明小青者。松柏縮同心,郎騎青驄馬。詎有倉庚術,春衫淚空灑。殘碣載菊香,其人尤風雅。石家置香塵,康成胡敢打。若令生同時,吾當事以姐。鶴歸人不歸,獨立空亭下。

（〔清〕李式玉:《巴餘集》卷一,《清代詩文集彙編》第78冊,第136頁）

仝友人胡偉庵徐楚巽金茲闇仔獻三弟遊六橋訪小青墓

茹　泰

一春花鳥作閒愁,夏日同舟話昔遊。問道小青何處是,六條橋下覓荒丘。

（〔清〕茹泰:《漫興篇》,《南開大學圖書館藏稀見清人別集叢刊》第5冊,桂林:廣西師範大學出版社,2014年,第263頁）

次和小青《無題》九首

冷玉娟

無邊煙柳鎖樓前,淡淡輕雲二月天。遙望蓬萊花五色,人間不種並頭蓮。

絲絲細雨點窗紗,雨後飛香過夢家。春信何須猶寄我,可憐羞對滿園花。

淡紅深綠遠相爭,認去猶多未識名。花向妾前頻帶笑,看儂當作惜花卿。

門前車駕正轔轔,傳道同遊北苑春。妾心只欲隨花去,遍地蒼蒼愁殺人。

日暮秋蟬不可聽,風吹花落滿空亭。愁來擬作傷心曲,一束還須寄小青。

惆悵花飛獨倚闌,天涯何處有青鸞。三秋久舊思家淚,恨殺西風鎩羽翰。

一天心事逼秋波,每每無端可奈何。人到百年猶恨速,不知好意向誰多。

飛飛鴻雁冷灘頭,聲入愁懷淚不收。夢到玉樓人去盡,至今何處説風流。

分明有夢怯風高,咫尺如同萬里遙。秋色年年添寂寞,落花人意逐歸潮。

（〔清〕冷玉娟:《硯爐閣詩集》卷五,《清代閨秀集叢刊》第 3 冊,桂林:廣西師範大學出版社,2014 年,第 463 頁）

不　寐

冷玉娟

良夜悠悠淡遠星,一輪皎月破幽扃。忽聞玉漏三更盡,夢裏分明是小青。

（〔清〕冷玉娟:《硯爐閣詩集》卷五,《清代閨秀集叢刊》第 3 冊,第 472 頁）

小青怨

蔡衍鎤

曉起整羅衣,臨波共影語。脉脉兩相憐,有情向誰是。寧作蒲
團觀,寧墮羅刹裏。忍學章臺姬,紅樓送妖媚。夜笛遠悲秋,殘燈
孤聽雨。羅袂落胭脂,潮汐鏡中起。夢裏折新花,翩翩吹着水。占
之曰不祥,此生諒徒爾。寄語冤業郎,亟召丹青至。圖我平生容,
爲我纖妖致。供之香榻前,呼我小青氏。梨酒一杯杯,此問寧有汝。

（〔清〕蔡衍鎤:《操齋集》,《清代詩文集彙編》第 208 冊,第 23 頁）

賦得小青臨波

蔡衍鎤

菱鏡曉妝明,孤山煙水清。臨波還照我,顧影轉憐卿。脉脉如
能語,依依若有情。纖妖已極致,惡用倩丹青。

（〔清〕蔡衍鎤:《操齋集》,《清代詩文集彙編》第 208 冊,第 57 頁）

揚州慢·閱燦花主人《療妬羹》傳奇

孔傳鉽

薄命隨風,紅顏委地,河東一吼堪驚。嘆絲牽繡幔,鴛譜誤卿
卿。自湖上畫船窺後,招雲答雨,眉語心盟。傍孤山,雪捲寒威,吹
入愁城。　　楊郎癡絕,奈無何、髩影星星。念慧黠詞工,妖嬈圖麗,
誰託幽情? 賴有黄衫客在,披肝膽、玉璧完成。縱子虛、寄興騷壇,
也擅芳名。

（〔清〕孔傳鐸輯:《名家詞鈔六十種》第 6 冊,國家圖書館藏清鈔本）

《虞初新志》"小青傳"條

張　潮

張山來曰："紅顏薄命,千古傷心,讀至送鳩焚詩處,恨不粉妬婦之骨以飼狗也。"又曰："小青事,或謂原無其人,合小青二字,乃情字耳。及讀吳□《紫雲歌》其小序云'馮紫雲,爲維揚小青女弟,歸會稽馬髦伯',則又似實有其人矣。即此傳亦不知誰氏手筆,吾友殷日戒仿佛憶爲支小白作,未知是否,姑闕疑焉。"

（〔清〕張潮輯:《虞初新志》,北京:文學古籍刊行社,1954 年,第 19 頁）

讀《焚餘草》次韻

程瑞初

淒風苦雨透窗紗,燕子飛飛覓舊家。不道開窗頻遠望,夕陽一片碧桃花。從愁中看出好景。

飛花片片墜樓前,春病懨懨怯暮天。明月滿園空自照,何人踏破綠苔錢。正自不堪。

（〔清〕鄧漢儀輯:《詩觀三集》卷五,《四庫禁毀書叢刊》集部第 3 冊,第 33 頁）

馮姬歌和宋牧仲

方撝謙

苧蘿不作五湖遊,金谷佳人不墜樓。年華荏苒何有意?紅粉何堪到白頭。莫歎馮姬歸去早,不見憔悴但見好。田橫死士遊雙禽,姬死,素所蓄鶴、鸚鵡亦死。不比小青殊草草。休爲客舞舞公羊,前生同在繡嶺宮。繡嶺宮前家如許,何似纍纍遼海東?

（〔清〕潘江輯,彭君華主編:《龍眠風雅全編》第 4 冊,第 1805 頁）

南鄉子·夜讀《焚餘集》聞笛

孫在中

紅燭燦銀屏，撿遍殘書到小青。驀地一鈎新月上，空庭，烟籠梅花似瘦形。　　惆悵不勝情，況也當年恨莫申。何處畫樓人弄玉，聲停，偏是今宵不要聽。

（〔清〕孫在中：《大雅堂詩餘》，《清代詩文集彙編》第 206 冊，第 184 頁）

滿江紅·吊小青

孫在中

獨步孤山，可禁得、淚珠飄霰。儘消受、一杯梨汁，荒烟澆奠。千載空存離恨種，三生不繫紅絲線。想當年、稽首拜慈雲，深深院。　　忘不得，維揚眷。留不得，《焚餘》卷。歎薄命紅顏，如卿更選。玉骨已成泉下土，桃花何處尋人面。換丹青、一段好風流，今猶美。

（〔清〕孫在中：《大雅堂詩餘》，《清代詩文集彙編》第 206 冊，第 212 頁）

爲歙縣王學博題《小青影》

陶　季

不是雙文即洛神，誰能圖裏唤真真。憐他攬鏡空描日，薄鬢清矑總絕塵。

（〔清〕陶季：《舟車後集》，《清代詩文集彙編》第 57 冊，第 633 頁）

題《小青焚餘》卷後

陸繁詔

鄭家媛淑，説詩義於泥中；王氏名姬，度歌聲於扇底。揆其終始，殊無悱怨。蓋康成擅經神之譽，中書信江左之英。並託跡于龍鷺，故忘情于枳棘。至於汝南女子，不嫁安東；邯鄲才人，翻歸廝養。締非其偶，良足悲也。西陵富人妾小青者，揚州人也。雲迷曉樹，長憐瓜步之春；夜落寒濤，坐賞維揚之月。少長名區，夙標慧性。鳳音細囀，能繞梁塵；鶯袖輕翻，寧誇趙步。笙授仙人之指，瑟傳帝女之聲。加以體似驚鴻，身輕飛燕。妝成點額，蝶欲尋花；剪就垂鬟，蟬來飲露。明珠十斛，未能買其回頭；南楚百城，何足賞共一盼。于是釵緣金屑，復抽却月之梁；裙號雲英，尤愛留仙之幅。攜來陌上，誰不踟蹰；若在鑪頭，難辭調笑。方謂楚臣儒雅，爰擬登牆；交甫風流，徐圖解佩。弛薄怒於章華，通微波於曹植。而玉壺承淚之期，香寢破瓜之候。竟以失意周媒，委身吳客。笑東都之豪士，空有瓊厨；歎西晉之高流，虛傳金谷。而且青疎臺上，性喜操刀；永年里中，壽難屈膝。曾無委髮之憐，徒解鋤蘭之舉。維此麗姝，遷於別館。長堤楊柳，飄零京兆之眉；秋水芙蓉，憔悴文君之面。雖復葡萄良醞，詎肯消愁；合歡新花，無由蠲忿。雖屬意于宏辭，更馳心于高唱。春華初散，名製連章；秋露將零，清歌幾曲？梅林鶴嶼，弔處士之銷亡；油壁青驄，傷美人之遲暮。載在香奩，亦云麗矣。至其激清調于花箋，奏繁聲于數紙。言情則望帝懷鄉，寫怨則鮫人迸淚。班姬失色，奪紈扇之新篇；房老驚心，掩蛾眉之哀響。是知淒清徐淑，可置廡間。綺密蘭英，卧之牀下。詩存若干首，書附某夫人。許妻拜表，婦人之集已亡；鮑女庸才，大雷之書不報。我思古人，真多遺憾。所恨滄溟末運，蘭玉蚤凋。明君入宮之歲，便赴泉門；廬江作婦之年，已歸幽壤。而相逢鍾子，又昧知音；愁對周郎，何能識曲？遂令遺文圖畫，悉爲主婦所燒。人亡桂殿，快心玉階之辭；魂去蘭臺，移妬長門之賦。兹用録其餘策，幸免秦坑。緝其殘編，纔離魯壁。瓊花數本，無非閬苑之枝；玉樹一林，都是蓬洲之種。豈必延津劍合，方吐氣于豐城；合浦珍還，乃增輝于珠澤?

（〔清〕陳文述輯撰：《蘭因集》，光緒辛巳錢塘丁氏刊本，《武林掌故叢編》
第 4 册，第 2274—2275 頁）

《明詩綜》"許景樊"條

朱彝尊

《詩話》：明閨秀詩類多僞作，轉相附會，久假不歸。……甚至
析"情"字爲"小青"，吊青塚者過孤山而流連。

（〔清〕朱彝尊編：《明詩綜》卷九十五）

《集咏樓》序

佚　名

人傳小青死，而青實不死也。青詩辭傳者僅十數首，騷雅士視
爲徑寸珊瑚，不可多得爲憾。顧青於復靈後懲前爲詩所累，遂不復
記録諸作。而前所清本，已被妬婦所爇。幸創稿零帙，納諸敗篋中，
爲姻婭蜀人馬天閑文學搜集，得若干首。適逢兵變，踉蹌歸里，故
青遺稿止傳西蜀而已。壬午夏，有客自蜀攜歸，謀付剞劂氏，遂作
《集咏樓》，附詩其中，以博騷雅士共鑒賞焉。青也幸哉。康熙壬
午歲八月既望湖上憨翁題。

（〔清〕佚名：《集咏樓》，《古本小説集成》第 5 輯，第 17 册，上海：上海古
籍出版社，1994 年，第 1—5 頁）

《集咏樓》題詞

王蘭谷

石上愁吟倚碧梧，一生知己是西湖。當年不雨傷心淚，争得人
間有畫圖。

琅耶王蘭谷題

（〔清〕佚名：《集咏樓》，《古本小説集成》第 5 輯，第 17 册，第 2 頁）

小　青

宋長白

《小青傳》乃支小白戲撰，而詩與文詞，則卓珂月、徐野君爲之。離合其字，情也。命名之意，亦無是公也。余與野君爲忘年交，自述於余者如此。李舒章《仿佛行》曰：“世上佳人不易得，小青之墓徒青青。”又絶句曰：“孤山不見小青墳，竹柏蒼蒼空墓雲。”則謂實有其人矣。谷霖蒼學使，嘗瘞一夭婢於放鶴亭側，土人戲指爲青墓，過客紛紛題詠，後爲霆潦所潰，有片石識其歲月，則婢名秋英也。

（〔清〕宋長白撰，辛味白校點：《柳亭詩話》卷五，上海：上海雜志公司，1935 年，第 107 頁）

望江南·尋小青墓

陸　進

魂欲斷，寒食踏青來。夜半子規啼緑樹，連宵細雨滴蒼苔。芳塚没蒿萊。　孤山畔，對影且徘徊。松柏西陵何處是，梅花嶺上不曾栽。濁酒酹千杯。

（〔清〕陸進：《巢青閣集》，康熙辛酉刻本）

小青二首有跋

盧錫晋

扎動筆行寫舊踪，巫雲仙子字如龍。自言謫作廣陵女，鸞馭今歸第五峰。

仙姬只向玉京逢,有底陽臺雨意濃。莫道孤山非楚峽,待題綠
字倚蒼松。

曹南劉西爾有召仙術,每飛乩疾書,應響成文。疑識小青,字愛芍,是五峰仙
子偶謫人間,然惜世無知者,故爲表出之,他日刻于孤山墓石,亦千古軼史中一佳
話也。仙詩《登琴臺》二首並録:"冰輪光滿單城西,煙起溪波覆徑迷。籟續流風
聲自古,雪飄冷韻調難齊。一時佳客留碑字,千載騷人拂壁題。祠接銀河地更聳,
遙天此際白雲低。""遙從天半禮先賢,勝蹟岩嶢枕碧泉。碑壓霜臺迷曲徑,樹迎寒
嶺帶疎煙。遺風留得一函水,餘澤繞成萬頃田。此日登臨邀作賦,漫將綠字寫新
篇。"(限韻。)

（〔清〕盧錫晋:《尚志館文述》卷七,《清代詩文集彙編》第 161 册,第
225—226 頁）

西湖竹枝詞十二首(其十一)

蔣　峕

年少研光短後衫,雙飛燕子語喃喃。小青情死酸辛在,不合墳
頭打十番。

（王利器、王慎之、王子今輯:《歷代竹枝詞》,第 527 頁）

《小青禮佛圖》爲沈雨亭作

章大來

小青便是玉清仙,謫下凡間定可憐。深洞閉花春寂寂,片檀禮
佛月娟娟。徒聞南郡操刀婢,不見西陵打槳船。石上精魂還在否?
有人擬作並頭蓮。

（〔清〕章大來:《後甲集》卷上,《清代詩文集彙編》第 220 册,第 728 頁）

西湖竹枝（其三）

姚之駰

碧柳緋桃似畫屏，船分十錦載娉婷。生憎猜作鴛鴦派，私向孤山弔小青。

（〔清〕姚之駰：《新體詩偶鈔》，《清代詩文集彙編》第 237 冊，第 135 頁）

念奴嬌·聞小青事

蕭正模

生他才貌，奈配他非偶，使他愁蹙。明是天生天自折，請問天高何意。出塞明妃，墜樓愛妾，還笑天憐惜。曾如若個，暴風狂雨銷滅。　夙昔殘詩零札，每徘徊諷誦，言言堪食。除却錢塘蘇小小，風致才情誰識？還愁來生，再逢狙儈，先問天消息。人間佳偶，不是人能用力。

（〔清〕蕭正模：《後知堂文集》卷四十一，《清代詩文集彙編》第 187 冊，第 293—294 頁）

天仙子·感述用小青韻

蕭正模

漢家歷歲征邊塞，只償衛霍功名債。屢僥天幸得成功，取爵土，如風快。飛將軍不到封侯界。　豈不是淮陰一派，竟把做灌嬰一概。殺降二語漫流傳，人某在？事某在？子孫往往橫金帶。

（〔清〕蕭正模：《後知堂文集》卷四十一，《清代詩文集彙編》第 187 冊，第 296 頁）

悼小青

高景芳

武陵馮生性鹵莽，覓得名花不能養。冷雨幽窗夜悄冥，碎綠愁紅已飄蕩。河東吼聲日漸高，數間別墅孤山坳。一幅丹青寄蟬蛻，半杯梨汁非麟膠。香以薰燒膏自灼，智慧雖豐命偏薄。西子寧如嫫母安，有情不若無情樂。願與妒婦尋倉庚，作羹療使心和平。閨門雍睦息謠諑，天下小青皆得生。

（〔清〕高景芳：《紅雪軒稿》卷二，《清代閨秀集叢刊》第 6 册，第 306 頁）

戚氏·《焚餘草》

保培基

檢奩匜，傷心讀到小青詩。絮果應懲，荷絲難殺，死無疑。因思，幾曾癡，輕生不盡爲凌夷。閨閫適際其變，朝廷不幸類如斯。苟息無貳，周昌行已，那論值雉償驪。第所天不淑，所望皆失，所向皆悲。

豈不，自愛芳姿。途遠日暮，身在惹支離。窺幽隱，箕奴不肯，微去安之。盼佳期，尹也復毫，何時夷也，絕粒何辭。公孫杵臼，量易衡難，總怕此志參差。

更苦夫人去，鸝羹莫酏，鵲腦誰釃。自是弈中妙手，寫丹青三幅有先幾。薦將梨酒匙匙，香花瓣瓣，生祭文山。似恨是兒，偏不爲男子。嗟五季，多少鬚眉。數六朝，多少英奇。抱琵琶，迎送迷靡靡。漢當元始，唐於天寶，從可噓唏。

叢江皋曰："屈原以美人相況，小青以忠臣比論。千古有情人遭此抑鬱，同時一般心腸，一樣感慨，此可作小青一部《離騷》。"

（〔清〕保培基：《西垣集》，《清代詩文集彙編》第 275 册，第 644—645 頁）

《二分明月集》王端淑總評

王端淑

深情宛轉，幽意纏綿，如讀江淹《恨賦》，使人自然淚下，的是小青一派人物。至其《弔真》一闋，久已傳誦人間，則又當與西陵蘇小之句，並垂千古矣。讀竟歎服，女士王端淑書。

〔清〕陳素素：《二分明月集》，《清代閨秀集叢刊》第 7 册，第 101 頁）

《名媛詩緯初編》"馮小青" 條

王端淑

馮小青，字小青，揚州人。適杭州馮生，以同姓故諱之。小青年十六歸生，生豪公子也。性嘈哳，憨跳不韻。婦更奇妬，小青曲意下之，終不解。徙之孤山別業，鬱鬱成疾而卒，時年僅十八耳。

端淑曰：小青筆舌靈妙，情才兩足，第恨其不多見耳。才人淪落，古今皆然，況女子乎？《列朝詩集》及《十五國詩源》云："小青者，離情中正書心傍侶小□也。或言姓鍾，合之成鍾情字也。實無其人。邑子譚生造傳及詩，與朋儕爲戲。然其傳及諸作俱不佳，流傳日廣，演爲傳奇，至有以訪小青墓爲詩題者。俗語不實，流爲丹青，良可爲噴飯也。"

〔清〕王端淑輯：《名媛詩緯初編》卷十，康熙間清音堂刻本）

《名媛詩緯初編》收《焚餘集》未錄署名馮小青無題絕句一首

馮小青(存疑)

西陵橋下水泠泠，記得同君一夜聽。千里君今千里我，春山春草爲誰青？

【箋註】

〔**記得同君一夜聽**〕北齊蕭愨《奉和濟黃河應教》："望知雲氣合,聽識水聲秋。"唐上官昭容《遊長寧公主流杯池二十五首(其十六)》："欲知堪悦耳,唯聽水泠泠。"

〔**春山春草爲誰青**〕唐皇甫曾《題贈吳門邕上人》："春山唯一室,獨坐草萋萋。"

(〔清〕王端淑輯:《名媛詩緯初編》卷十,康熙間清音堂刻本)

玉鏡陽秋

佚　名

小青諸絶句,輕倩清新,離絶作家蹊徑,出自慧心女郎不疑,不必以錢説至惑也。

(〔清〕佚名:《玉鏡陽秋》,轉引自沈立東:《中國歷代女作家傳》,北京:中國婦女出版社,1995 年,第 139 頁)

宮閨氏籍藝文考略

王士禄

玄玄字小青,廣陵人,嫁爲武林馮公子妾。杭人沈蘭先(按:蘭先即沈昀)參疑云:《列朝詩集》謂小青實無其人。然遺稿中《寄某夫人書》,爲楊淇園夫人。楊氏子孫皆言幼時見小青手書,又小青之夫,實爲馮生,似非屬烏有也。然外間頗有小青爲情之説,又云邑子譚生造傳及詩。小青事去今不遠,而鄉中前輩,不聞所謂譚生者,以無爲有,以有爲無,豈皆出好事人品耶?

[〔清〕王士禄輯:《宮閨氏籍藝文考略》,轉引自胡文楷編著,張宏生等增訂:《歷代婦女著作考》(增訂本)"《焚餘草》條",上海:上海古籍出版社,2008年,第 177 頁]

《嘉禾徵獻録》"馮夢禎附孫延年"條

盛　楓

（馮夢禎）孫延年，字千秋，鄉貢，有《秋月庵稿》。施閏章《蠖齋詩話》："小青詩盛傳於世，近有辨者謂實無其人，蓋析'情'字爲'小青'耳。余至武林詢之，陸麗京圻曰：'此故馮具區之子雲將妾也。所謂某夫人者，錢唐進士楊廷槐玄蔭妻也。楊與馮親舊，夫人雅諳文史，故相憐愛，頻借書與讀；嘗欲爲作計，令脱身他歸，小青不可。及夫人從官北去，小青鬱無可語，遺書爲訣，書中云云皆實録也。小青以命薄甘死，寧作霜中蘭，不肯作風中絮，豈徒以才色重哉？'客問：'小青固能詩，恐未免文人潤色。'陸笑曰：'西湖上正少此捉刀人。'"

（〔清〕盛楓：《嘉禾徵獻録》，《續修四庫全書》第 544 冊，上海：上海古籍出版社，2002 年，第 539 頁）

西泠雜詩有序（其十三）

杜　詔

丁丑秋九月，家詒穀招集湖舫。同遊者爲邵氏諸昆二峰、豫章鍾克大、暨祝矜刪、華子山、舍姪鳴山，共余八人。時届深秋，湖山澹沲，雖風景寥落，而歌吟笑呼有足樂者。已而飲散湖濱，獨余與子山、鳴山留宿孤山之酒樓。次日，復櫂小舟過放鶴亭，弔岳墳，尋蘇小墓，窮天竺、韜光諸勝。復信宿靈隱山房，流連憑眺，凡三閱，日得七言斷句十六首，皆隨感隨作，都無倫次云。

油壁青驄事杳冥，細風吹雨入西泠。可憐歌斷黃金縷，翻出新聲唱小青。

（〔清〕杜詔：《雲川閣集》卷一，《清代詩文集彙編》第 218 冊，第 537—538 頁）

小青墓

陳典謨

九里松前雨乍停,六條橋下絮如萍。夕陽無限關心處,又到西泠話小青。

詞調爭傳蘇小家,阿青端不讓才華。獨憐天上無根草,不作人間並蒂花。

（〔清〕丁申、丁丙編:《國朝杭郡詩三輯》卷六,清光緒十九年刻本）

小青曲

夏伊蘭

春波泛碧春草綠,一抔香土埋香玉。蕙性蘭心絕世無,可憐冷落陽春曲。憶昔閨中待聘時,明珠無價玉無疵。蓬門不憚牽蘿瘁,漆室疇聞倚柱悲。輕狂偏有錢塘婿,費却黃金買佳麗。豈料南樛竟少恩,小星三五難援例。牡丹一曲韻纏綿,午夜挑燈誦悄然。吟到返魂聲慘切,梅癯柳瘦更誰憐?憐卿才貌俱雙絕,妒花風惡多磨折。嚙臂猶留前日盟,同心已斷來生結。多少傷心泣暗吞,紅羅三尺報深恩。如此麗質今何在? 空膡鮫綃舊淚痕。瓊葉仙眉經淡掃,桃花人面依然好。湖濱風日似當年,可惜玉容人已老。更有荒涼蘇小墳,殘碑終日倚河湣。儂家無限憐香意,一樣西泠弔美人。

（〔清〕黃秋模編輯,付瓊校補:《國朝閨秀柳絮集校補》,北京:人民文學出版社,2011年,第1869頁。《吟紅閣詩鈔》道光九年夏氏刻本卷四同錄,“却”作“恰”,“此”作“花”,“瓊葉仙眉”作“楊柳如眉”,“已”作“未”,“日”作“古”。）

題夏伊蘭女史《吟紅閣集》

曹龍章

春蘭豈是雪後妍,秋月難必望後圓。自古及今同一慨,生離死別情更憐。賢哉妙齡會稽女,孝友天成疇是侶。居然巾幗勝鬚眉,文人慧業堪期許。偶謫人間十五春,修來明月定前身。留得《小青詞》一曲,歌殘子夜離紅塵。君不見風前詠絮謝家句,閨閣於今誰繼步。群推之子耽吟哦,遽作天仙歸雲路。

　　（〔清〕丁申、丁丙編:《國朝杭郡詩三輯》卷四十二,清光緒十九年刻本）

小　青

高韞珍

　　朱門黃土恨年年,草掩孤山墓可憐。消盡紅香如逝水,生來薄命敢違天?梨花春夢瀟瀟雨,柳色秋風漠漠煙。多謝檀郎能瘞玉,芳魂流落聖湖邊。

　　（〔清〕黃秩模編輯,付瓊校補:《國朝閨秀柳絮集校補》,第733—734頁。《國朝杭郡三輯》卷九十四題作《孤山弔小青》,"墓"作"劇","來"作"成"。清袁枚《隨園詩話》題作《小青詠》。）

頤道主人修湖上女士菊香小青雲友墓於孤山葛嶺間建蘭因館合祀之海內女史和者十餘人香生翠圻無妙不臻別爲四詩聊以紀實非敢云抽秘騁妍也

文靜玉

　　落紅滿地濕燕支,凝碧春山點黛眉。晋代釵鈿誇北海,吳宮簫鼓葬西施。錦城瘞玉煙橫晚,石鏡窺花月上遲。應勝紫蘭香徑畔,蘇娘墳上雨絲絲。右修墓。

　　繡襦隔座鏤紅牙,玉女傳言障碧紗。朱鳥蘭窗窺曼倩,青鸞芝蓋降雲華。幔亭仙樂祠黃月,樓閣春燈賽紫霞。絕似靈簫招墨會,曲瓊香捲萬桃花。右營祠。

　　椒壁瓊碑紀尹邢,金鑾紫石仿媌娙。茂漪小楷簪花格,逸少真書瘞鶴銘。應有金釵摹绛帳，可無玉枕刻蘭亭。墨林韻事稱三絶，裝向春羅六曲屏。右勒碑。

鸝吹愁言夢雨涼，綠窗遺稿爲傳芳。鬱金頌美空傳目，漱玉詞工易斷腸。五色機絲長命縷，九華煙篆返生香。分明蘇惠迴文錦，密字真珠織几行。右刊集。

（〔清〕丁申、丁丙編：《國朝杭郡詩三輯》卷九十五，清光緒十九年刻本。〔清〕文靜玉：《小停雲館詩鈔》，《清代閨秀集叢刊》第 32 册，第一首"北"作"東"，第三首"小楷"作"楷法"。）

題顧眉生畫《小青像》

文靜玉

倩女離魂定有無，孤山梅鶴伴清腴。丰神意態俱精絶，可似當年第二圖。

冷雨幽窗大可哀，春波照影亦徘徊。眉樓肯寫嬋娟影，倘比蘼蕪解愛才。牧翁謬謂無其人，得非東君忌才所致耶？

（〔清〕文靜玉：《小停雲館詩鈔》，《清代閨秀集叢刊》第 32 册，第 271 頁）

頤道主人重修西湖三女士墓詩

蔣蕊蘭

嬋娟青塚迴相望，添種天桃倚夕陽。才子從來知惜玉，美人當日此埋香。影疏豆蔻前宵月，花落芙蓉一夜霜。惆悵湖山清遠地，風流艷跡感迴腸。

蘭因仙館禮名姝，花影重樓倚小姑。秋水可應飛蛺蝶，春山會見長蘼蕪。零膏冷翠千言玉，勝水殘山一斛珠。我欲闢紅移畫舸，花開同泛美人湖。

（〔清〕丁申、丁丙編：《國朝杭郡詩三輯》卷九十五，清光緒十九年刻本）

頤道主人重修西湖三女士墓賦詩紀事適讀湘玉姊西湖原
是美人湖句因賦美人湖詩八章三女士皆西湖上美人楚
些招魂知水光雲影間應有窈窕雲容珊珊其來遲也是耶
非耶並以質之卷中題詠諸女士

薛纖阿

舊時明月舊時花，花外垂楊一樹鴉。無數春山環畫閣，美人湖
上美人家。

蘼蕪草長日初曛，重築香泥葬畫裙。七十鴛鴦雙蛺蝶，美人湖
上美人墳。

玲瓏芳樹玉交枝，椒壁塗黃冑網絲。翠袖無聲塵幔掩，美人湖
上美人祠。

泥金雙帶曲瓊鈎，高下珠簾映碧流。十二畫闌紅宛轉，美人湖
上美人樓。

白花飛蝶紙錢灰，繡屟留香印綠苔。小隊踏青間酹酒，美人湖
上美人來。

詩情愁興草淒迷，玉版烏絲寫赫蹏。一樹桃花弔紅影，美人湖
上美人題。

別懷惆悵掩雲鬟，水縐笙寒翠黛間。雙槳綠波煙欲暝，美人湖
上美人還。

杜鵑聲裏易黃昏，種得梅花又一村。菊秀蘭芳何處覓，美人湖
上美人魂。

（〔清〕丁申、丁丙編：《國朝杭郡詩三輯》卷九十五，清光緒十九年刻本）

舅氏頤道先生命題《蘭因集》

魏　女

花部穠芳小印新，碧城仙館静無塵。西泠閨詠詩成後，更爲憐才到古人。

三才慧業證仙才，一卷金經禮玉臺。我向鷗波呼阿母，自誇曾見小青來。

（〔清〕丁申、丁丙編：《國朝杭郡詩三輯》卷九十五，清光緒十九年刻本）

蘭因館題三女士墓

鮑　靚

春草前緣感苦辛，秋花小影見丰神。泥深蛺蝶紅蕪路，碑冷蛤蟆碧蘚塵。陸賦晨芳兼杞種，湘纍晚怨與蘭紉。遺墳築向巢居伴，好是嬋娟伴隱淪。菊香。

情懷何事太纏綿，損却芳蘭竟體妍。花片已拌隨逝水，斜陽猶自倚空煙。殘香誰弔生前影，冷翠空憐劫後篇。何處招魂二分月，雙禽應到畫闌前。小青。

（〔清〕丁申、丁丙編：《國朝杭郡詩三輯》卷九十五，清光緒十九年刻本）

頤道太夫子新西泠三女士墓詩

吴淑娥

蘼蕪緑遍舊西村，一樹棠梨冷墓門。流水年華成感逝，桃花時節總消魂。埋香重與營芳冢，澆土還看倒玉尊。安得烏衣來撷篲，三姝媚曲唱黄昏。

湖雲猶是學盤鴉，芳臉全消鏡裏霞。才女慧心成智果，美人瘦影是梅花。重樓起傍林逋宅，垂柳陰分蘇小家。記取紅心春草路，青山影裏玉鈎斜。

珊珊環珮曉風前,配食何須到水仙。弱骨祇宜驂紫鶴,芳心休更泣紅鵑。湖光瀲沱春留照,山色空濛畫入禪。誰酹碧桃花下酒,畫橈閒泊總宜船。

碧城才望重三吳,本事詩成主客娛。翠袖金釵環絳帳,花天月地弔名姝。靜烹澗雪談僧舍,閒看峰雲過酒壚。從此西泠添韻事,美人香冢美人湖。

（〔清〕丁申、丁丙編:《國朝杭郡詩三輯》卷九十五,清光緒十九年刻本)

重過即此舊韻三絶句并序

白曉月

妾垂髫時,即枕席唐人詩學,含英咀華,肆力彌久。自結襬以來,金閨獨處,觸目興懷,無不形之於詩。然珍重藏笥,未嘗輕以質人,恐斯文誼合,過有情癡耳。迨庚子歲,主人遠戍,黯然銷魂,別殊難譴。會踏青金堰,愁思看春,擬欲題詩寄懷。自念身爲妾侍,漫輸情悃于人前,特借感同遇合之詩,題留於壁。若使人疑,不必有其事,故爲好事者之掃摭也。未幾,色他哈來游,認悟我作,歸語其夫,遂盛傳八旗下。固山夫人遣使索稿,惟恐見嗤,識者出《今別離》一篇上之,大爲獎勵,有江淹彩筆,獨擅香奩之評,且囑家人看承要好,俾得雍容翰墨,間與巾幗中生色,緣此滿洲家姑重我能詩矣。孰知命途多舛,萬里音旋所天見背,而主婦又蒙遣嫁。意犢鼻佩春,計非由己。今春二月,主婦瘡患甚劇,家人進諫欲邀福於神半山祠内,許長生旛願,因復過兹庵。尋壁間留句,和者不一,其人皆命意深婉,情溢詞句之外。獨色他哈近履既同,踵韻賦七言三絶,正如積薪,比後來居上。嗟乎。色他哈爲丰才嗇遇,憤當境之窮奇,亦憐吾有色無緣,爲將來之永恨耶? 抑佳人賦命多薄,自古如斯,爾與吾又無足怪耶? 次韻題詩於後,一以酬固山夫人一時之心契，一以感色他哈兩地之神交，且爲屬和諸賢作未了因，非爲吟詠相投，不禁技癢，揚閨閣之聲，供一時人譚柄焉耳。

知我前身不是誰，小青又是此生悲。一書幾遇央陳媼，寄謝夫人素念垂。

同境同情寧有誰，十分才地十分悲。箇人欲識愁何樣，兩道青蛾八字垂。

三首詩成留贈誰，有心人遇自含悲。情魂莫是東風惡，吹動飄飄裙帶垂。

（〔清〕丁申、丁丙編：《國朝杭郡詩三輯》卷九十八，清光緒十九年刻本）

小青詩并序

毛　曙

小青，錢塘人也。慧資絕世，秀色傾城，惜困於妬婦，憔悴而没。夫古秦羅敷、王明君，昔人咏之詳矣。唯青缺焉，因亦戲擬爲之，非欲效顰，聊復寫情云爾。

桃花生路傍，狼藉遭傾折。蛾眉誤失身，漂零真一轍。幸蒙君子盼，得充下陳列。誓將菅蒯姿，永矢絲蘿結。箕箒職所當，卑柔分甘竭。若何爾之子，區區不我閲。胡然帝自尊，視予蜉蝣蔑。修綆汲清晨，寒機軋斜月。婉容趁遣呼，屏息承嗔喝。有淚那敢啼，飲泣潛嗚咽。嚴顏厲若霜，妬態猛於蝎。角枕燦空陳，羅幬漫徒設。同心對面看，契闊如秦越。芳姿坐變消，深院鳴鶗鴂。自傷等蒲柳，寧堪歷冰雪。摇落迫高秋，嗚呼復何説。悲笳怨朔風，琵琶戀廷闕。紅顏自古然，命薄非人孽。

（〔清〕毛曙：《野客齋詩集》卷一，《清代詩文集彙編》第 307 册，第 453 頁）

再和吊小青墓原韻

戴繼麒

化蝶香魂玄又玄，空留青塚泣啼鵑。桃鬚欲吐還含芰，柳眼慵開未放歸。遺像至今空想恨，《焚餘》千載使人憐。當時消受淒涼味，剩得芳名膾炙傳。

（〔清〕戴繼麒：《玉岑詩稿》，《清代稿鈔本》第 26 冊，第 75 頁）

題《小青傳奇》爲梅史作

鍾大源

橫橋才子多情客，絕妙詞成欺白雪。把酒題牋芍藥紅，臨風吟編蒲萄碧。多情端的恨無情，不分人甘薄倖名。南國偶傳埋玉地，西泠爲譜斷腸聲。烏衣子弟紅閨秀，廿四橋邊驚邂逅。借得芳名柳色新，生來弱貌花枝瘦。盈盈碧玉破瓜秋，飛絮飄零不自由。嫁得錢唐輕薄婿，三星錯喜抱衾裯。載歸桃葉輕歌舞，金屋藏嬌空自許。豈識中閨擁髻人，居然繡闥胭脂虎。我見猶憐事未真，相逢那得便相親。愛河不是楊枝水，怨海流從妒婦津。脂愁粉慘真何計，跡向梅花深處避。蕭郎從此路人看，鳳約鴛盟等閒棄。挑燈閒讀《牡丹亭》，顧影徘徊暗涕零。夜雨梨花人悄悄，春風胡蝶夢惺惺。淒涼懶把他生卜，自信紅顏應桎梏。並蒂人間少宿因，掌書天上多仙福。豈是樊姬別樂天，亦非金谷墮樓年。崔徽淚盡空留畫，小玉神傷易化煙。茫茫幽恨憑誰訴，倩女魂歸竹西路。卿須憐我我憐卿，留得千秋痛心句。夕陽誰復酹湖潯，一片桃花護古墳。猶幸年年傍蘇小，不教寂寂臥朝雲。君今往事重提起，多少蛾眉曾若此。殺粉慵書墮淚碑，研朱怕續傷心史。叔夏清宵喚奈何，分明百闋懊儂歌。瀟瀟莫遣吳娘唱，湖上秋風正碧波。

（〔清〕鍾大源：《東海半人詩鈔》卷六，《清代詩文集彙編》第 471 冊，第593—594 頁）

辛酉十月望後一日寓荆州護國寺吳生言武夷山降鸞有自署小青仙史者作美人飲煙詩十五首吳生能誦其二戲爲和之遂如其數雨窗無事聊爲善謔非强效香奩也

　　李來泰

　　盈盈初試漢宮妝，世味無多也漫嘗。煙氣欲蒸紅玉軟，微絲先和鬱金香。豈因拾翠憐芳草，倩取餘熏睡海棠。莫問燕支山下路，已添瓊色映縹緗。

　　閒情小逗醉中天，粉面微頳亦偶然。別苦甘心自然熱，徐看含吐步生妍。雲行未覺巫山遠，霧擁真疑洛浦連。翠管銀罌時在眼，貪他剩馥與周旋。

　　采采何須藉白茅，情親小摘已如膠。餐花似妒餘杭醖，削葉疑分阿母庖。沉水香濃應共蓺，元霜味冷亦全抛。侍兒指説相思草，幾度凝睇未忍敲。

　　遙看一縷漾晴霞，仿佛青煙出内家。似向草根傳宿餤，不緣木葉起新葩。籠雲自惜花間影，淫雨還生石上華。便説清香凝燕寢，也應微汗濕銀紗。

　　螺紋斑管日盤桓，不藉忘憂與合歡。嫩縷頻搓將進酒，餘香未斷力加餐。櫻桃小側疑生暈，楊柳微颦已映丹。最是春寒沾翠袖，尚扶薄醉倚闌干。

　　袛聞沉醉倒金卮，豈識煙花別有期。乍拾瑶華歌既醉，曾貼彤管賦將離。色香不入騷人譜，冷烟偏留静女思。欲續閒情無好句，只云在口願爲脂。

　　心字香寒篆影開，剪將餘燼點輕煤。爲貪朝爽分花露，似動微

陽起荻灰。巧盼不妨銀海眩，斜凭却愛玉山頹。阿婆未解逢時態，
疑撅真妃紫篆來。

尋常燈火滿天街，纔著朱唇便自佳。小歈未須欹玉枕，微顫渾
欲溜珠釵。金爐篆冷飄芸屑，錦幕灰寒落豆藒。似醉如醒成底事，
清狂不礙太常齋。

深閨只解惜芳菲，忽漫輕塵點素衣。獨坐靜看雲淰淰，相吹遙
擬息微微。紅酣好共梨花夢，碧散還同柳絮飛。似霧似煙空悵望，
珊珊遲步是邪非。

鈿盒金絲帶笑拈，等閒得見玉纖纖。停雲縹緲依蟬鬢，餘馥霏
微拂翠奩。丹的偏從眉嫵現，紅潮恰向鏡波添。仙姿姑射渾如舊，
肯爲人間煙火淹。

見說春閨巧笑瑳，桃花人面得微酡。噓來自合玄雲滿，嘓處還
分絳雪多。石火電光時的皪，狂花病葉亦清和。從今願作耕煙叟，
好剪雲英醉素娥。飲家以目昏爲狂花，目睡爲病葉。

似愛春風百卉熏，便餐瘴草亦清芬。珠簾半捲窗前霧，繡帳還
吹夢裏雲。不礙冰姿看綽約，也隨花氣共氤氳。前身合是司香女，
認取金螺小篆紋。

新泉活火恰相遭，小飲聊爲散鬱陶。似理洞簫閒度曲，疑翻緗
帙靜含毫。茜熏不入栴檀隊，薌澤時同翡翠幬。老我茶煙空颺鬢，
淺斟應讓党家豪。

斗帳春回勝飲醇，却從爛熳見天真。遙看郁郁紛紛氣，現取騰
騰兀兀身。香爐傳時珠有艷，沉灰落處轊生塵。由來國色貪新調，
故遣櫻唇學野人。

柔絲珍重紫蘿囊，漫說丹經與禁方。鋮管喜删脂粉氣，刀圭似
貯杜蘅香。銀簧初炙溫生座，金鼎重調色滿堂。帶得微酣空拭面，
姤他湯粉試何郎。

（〔清〕李來泰：《蓮龕集》卷四，《清代詩文集彙編》第122冊，第74—76頁）

題《小青禮大士圖》

劉正誼

一捻纖腰起復傾，私將心事訴分明。身同楊柳偏宜曲，恨與山峰共不平。誰慣將人造薄命，難逢當世有多情。慈雲肯爲凡間便，許得青蓮並蒂生。青詩云："願將一滴楊枝水，灑作人間並蒂蓮。"

（〔清〕劉正誼：《宛委山人詩集》卷五，《清代詩文集彙編》第224冊，第626頁）

題畫·小青畫其聽雨詩意。

高其倬

獨撐陳編夜向深，隔窗雨共淚涔涔。好教留取酸辛語，觸撥人間父母心。

（〔清〕高其倬：《味和堂詩集》卷六，《清代詩文集彙編》第237冊，第265頁）

和小青《天仙子》

劉　璋

第六回……即和小青《天仙子》一詞云：

青青冢草單于塞，今生不遇前生債。癡心不但小青娘，鳥飛疾，鷹擒快。英雄多少年浮界。　千古風情非一派，章臺柳色難相概。我雖憐影影憐誰？名尚在，魂尚在，孤山豈但埋裙帶。

（〔清〕煙霞散人編次，魏武揮鞭點校：《鳳凰池》，北京：中國經濟出版社，2011年，第69—70頁）

石渠寶笈

張　照　梁詩正

明徐範書《小青傳》一冊。次等荒一。

朝鮮牋烏絲闌本款識云："天啓癸亥春仲旬有九日書於陳氏別業清河内史徐範。册計十六幅。"

（〔清〕張照、梁詩正等:《石渠寶笈》,《影印文淵閣四庫全書》第 824 册,北京:北京出版社,2012 年,第 95 頁）

《蘭居吟草》"郭書禪評語"

郭書禪

是女殆小青類耶？小青得屠緯真點綴,遂使子虚烏有馨欬如生,筆墨之造人也如是。今讀此詩,又不能無感矣。

（〔清〕陳玉瑛撰,郭書禪評:《蘭居吟草》,《清代閨秀集叢刊》第 7 册,第 70 頁）

和小青韻

陳　敬

妝成無語浣輕紗,淚灑煙波爲憶家。瘦影自憐誰得似,一枝漂泊斷腸花。

何事傷心歎白頭,茂陵風月浩難收。相如才藻情無限,只賦長門淚欲流。

（〔清〕陳敬:《山舟紉蘭集》卷下,《清代閨秀集叢刊》第 8 册,第 295 頁）

《西湖漁唱》"蘇小小墓"條

許承祖

西泠古墓蹟迷離,只有相思是柳枝。等作高唐神女夢,菊香片碣小青詩。

　　菊香不知何時人，墓在孤山放鶴亭，東南人未有知者。吳江葉燮未遇時，寓此偶從亭傍見石碣一片，上刻"士女菊香之墓"六字，遂傳之。好事者諸駿男爲作墓志。茫圃尺牘《菊香小冢》，余少時嘗見之。戊辰己巳間，大修林墓，冢碣俱被拆去，今遂不可問矣。小青有《焚餘詩草》行世，前人多言僞託，絕無其人。但姚靖《增修遊覽志》已載入孤山路，顧岱《杭郡志》亦載："小青明怨女也，没後葬孤山，而詩詞亦往往見于他書，流傳人口。"支如璔《小青傳》云："名元元，家廣陵，其姓不傳，武林馮生姬也。十齡時遇老尼口授《心經》，一過輒成誦。尼曰：'是兒早慧福薄，毋令識字可三十歲活。'母難之。十六歸生，生之婦奇妬，姬曲意下之，終不可悦。性好書，向生索取不得，數從楊夫人處借觀，間賦小詞自遣。又時時好與影語，斜陽花際，煙空水清，輒臨池自照，絮絮如問答。女奴窺之，即止，但見眉痕慘然。嘗有'對影自臨春水照，卿須憐我我憐卿'之句，後鬱鬱感疾，作書貽夫人訣別，一慟而絕，年纔十八耳。"張潮《虞初新志》云"小青馮姓，其女弟紫雲歸會稽馬髦伯"，則似實有其人矣。又支《傳》外復有戔戔居士一《傳》，其言更詳。或云明季馮猶龍所作，是否亦無從考。然《杭郡志》稱孤山三墓今多弔客，要之香草美人，由來託喻有無，亦存而不論可也。

　　（〔清〕許承祖：《西湖漁唱》，光緒辛巳錢塘丁氏刊本，《武林掌故叢編》第6冊，第3471—3472頁）

讀小青記

　　　　阮　攸

　　西湖梅花盡成墟，獨弔窗前一紙書。脂粉有神憐死後，文章無命累焚餘。古今恨事天難問,風韻奇冤我自居。不知三百餘年後,天下何人哭素如?

　　(〔越南〕阮攸:《北行雜録》,河内越南漢喃研究院藏抄本)

西湖竹枝詞四首(其一)

　　　王　霖

　　小青墳頭草荒荒,秀姑墳頭烈骨香。勸郎莫上蘇小墓,阿娘原是錢塘娟。

　　(〔清〕王霖:《弇山詩鈔》卷四,《清代詩文集彙編》第245册,第68頁)

《遺真記》序

　　　廖景文

　　稗史傳小青,讀者酸鼻,莫不憐其才色若此,而薄命又若此。雖然,終亦如小青之自憐者深也。夫青惟自憐其才,憐其色,憐其薄命,而跡後人共憐其明慧而貞静更若此。是以有楊夫人之最相憐者而不相從,此青之大可憐也。近有《療妬羹》傳奇,以青改嫁。嗟乎小青,一厄於傖夫,再厄於妬婦,歿世而後,於傀儡場,復遭唐突。生而玉質摧殘,死而冰心湮没,更可憐矣。余諸生時,見此即欲釐正之。迺風塵浪跡,忽忽十餘年,今在汝易,又經五稔,官齋飯暇,與友話及,覺胸次怦怦,不後能已。輒填數齣,令家樂演成,以正《療妬羹》之誤。始見青之深可憐者,就正才色而薄命也。夫小青之有□,固不必考。小青而無其人則已,小青而果有其人,則其玉潔冰清,貞魂不朽,當與孤山一拳石共孑然於西湖風月中已。乾隆辛巳孟夏上瀚古檀氏書於平梁之愜心堂。

《遺真記》題詞

青溪廖景文古檀

桃花艷影暗生香，一幅生綃畫美人。粉本飄零誰省識，恰憑倩女爲傳神。

菱角當筵麗若雲，半生幽怨曲中論。香魂冰操均千古，合傍孤山處士墳。

邗江畢懷國花江

夢醒西泠迹已陳，閟幽惻惻爲傷神。三生無感超形感，一曲遺真敵會真。才大定遭媒母笑，情多誰免刺規瞋。河魨，一名規魚，生江北者有刺。勞君飽蘸如椽筆，苦吊千秋失意人。

練塘高景光桐却

蘭香謫下西泠路，消受塵緣苦。小桃花底葬啼痕，誰解冬青麥飯弔芳魂。　　鏤冰才子江花夢，蕭引秦樓鳳。霓裳一曲譜真真，愁煞當筵雙淚孟才人。調寄《虞美人》。

震澤馬載慎

春情不可狀，李群玉。款曲擘香牋。權德輿。贈遠聊攀柳，温庭筠。相思寄采蓮。萬齊融。眉欺楊柳葉，白居易。髩濕杏花煙。李賀。舊事參差夢，杜牧。風流合管絃。姚合。

青溪廖雲龍承符

六橋煙柳岸，空翠落西湖。玉腕埋塵土，桃花艷畫圖。《遺真》堪不朽，《療妒》底相誣。料得孤山墓，青青滿碧蕪。

不學章臺柳，心同介石堅。綠珠堪絕世，紫玉已成煙。薄命三生定，芳名一死傳。歌成清淚落，腸斷斷橋邊。

青浦胡師謙荔山

一片花飛萎綠蕪，夢中幽恨月輪孤。新妝別是春風面，應作當年第幾圖。

調鉛殺粉爲傳神，瘦影紅顏總幻因。惆悵芳魂招未得，幾面畫裏喚真真。

嘉定王鳴盛西莊

西子比西湖，淡抹濃妝入畫圖。千古傷心何處所，模糊，不那青山一點孤。　花月暗銷磨，誰把春光刻意摹。斷碣荒墳日畔，經過，倩女亭亭定有無。

青浦徐薜坡藕汀

簾外二聲杜宇，問東君、脈脈渾無據。斷送幾番風雨，爭奈命逐桃花，魂離倩女。　蘭因絮果何處，算兔毫欲腐，寫不盡、斷腸的詞句。憑著小史如花，爲我留住春光，翻將曲譜。王詞調寄《南鄉子》，徐詞調寄《芭蕉雨》。

婁村汪　烈峭崖

小閣香殘，孤山翠冷，蘚痕一徑欹斜。倩女亭亭，夕陽墳畔桃花，看他瘦影臨春水，但東流、流怨天涯。在誰家、兩頁濤箋，一幅冰紗。　憐卿好奠梨和酒，爲翻成白雪，按就紅牙。傳與歌人，姍姍來者非耶？還教寫出昭陽貌，盼新妝、第一無差。漫吁嗟、畫苑騷壇，恨補皇娲。調寄《高陽臺》。

婁村汪　杰江峰

美人命薄秋蟬翼，仙令情多春繭絲。一曲《遺真》腸斷處，池邊顧影獨吟時。

山陰孫大濩雨田

香消玉冷百餘春，誰向孤山弔美人。惟有青溪老名士，紅情如海記《遺真》。

曾訪貞魂過碧湖，裙腰空繡綠蘼蕪。緣慳不識春風面，金粉新詞即畫圖。

冰心印徹老逋梅，地老天荒句壯哉。翻笑賞音楊氏女，嫚辭唐突比章臺。

胸中磊塊苦難澆，歌罷真如癢得搔。絕代佳人新樂府，普天才子小離騷。

粉本飄零何處存，百年艷影屬梨園。酒痕紅到櫻桃靨，真現亭亭倩女魂。

縱教並蒂灑楊枝，猶怕生當妒婦溪。何似琉璃寶地好，盡填情海證菩提。

　　婁村汪　熙笠夫

湖上春初歇，桃花隱墓門。孤山一片土，千古共銷魂。譜入鶯聲細，歌殘燭影昏。第三圖不見，鴻爪賸纖痕。

　　華亭馬元澂宛山

粉賤翠管記《遺真》，瘦影傳來淡有神。為憶歌筵看妙舞，夜闌愁殺倚樓人。

素女芳魂巧樣妝，生綃一幅粉痕香。何當再倩江郎筆，添箇盈盈小六娘。

　　福安陳奎元榆台

明鐺翠羽女中仙，謫下紅塵十八年。西子縱教里醜妒，羅敷寧受使君憐。修蛾脉脉顰秋水，香髻姍姍貼寶鈿。始悟奠梨人未死，《遺真》妙曲正當筵。

重調丹粉寫瓊姿，可是當年畫譜遺。一片夕陽花外影，幾篇殘稿病中詩。蘭因絮果幽懷結，地老天荒雅操垂。《療妒》而今經顧誤，離魂倩女亦神怡。

　　青溪廖雲魁斗齋

西風吹折夢中花，薄命崔徽早自嗟。解透蘭因與絮果，芳心一點玉無瑕。

明妝欹坐病逾妍，十八年華了宿緣。踏著罡風歸玉殿，霞衣還惹御爐煙。

夕陽倩女影亭亭，是處遊人弔小青。直得西湖身一死，白花飛蝶有餘馨。

　　侯官薛元春位中

無端雲雨繞晴空，摘艷薰香有化工。如洒楊枝瓶上水，湖山花柳盡春風。

對影空憐現在身，當時焚草又焚真。那知埋玉藏香後，三百餘年有解人。

孤山何處是芳魂，梨酒無因奠墓門。一片清心終不滓，暗香應在月黃昏。

分明剪取吳淞水，寫出亭亭倩女神。何事此情人不解，畫中人是意中人。

　　松江唐　景蕉村

秋浦斜陽短柳，孤山細雨荒墳。無限斷腸詩句，依然流水行雲。

湖上平添佳話，詞中苦弔香魂。記取歌珠一串，桃花艷影猶存。乙卯冬，曾留合署觀劇。

　　仁和費　辰榆村

埋玉藏香湖水清，蘭因絮果證前盟。汝陽仙令情如海，倩女亭亭爲寫生。

西泠橋下短碑存，曾采青□薦墓門。今日春風重面首，暗香疎影與招魂。庚午秋，同人奠小青墓，碑識巋然，今不知所去。

一曲當筵乏賞音，周郎顧誤到於今。傳神賴有江毫健，浣出千秋冰雪心。

　　華亭姚　碧天璞

美人香草地，愁思落西湖。命逐桃花薄，墳依處士孤。遺真誰省識,顧曲已模糊。憑仗多情史,傳神入畫圖。

　　吳江費建勳東嘉

　　西子西湖舊得名,孤山片土更含情。冰心羞泛鴟夷棹,恰比湖波到底清。

　　畫圖幾易態輕盈,十八年來幽恨縈。梨酒一杯澆奠處,曉風殘月尚聞聲。

　　蒲團一夢萬緣空,法界慈雲咫尺通。太息章臺柳千樹,楊枝洒遍倚春風。

　　墨洒吳箋絃管新,零香剩粉足傷神。當筵一曲貞心見,漫把《遺真》比《會真》。

　　長白張寶林

　　何處天涯可寄愁,孤墳斜照六橋秋。清貞千古誰堪並,金谷佳人墜玉樓。

　　新詩結得後生緣,剩粉零香太可憐。讀罷《遺真》新樂府,淚花紅染薛濤箋。

　　一讀新詞一愴神,披圖無術喚真真。阿儂亦有多情癖,不獨先生是解人。

　　元和顧元揆端卿

　　人間才美難雙並,得一已傷妾薄命。何況美人更有才,那容得地長歡慶。竹西仙子最堪憐,謫向西泠得幾年。孔雀金花愁被觸,鴛鴦繡襆擁孤眠。孤眠豈為多情惱,惜此容華眾中少。風吹蘭蕙爐猶香,水照芙蓉影亦好。影滅香銷春夢醒,孤山片石葬娉婷。感懷詩在應腸斷,得意人聞也涕零。涕零好借宮商按,忍把貞姬風節換。百年幽恨待知音,一曲《遺真》寫生面。寫恨翻成樂意新,舵樓一語壽千春。君看垂柳章臺下,才色真為薄命人。

武林何法上遜之

浙山明媚黛眉痕,湖水清泠雅操存。三百餘年知己淚,《遺真》一曲弔芳魂。

風月依然事已非,披圖誰更識芳徽。釣遊每憶西泠路,愁見桃花片片飛。

處士芳鄰墓草留,林處士山莊中有放鶴亭,小青墓在山阜。當年粉黛一齊休。遊春堤上人偏鬧,指點孤山片石秋。

美人環珮靚妝樓,韻事傳來幾度秋。尋到斷橋空綠浦,湖分內外,中亙西泠、斷橋、壓綠、跨虹、慶春、秋浦諸橋,訪青墓者須過橋進浦。清暉掩映碧波流。

百幅濤箋墨瀋浮,《焚餘》無復見風流。花鈿巧襯殘詩稿,傳與西泠作話頭。

湖內芙蕖湖外紅,內湖多藕花,外湖惟澄波浩渺而已。娉婷形影畫圖中。幽魂應化楊枝水,夢覺蓮臺一夜風。

南北峰高土一坏,香消玉隕盡成灰。曾聞芳樹多才色,殘碣何人憑弔來。芳樹與小青同爲鍾生之妾。

挑燈閒誦轉添愁,雙淚盈盈日夜流。癡絕佳人同不朽,牡丹亭畔斷橋頭。

古粵西湖我舊遊,在惠州府西關外。朝雲墓在碧峰頭。小青又續風流債,兩地清標共不休。

鬱鬱荒阡長碧蕪,芳名長自占西湖。崇坊若表佳人節,前有青孃後秀姑。秀姑葬岳墳後,土人稱烈女墳。

《遺真記》題詞次韻

海鹽富　灝觀瀾

落盡桃花春復春,踏春誰弔意中人。青溪名士風流甚,詩寫芳心畫寫神。

翻覆人情薄若雲,河東獅吼總休論。管絃傳出《遺真記》,好並殘碑立古墳。

集《桃花影》填詞五截句

海鹽許　煌庭輝

蹴地長條葉葉愁,東風吹絮上簾鈎。紅樓不盼韓郎馬,燈下孤吟掩翠幬。

南樓楚雨暗三更,春水西湖一夜生。挑盡寒燈雞未唱,滿懷幽恨夢難成。

冷雨幽窗人斷腸,梅花消歇嶺頭香。闌干淚濕芙蓉帳,夢入傷心杜麗娘。

可奈與花同命薄,淒涼詞句苦難聽。落紅如夢東風驟,豈獨傷心是小青。

春風省識佳人影,紅顏標出憑毛穎。瘦比梅花冷似水,芳名應占孤山嶺。

鷺門官齋題《桃花影》填詞後

廖古檀

《遺真》一曲譜真真,舊事傳來墨暈新。物換星移家樂散,十年春恨細如塵。

鶴放孤山舉手招,綠迷秋浦水迢迢。何時重訪貞姬墓,紅帽青衫過六橋。

乙未九秋訪小青墓<small>時偕舊友姚天璞、姜甥敬銘暨山右白少君。</small>

同　上

葉葉丹楓分外鮮，香魂一縷美人天。如何青塚無人問，舊約蹉跎又十年。

別業難尋高士湖，尚留片石壓蘼蕪。桃花艷影分明見，不似巫山事有無。<small>武林詩友費榆村云：“數年前見‘小青之墓’四字石碣。”</small>

西泠橋罨青蕪路，可憐玉腕埋塵土。有心人覓轉無踪，遠山一角斜陽暮。<small>天璞友人張某曾訪得其墓，惜張君物故，不可復識。</small>

抔土曾依處士梅，探梅訪墓重低佪。一時魚鳥都相識，紅帽青衫今又來。

蘇小風流石碣新，<small>墓在西泠橋左，徐補桐方伯近爲修葺。</small>憐才一片意何真。斷橋還仗生花筆，特爲貞姬表墓人。

次韻題《桃花影》填詞

婁村陳　憬雲端

西泠佳話事全真，拂袖珠璣字字新。小部音聲裝點出，春愁牽惹隔花塵。<small>前聞歌童王佳卿，能摹小青情態，故云。</small>

一片香魂夢裏招，玉京仙子路迢迢。裴航漫索瓊漿飲，不是藍橋是斷橋。

次韻訪小青墓

長白張　泓花農

十里琉璃荇藻鮮，西風疎柳斷腸天。可憐艷骨渾無主，霧鬢雲鬟想昔年。

如黛山容統聖湖，古來陳跡半荒蕪。埋香幸傍孤山勝，曾見林逋蘇小無。

西泠橋外淒涼路,美人高士同黃土。滿山紅葉夕陽明,芳魂休認桃花暮。

傍水依山百樹梅,水邊梅畔重徘徊。一坏渺渺迷芳草,多謝詩人訪覓來。

幽思柔腸百載新,空山何處喚真真。貞魂應效銜環報,我見猶憐有幾人。

次題《桃花影》填詞後韻

海鹽陸以誠和仲

紅牙按拍記《遺真》,黃絹題來別樣新。唱道夢兒亭畔路,夕陽一片淨無塵。

渺渺香魂妙手招,松嵐秀處暮雲迢。空中色相誰尋得,記取西陵第一橋。

次韻訪小青墓韻

同　上

草綠裙腰一帶鮮,尋芳恰近送春天。生香活色依然在,識字寧惟三十年。

閒訪高踪過望湖,斜陽細柳映平蕪。飄殘紅雨何人問,果作劉安雞犬無。

芳魂夢斷孤山路,是耶非耶一抔土。段家橋畔立移時,弱絮風中春欲暮。

話到酸心却似梅,荷絲蓮性轉徘徊。遙憐風雨孤燈夜,淚灑羅衣誰復來。

樓開教妓景還新,底事當年氣獨真。未了夙緣難再辱,漫云蘇小意中人。

和題《桃花影》訪小青墓

海鹽黃運亨夢腴

桃花艷影尚分明，一曲風流千古情。唱徹鶯門聲欲斷，春風吹遍會稽城。徐方伯在杭已令名優唱演。

斜陽斷碣記前曾，見原詩第二首註。爲訪佳人覓舊朋。秋草依依人已去，見其三小註。不知何處照魚鐙。

次韻訪小青墓

海鹽何配金儒珍

雨過秋山濕翠鮮，爲尋香塚向湖天。傷心紫玉成煙後，零落荒邱不計年。

鏡水空濛西子湖，新愁難剪似春蕪。不知黃葉西風裏，仍有高人訪得無。

輕煙漠漠西泠路，風流絕世埋黃土。蛩吟疎柳更無人，夕陽一片青山暮。

占斷清芬嶺上梅，幾經墓下思徘徊。天涯尚有憐才客，可許追陪再去來。

弔古淋漓翰墨新，銀燈官閣記《遺真》。憐他一種如花女，綰結千絲錯贈人。

次題《桃花影》填詞韻

海鹽張世基畬堂

樂府才人妙寫真，墨痕猶帶淚痕新。却將意怨情貞處，譜得風流絕點塵。

亭亭倩女向誰招，欲訪仙踪路鬱迢。慚愧當年蘇小小，香魂猶傍六條橋。

次訪小青墓韻

同　上

綽約桃花泣雨鮮，緘愁何必問青天。天公要斷銷魂種，情字分開十八年。

瘞玉埋香記此湖，只今青草漫平蕪。桃花曾譜纖纖影，肯試春風一笑無。

踏青誰訪西泠路，一抔何處澆墳土。青衫紅帽謫仙人，歸去南屏鐘欲暮。

孤山曾認墓門梅，欲訪仙姬首重回。莫道先生情不甚，十年舊約幾面來。

譜入歌筵事更新，亭亭素女認還真。風流第一傳神筆，冰雪文描冰雪人。

次韻題《桃花影》填詞後

海鹽陳石麟寶摩

偶將白雪譜《遺真》，宛轉歌喉一曲新。記取桃花分艷影，不教遺恨墮紅塵。

惆悵芳魂那可招，西泠煙水碧迢迢。斷腸只有江南句，贏得風流滿六橋。徐補桐方伯近命梨園演唱，杭人艷傳之。

次韻訪小青墓

同　上

雨洗秋湖着意鮮，短筇閒步菊花天。美人香草知何處？檀板清樽憶往年。

愁比盈盈西子湖，空山曾記採蘼蕪。最憐並蒂情如許，化作楊枝一滴無。

短碑零落西泠路,埋香瘞玉空黃土。夕陽一片杳難尋,桃花影失孤山暮。

隱隱孤山千樹梅,暗香疎影足徘徊。遥吟別有關情處,不爲羅浮入夢來。

詞成幼婦意翻新,每自憐才爲寫真。行過六橋重回首,青衫紅帽有情人。

次題《桃花影》填詞韻後

海鹽朱芳選海伽

好事何須記《會真》,桃花艷曲一番新。戲弄紅處風光好,扇影歌喉總絶塵。

試把芳魂曲裏招,孤山一抹路迢迢。底須重問吹簫譜,明月揚州廿四橋。

次訪小青墓韻

同　上

綺羅香盡淚痕鮮,薄命當年欲問天。一滴楊枝空有願,墓門芳草自年年。

精舍三間西子湖,上山何處採蘼蕪。蘭因絮果三生定,好向蒲團課有無。

秋風秋雨錢唐路,美人零落終黃土。花殘月缺百餘年,山水朝朝復暮暮。

嶺上誰栽幾樹梅,暗香疎影重徘徊。何時明月孤山夜,環珮珊珊林下來。

梨花帶雨一枝新,寂莫芳容自寫真。舊是六朝金粉地,可憐空谷有佳人。

次題《桃花影》填詞後韻

海鹽董　彬通齋

譜出桃花艷影真,深情宛轉管絃新。朱門寂寂濃煙鎖,只恨重來已後塵。

香魂試托楚詞招,一望西湖山水迢。幾曲清歌寫舊恨,芳踪不是記藍橋。

次訪小青墓韻

同　上

武林遺跡最新鮮,劇愛秋來氣爽天。閒步荒郊景淒絶,不知何處弔芳年?

孤墳一簇對平湖,玉腕朱顔委綠蕪。曠代淒涼深欲絶,也知此事豈虛無。

遊來已失桃源路,墳畔尚餘三尺土。仿佛貞娘鏡裏容,傷心不覺斜陽暮。

記得窗前夢落梅,紅顔猶令我徘徊。回看荒塚依然在,明月清風幾度來。

韶華過眼一番新,色相天然總是真。憑弔古今無限恨,還因秋色惜芳人。

次韻題《桃花影》填詞後韻

海鹽蔣佩蘭香谷

清樽檀板譜《遺真》,舊事重翻別樣新。料得鸎門聲伎好,歌喉一串繞梁塵。

太息吟魂何處招,西泠極目水迢迢。春風人面無消息,一片斜陽過斷橋。

次韻小青墓韻

同　上

斷碣荒涼翠墨鮮，離懷常恨九秋天。蘭心不逐風中絮，辜負花期二十年。

明鏡妝臺映碧湖，殘膏冷翠長平蕪。朱門風景重來好，人似桃花影有無。

垂楊垂柳湖隄路，生憐玉樹埋黃土。我行步出武陵門，四山多風天欲暮。

玉笛吹殘正落梅，幽窗冷雨自徘徊。挑鐙無限傷心意，瓊蕊優曇不再來。

情詞宛轉好詩新，七字初裁見性真。經卷藥爐風味足，等閒未識党家人。

次題《桃花影》填詞後韻

海鹽曹　筠竹均

桃花爛熳見天真，艷影重翻巧樣新。譜出西湖真色相，臨波羅襪也生塵。

魂夢何須屈子招，武陵溪畔水迢迢。金樽檀板新詞好，人在錢唐第幾橋。

次訪小青墓韻

同　上

樹樹冬青着雨鮮，吟懷根觸望湖天。白公堤外春光早，紅雨飄殘又一年。

不學西施泛五湖，孤山小築剩荒蕪。蓮花爭說同心好，曾見慈雲大士無。

秋風獵騎西陵路，萬疊晴嵐三尺土。湖光山色任容與，芳草美人悲遲暮。

清淺微波一桁梅，憐香顧影自徘徊。多情不是章臺柳，肯盼韓郎走馬來。

萋萋芳艸墓門新，石碣標題姓氏真。<small>徐方伯擬訪其墓建碑。</small>怪殺湖隄騎馬客，艷稱蘇小是佳人。

次韻題《梅花影》填詞

<small>青浦徐　恕補桐</small>

誰將粉本寫《遺真》，頭白才人樂府新。一曲歌殘紅雨歇，夢回花影已生塵。<small>余在杭州時，曾命梨園演唱，膾炙一時，競傳勝事。</small>

淒迷白石倩雲招，吟到湖西碧水迢。欲訪香魂何處是，荒苔春鎖段家橋。

次韻訪小青墓

<small>同　上</small>

花雨酥釀隔水鮮，美人芳艸夕陽天。一坏欲訪孤山徑，空憶春風燕子年。

仿佛魂歸傍後湖，墓門青塚半春蕪。夜來化作人間夢，夢到桃花影裏無。

六橋細雨西泠路，溪煙憔悴迷陳土。楊枝一滴水涓涓，石上雲歸山雨暮。

月榭蕭疎處士梅，梅孤月冷枉低徊。雨絲風片多零落，塚上何人酹酒來。

十載湖西夢雨新，空花幻影鏡中真。山青水碧斜陽岸，曾記當年訪翠人。

次韻題《桃花影》填詞

大興吳興宗超亭

人到傷心事怕真，那堪舊恨又翻新。啼春一樣臨風淚，濕却青衫便洗塵。

香魂沉寂斷難招，斜倚秋山盼路迢。幾處空寒驚落葉，凄迷煙雨度江橋。

次韻訪小青墓

同　上

愁眉一掃黛痕鮮，剩得閒情感暮天。懊惱春游蕭索甚，凄凉錦瑟問華年。

濃妝淡抹笑西湖，紫陌香銷草半蕪。老我紅顏驚退盡，憐才君也斷腸無。

晴雲三竺慈雲路，破涕焚香憐净土。當年何不便皈依，尚倚紅樓怨朝暮。

一派清香幾樹梅，香銷花落客低徊。嬌癡半被情緣誤，莫遣多情寫怨來。

綠波紅雨白隄新，霧眼朦朧認未真。燕語鶯啼聽乍顫，踏歌按板更何人。

次韻題《桃花影》填詞

海鹽賀念祖曉江

風流絕世寄情真，法曲翻來字字新。記得慈雲生靈韡，紫金蓮掌拂紅塵。

芳艸香魂何處招，亭亭倩女路迢迢。春潮自擁相思海，紅豆花開憶斷橋。丁亥春，偕章桐門過西泠，見坏土指云：“此小青墓也。”

次韻訪小青墓

海鹽王　瑨翰如

西湖雨過水澄鮮，惆悵芳魂倚暮天。嶺上梅花今尚在，黃昏青塚自年年。

油壁青驄繞聖湖，斷橋殘碣半春蕪。銷魂此日孤山路，曾聽《遺真》法曲無。武林名優演唱，今更傳遍江東。

殘花野榭西泠路，絕代佳人瘞坏土。夕陽黃葉萬山寒，一樹棠梨秋色暮。

一點冰心寄嶺梅，新詞譜就重低徊。十年舊約江南夢，特為憐才著屐來。

湖山面面翠巒新，湖水盈盈似寫真。芳艸天涯秋又晚，攜筇訪墓更何人。

次韻題《桃花影》填詞

海鹽富志江敏三

心同介石守何真，妙手傳來面目新。如此佳人如此曲，畫梁聲裏定飛塵。

佳句曾傳大小招，更聽新曲恨迢迢。遙知訪墓扶筇日，苦雨淒風過六橋。

次韻訪小青墓

同　上

策馬湖堤碧艸鮮，殘碑斷碣夕陽天。但勞傳出佳人節，何必尋芳悵隔年。

跡並逋翁寄此湖，當年幾度踏青蕪。春風披拂桃花面，可與梅花對影無。

零膏冷翠西湖路,誰將梨酒澆黃土。吟鞭遙指數峰青,一聲杜宇蒼煙暮。

遠笛哀秋聽落梅,松風蕉雨幾徘徊。而今惟有孤山月,猶向孤墳照影來。

一曲《離騷》絃管新,青衫淚濕記《遺真》。當場賴有傳神筆,底用鮫紗畫美人。

次韻題《桃花影》填詞

青浦胡師謙荔山

幾番圖畫會傳真,曲播旗亭調越新。曾記梨花春月夜,東風香惹襪羅塵。徐方伯在杭曾令慶玉名班唱演。

夢裏芳魂倩鶴招,三更風雨碧迢迢。桃花影落知何處,山外青山橋外橋。

次韻訪小青墓

同　上

香徑青青艸色鮮,招魂欲向大羅天。由來孽海多魔劫,枉墮紅塵十八年。

黛是春山鏡是湖,妝臺還認綠蘼蕪。只是情字分開後,人面桃花半有無。

零香膩粉殘花路,煙雨忽迷一坏土。幸傍孤山處士墳,載酒月明春未暮。

幾向西泠探早梅,美人香草費徘徊。東風吹落楊枝水,玉珮疑隨山雨來。

風簫雲管曲翻新,泡影空花幻亦真。梨水一杯爭欲酹,六橋愁煞踏青人。

次韻題《桃花影》填詞

錢塘戴　鎬雕客

人間何處喚真真，賴有仙郎綵筆新。攝取斷魂來紙上，香綦寶秣憶前塵。

拾翠尋芳賦《大招》，春湖流恨碧迢迢。古杭金粉飄零盡，<small>向有《古杭金粉》之輯，尚未脫藁。</small>終古青山繞六橋。

次韻訪小青墓

同　上

湖山滴翠水澄鮮，中有佳人長恨天。一自妝樓春閉後，梨花寒食自年年。

濃綠西泠入裏湖，誰憐青塚沒寒蕪。蘭因絮果三生外，霑得楊枝一滴無。

賈亭側畔孤山路，艷骨已成山下土。貞魂不逐落花飛，翠袖亭亭芳艸暮。

冷蕊疎香幾樹梅，墓門殘月自低徊。黑罡風裏翻身快，曾否清涼界上來。

剩有香奩句字新，珮環無復畫中真。由來缺陷誠難補，何限人間失意人。

次韻題《桃花影》填詞

松江吳嘉澄劍圍

憑將彩筆寫《遺真》，白雪歌成絃管新。一點貞心照千古，只今湖水碧無塵。

幾度追陪勝侶招，韶光三載去迢迢。<small>乙未歲，曾訪青墓不可得。</small>高吟未愜幽尋意，煙雨重重夢六橋。

次韻訪小青墓

同　上

一抹青蛾雨後鮮，輕舠如織水如天。貞姬墓下長酸鼻，冷我吟情又幾年。

渺渺香魂傍聖湖，寒鴉落葉滿平蕪。憐才情更深於水，肯聽姬名涉有無。

垂楊幾折西泠路，過客心傷三尺土。山空人遠雁聲高，殘照西風秋向暮。

一片心神淡似梅，段家橋外首低徊。何時攜奠蘭陵酒，重向孤墳洒淚來。

影入桃花樂府新，玲瓏歌板爲傳真。謂王佳卿。生香更有徐陵筆，近日，補桐方伯次訪小青墓句甚佳。苦弔湖山薄命人。

次韻題《桃花影》填詞

大興吳興仁靜巖

桃花小樣寫《遺真》，一曲金徽別後新。殘恨鷺門星夜散，何人覓得繞梁塵。

孤山女伴好重招，蘇小墳前暮影迢。幾處題詞青草路，含情貪過第三橋。

次韻訪小青墓

同　上

艸色湖光一樣鮮，春來踏破暮雲天。傷心半屬多情字，問謫人間有幾年。

白楊小瘞記臨湖，古塚迷人長綠蕪。自是仙源塵不到，休將情影認虛無。

荒村月落青無路,千古情人一坏土。不須重怨鏡中形,去時有跡來何暮。

依約貪看橋畔梅,無心折得重徘徊。鍾情不道花間蝶,已解尋香撲面來。

湖中風月曲中新,長遣鮫綃爲寫真。知己自來情裏盡,雲峰飂渺誤詞人。

次韻題《桃花影》填詞

海鹽富　灝觀瀾

殘篋劫火記難真,誰譜桃花一瓣新。添個雪兒拋鐵版,紅顔隱約出紅塵。

風流雲散欲何招,夢繞孤山路未迢。唱到淒涼詞句苦,銷魂應斷六條橋。

次韻訪小青墓

同　上

照影空嗟春水鮮,一生情事豈尤天。慈悲錯認同心願,債負風流十八年。

別室孤山路傍湖,幽窗冷雨長青蕪。相思泪滴楊枝水,一派盈盈淡欲無。

西陵仿佛廣陵路,皈依净體埋塵土。桃花影裏弔芳魂,斜陽一帶前山暮。

曾憶生平性似梅,魂依花影共低徊。幽貞一片傳今古,問爾何人姹得來。

眼底浮雲舊間新,零膏冷翠寄情真。宮黄和罷陽春曲,腸斷千秋傾國人。

再次韻題《桃花影》填詞

海鹽富　灝觀瀾

誰寫廬山面目真，譜成花樣一番新。雲間自古多才士，畢竟高懷迥出塵。

玉腕珠顏杳莫招，行吟惆悵望湖迢。若教天上問新曲，痛絶銀河斷鵲橋。

再次韻訪小青墓

同　上

憶昔容光藻耀鮮，香魂憑弔暮春天。回思福薄傷心處，幸不餘生三十年。

一坏青塚向西湖，雲壓溪頭路滿蕪。剩有寒梅三百本，花心猶變杜鵑無。

紅顏已去孤山路，依稀蘇小墳前土。閑來覓句寄芳魂，桃花影落春將暮。

山下依然百本梅，離魂愁鎖路盤徊。踏春誰是知音者，合有多情才子來。

腸斷春衫血淚新，端居別室寫天真。生來薄命休言苦，地老天荒不死人。

《遺真記》附詩話

紅顏薄命，至小青極矣。《列朝詩集》云："小青本無其人。"後見崇禎甲申空谷玉人題《小青傳》云："點次一二逸事，淒然可感，初疑爲子虛無是之流，及友人自武林歸，知出朱小玉手。小玉館卓左車。左車，某生戚也。生名開平，乃鍾中丞化民之後。某夫人則舒公俊民婦耳。所稱生性嘈唆，憨跳不韻，名不虛得。妬婦錢氏，閥閱女也。頗工詩，尚有姬芳樹，才色俱不亞青。造物何厚于儈父，使坐擁姝麗。”若此等語指證確鑿，足破千古疑團。又一則云：“姬好爲影語，此第一奇情。汨羅問天青而呼月，略得此意。”予曾爲之賦曰：“不須更覓傳神手，只此情深是畫圖。”蓋姬既秉性貞潔，而所處之境未免無聊。予《遺真記》傳奇有“地老天荒此身無變更”句，殆足爲青吐氣矣。邗江同年畢花江懷國題《遺真記》後曰：“勞君飽蘸如椽筆，苦弔千秋失意人。”夫爲失意人表揚此，予作《遺真記》本意也。《古檀詩話》。

娟娟楚楚，如秋海棠花，小青第二圖也。馮猶龍得之，不知流落何所。余在平梁，王佳卿演《遺真》新劇，形態逼真。命畫師即佳卿繪小青像，題以詩曰“桃花艷影暗生香，一幅鮫綃畫美人。粉本飄零誰省識，恰憑倩女爲傳神”，紀其實也。歸里後，佳卿暨諸伶陸續散去，感賦云：《遺真》一曲譜真真，舊事傳來墨暈新。物換星移家樂散，十年春恨細如塵。”“鶴放孤山舉手招，綠迷秋浦水迢迢。何時重訪貞姬墓，紅帽青衫過六橋。”辛卯夏，攜圖到鷺門，遇墨稼陳文學長源精繪事，別畫一圖，態益流動而娟娟楚楚如生矣。《古檀詩話》。

幼時讀小青詩及《致某夫人啓》，不覺淚下。以青之才之貌之情，寧汨于荒煙野草？惜逸事難稽，聊以一情字解之。癸巳寓齋，獲覽廖明府《遺真記》後序，原原委委，乃知貞心諒節，必有解人，天亦不忍聽其泯泯也。披圖欷想，繫以詩云：“誤落人間十八年，應知幻夢似遊仙。蘭因絮果超輪劫，流播吟壇共灑然。”《墨稼叢談》。

“飄零法曲人間遍”，蓋尤悔庵以樂府擅塲也。我兄古檀亦工樂府，生平所作有《周郎顧》《羅浮夢》《玉馬墜》《小青遺真記》《李薝裂笛記》諸傳奇。王光禄贈詩云：“攜得玉壺千日酒，雙鬟低唱小梅花。”《羨行偶筆》。

筆墨遊戲,往事多誣。曩作《小青遺真記》牽引菊香作婢,未免唐突。《湖壖雜志》有問菊香何人者,陸次雲曰:“客不聞乎,菊香是矣。”此模稜之見也。《楓江本事詩》載:“余于己卯五日泛舟西子湖,尋菊香墓,見碑上刺‘本司婢女菊香之墓’字,賦《漁家傲》一闋云:‘艾虎釵符懸百結,蘭橈重泛菖蒲節。影漾湖心清又徹,無休歇,子規枝上聲聲血。　瘞玉埋香魂斷絶,銀濤江上空鳴咽。莫把靈均閒話説,春纖捏,半彎邐迤沈香屑。’”又曰:“菊香墓在孤山四賢祠,左碑上字隱隱可辨‘夕煙春草凄艷’,移入毛馳黃屬。”王西樵士祿賦詩自題二十字云:“昨過西陵路,蒼茫弔夕曛。餘魂銷未盡,重賦菊香墳。”觀縷識之,庶憑弔者知所着筆也。《古檀詩話》。

“美人只受一人憐”,臨湖季孟蓮作也。詩出,當時傳誦之。予謂上句警而未醇,對句婉而可味,古來賢媛豈有不從一終者?石崇之被收也,綠珠請先死以報寵遇,宋子虛詩云:“紅粉捐軀爲主家,珍珠一斛委泥沙。年來金谷園中燕,銜取香泥葬落花。”又小青云:“盈盈金谷女班頭,一曲驪歌衆伎收。值得樓前身一死,季倫原是解風流。”綠珠可無憾於九泉矣。《古檀詩話》。

綠珠以死報知己,千古快事,宜小青羨之。雖然,豈獨小青?閩中女子邵霏霏遇亂爲人小婦,至京,遭妬妻抑配閹奴,作絶句三十平韻而死。有云:“白雲縹緲望中迷,獨倚蓬窗對面啼。萬里北堂知也未,碧梧不是鳳凰樓。挑燈含淚寫紅牋,萬里緘封報可憐。爲問生身親父母,賣兒還剩幾多錢。蜀魄啼聲不忍聽,斷腸最是雨淋鈴。紅顏千古同悽惻,我又臨風慟小青。”自敘云:“江城吹笛空嗟,紅豆相思流水。揮絃痛哭白頭,奚托凄其欲絶。”不啻一聲《河滿子》也。《古檀詩話》。

南海黃同石璞有《風流債》填詞。據《紫雲歌小序》云“馮紫雲爲小青女弟,歸馬髦伯",因指爲馮姓。又以馮生與姬同姓,拆爲馬冰。姤婦死,偕老。予爲作題辭,寫償字云:"竟欲代卿償恨,追還負義之逋;若更爲天市清,焚盡斷腸之券。"然姓既未確,情節又費斡旋,不若《遺真》撒手生天,爲佳人尋得一塊乾净去處也。題句云:"情死情生兩不差,生綃長倚玉無瑕。何緣解釋春風恨,重向情根放筆花。癡學爲尸信有無,當前粉本搨模糊。佳卿也是溫柔種,傳得人間第四圖。"《竹屏涉筆》。

　　人心不一也,愛才則一。憐小青者,前有《療妬羹》,後有《桃花影》矣。顧青溪有陸明經祖彭曾作數劇,其詞失傳,今吳外翰竹屏函又述黃君有《風流債》之著,同一愛才心也。外翰來札云:"既賞一通佳詞,復陪了好些眼淚。"又王辟塵伯維題云:"桃花片片落殘紅,憑弔貞魂點綴工。展卷不堪深夜看,恐添清淚入圖中。"則又毛聲山所謂"憤處悲處,未嘗不可不下酒云"。《峭厓雜錄》。

　　愛才而樂與考究,所謂代古人擔憂也。新安張山來潮題《小青傳》後曰:"小青事,或謂原無其人,合'小青'二字乃'情'字耳。及讀吳□□《紫雲歌》其小序云'馮紫雲爲維揚小青女弟,歸會稽馬髦伯',則又似實有其人矣。"即此傳亦不知誰氏手筆。吾友殷日戒仿佛憶爲支小白作,未知是否,姑闕疑焉,殆未定之詞也。今觀空谷玉人序,瞭然矣。《古檀詩話》。

　　志乘考據須確,予近閱《西湖志》有支如增《小青傳》一篇,首句即曰:"小青,馮生姬。"其後較《情史》本小異,且截去虛字甚多,更無味。謹按一段云:小青事多言僞託,但姚靖《增修遊覽志》載入孤山路,《焚餘》詩詞又流傳人口。張潮作《虞初新志》云"小青馮姓,其女弟紫雲歸馬髦伯,據此似實有其人"等語。獨不思張潮係批非志,亦並未確指爲馮姓也。又云:"支《傳》外復有戔戔居士一《傳》,其言更詳。"或云明季馮猶龍作,是否亦無可考。夫《情史》

具在，竟未一查，豈非夢夢。《古檀詩話》。

西湖不涸，名蹟長留。長洲汪鈍翁尊人元御膺，號玉淙居士，天啓丁卯孝廉，嘗泛舟西湖，戲訪小青舊居，賦二絕云："回波借影指痕鮮，倩女游魂未可傳。最是東風能寫照，西泠流水斷橋煙。""濕雲如髻水如鬟，處士東鄰借玉顏。千樹梅花愁不墮，小青只合嫁孤山。"香魂有靈，應感千載下有知音也。《古檀詩話》。

薰香摘艷，莫如百美圖詩。梁殿撰瑤峰，曾爲余寫一通書與詩雙絕也。長洲葛肇武馭復集百美，人賦一絕，中有小青句云："長橋月到短橋圓，湖上春光罨畫船。今日西陵踏青去，誰將杯酒酹玄玄？"《古檀詩話》。

"何處結同心？西陵松柏下"，古辭也。小青亦有"杯酒自澆蘇小墓"句，墓在西湖無疑。陸廣微因徐凝詩"嘉興郭里逢寒食，落日家家拜掃回。惟有縣前蘇小墓，無人送與紙錢灰"，遂謂蘇墓在嘉興，豈不誤耶？今西泠橋畔蘇小墓，徐補桐方伯已爲修葺，石碣一新，而小青未經表彰，不無遺憾。《古檀詩話》。

《遺真記》後序

廖景班

古今傳奇，半多憑空結撰。《琵琶》之蔡無其事，《西廂》之張無其人，《牡丹亭》則並舉，人與事而悉空之。而世之覽者，方且唱歎低徊而不能自已。況夫瀟湘江畔，竹可成斑；風雨山頭，人能化石。人有其人，事有其事，造物者且將留其跡以垂諸無窮，萬不至終古銷沉。搔首而傷，憑弔之末由也。我兄古檀，與小青有緣，因見《療妒羹》之誤，而製爲《桃花影》。客有以無是人之説進者，僕竊笑之，不見陸次雲《湖壖雜志》乎？曰："至孤山者，必問小青。問小青者，必及蘇小。"孰知二美之墓，竟在子虛烏有間？夫不知其墓，未嘗謂無其人也。又情史氏云：“聞第二圖藏嫗家，余竭力購得之。娟娟楚楚，如秋海棠花。其衣裏朱外翠，秀艷有文士氣。”夫既有其圖，豈無其人？龍子猶不我欺也。《列朝詩集》以爲本無其人，誤矣。顧予雖主是説，究以未得其真姓氏爲憾。我兄自歸田後，製書畫舫，往來吳閶，留意典册。適於書肆得《小青傳》一本，其中有空谷玉人小序，則云傳出朱小玉手，而某生係鍾姓，妬婦爲錢姓，生尚有姬芳樹等語，指證確鑿。蓋不特情魂宛轉，呼來畫裏仙人；絕非妖夢迷離，幻出峰頭神女也。又云“姬好與影語，此第一奇情”，更與情史氏“斜陽花際，煙空水清，輒臨池自照，對影絮絮如問答。婢輩窺之，則不復爾。但微見眉痕慘然，似有泣意”一段相合。特其詩云：“不須更覓傳神手，只此情深是畫圖。”未見全璧，良可惋惜。然其詞其筆，自出老手，非有心傅會者。自是而小青之有其人有其事彰彰明矣。則豈非造化者欲留其跡以垂諸無窮，而使憑弔者唱歎低徊而不自已耶？夫小青之有無，何與人事，特以其貞心亮節，可以立頑起懦，以視《琵琶》《西廂》《牡丹亭》之無其人無其事而憑空結撰者，不更可傳乎？況如曲中句云：“與花同命薄，惟恨共更長。小春香怎解傷心杜麗娘？春水西湖一夜生，多應是我淚珠迸。粉褪香殘，兀自污丹青。瘦伶仃香銷豆蔲，悶昏沉怨托箜篌。湖山煙景銷魂藪，春去也，似紅顔消瘦。”詞意兼美，我友畢花江所云：“勞君飽蘸如椽筆，苦弔千秋失意人。”正得我兄作記之意也。今已演諸家樂，播之旗亭。艷思綺語，工傅幼婦之詞；翠管銀箏，穢洗庸奴之誚。從此孤山雪冷，休疑鴻爪留痕；別墅魂銷，恍聽鶯聲喚夢。則即謂與《琵琶》《西廂》《牡丹亭》諸傳奇並流傳不朽也可。乾隆癸巳閏上巳羨行氏書于興寧致遠堂之東軒。

（以上選自〔清〕廖景文：《遺真記》，清乾隆愜心堂刻本）

西湖雜感(其二)

　　賴鵬翀

蘇小悲殘又小青,杜鵑啼哭我時停。南屏山老鐘頻擊,喚遍閨闈夢也醒。

　　(〔清〕鄔時慶、屈向邦合編:《廣東詩彙》卷七十二,《清代稿鈔本》第 121冊,第 413 頁)

《西湖竹枝詞》"《焚餘》詩是步虛聲" 條

　　陳　璨

《焚餘》詩是步虛聲,情字分開記小名。我輩鍾情空即色,桃花影裏喚卿卿。

　　小青實無其人,《焚餘》詩亦不知出何人手。蓋與《會真記》略同。然《離騷》二十五,多屬寓言,其一種哀感頑艷,不妨認假成真也。"夕陽一片桃花影,知是亭亭倩女魂",即所傳小青句。

　　(〔清〕陳璨:《西湖竹枝詞》,光緒辛巳錢塘丁氏刊本,《武林掌故叢編》第 8 冊,第 5362 頁)

和小青原韻八首

　　王　筠

幾迴腸斷落花前,正是傷春夢雨天。欲向人間尋絕調,只今誰似李青蓮。

　　才色何須與命爭,可知有命即無名。明妃遠去侯妃死,薄命紅顏豈獨卿。

　　冉冉東風透碧紗,春光何事到儂家。個人自是無情緒,辜負簾前幾樹花。

　　慧字如何福字高,癡癡蠢蠢自逍遙。人生了得輪迴業,掃却愁山與恨潮。

斜風細雨不堪聽,玉笛無端渡小亭。天上人間空悵望,落花寂寂草青青。

妝成無賴照清波,秋色應憐喚奈何。折得黄花相比較,可知憔瘦在人多。

湖上風光車馬轔,西陵無復舊時春。而今如往重相訪,淡月梅花是美人。

長宵無夢拭啼痕,怕聽秋聲自掩門。剪燭和成腸斷句,依稀環珮返香魂。

（〔清〕王筠:《西園辦香集》卷中,《清代詩文集彙編》第 425 册,第 119—120 頁）

如夢令·題《小青絮影圖》

王　筠

小院啼鶯嬌弄,驚起梨花殘夢。扶病步春池,細語影兒相共。心痛,心痛,生被紅顏斷送。

（〔清〕王筠:《西園辦香集》卷中,《清代詩文集彙編》第 425 册,第 142 頁）

《燕蘭小譜》"張柯亭"條

安樂山樵

張柯亭保和部。名鳴玉,初字珂亭,江蘇長洲人。神清骨秀,望之如帶雨梨花。嘗演《小青題曲》一齣,人與景會,見者魂消。某巨公大加契賞,易其字曰"柯亭"。昔柯亭在南,爲一墨吏所愛。辛丑,墨吏被逮入都,挈家北上,寄跡京班。常往探圉圄,以慰岑寂。今春墨吏典刑,柯亭在戲場聞之,更衣奔赴,一慟幾絶。雖所事非人,而感恩知己,不以衰榮易念。視見金夫不有躬者,相去如何耶?

繼而落落不偶,仍挈家南返,雞鶩群中,忽睹寥天一鶴,爲之三歎:

珊珊瘦骨出娉婷,幾見幽窗泣小青。千古情根消不得,夢魂應傍牡丹亭。

不受風塵涅與磨,翩翩花下度清歌。金閨名彥多情甚,之子相逢咏伐柯。

樹覆巢傾事可哀,感恩相伴逐輿臺。未知金鳳分飛後,曾爲東樓一慟來。<small>優童、金鳳爲嚴世蕃所愛。</small>

振翮高飛迥不群,薰猶原是不同芬。從兹歌舞江南好,無限青峰散彩雲。

〔〔清〕安樂山樵:《燕蘭小譜》卷四,國家圖書館藏乾隆刊本〕

胡駿聲《小青像》題跋十則<small>(整理者所擬)</small>

一

(按:《小青傳》見上文,此爲刪潤本不重録。)右《小青傳》不知何人所爲,詞未雅潔。秉齋三兄年大人出此圖册屬書,爰略刪潤之俾成體爾,所載詩詞及書宜另書之,亦體然也。庚戌小春懺庵居士並識。

二

舊裹夢虹橋,芳名指柳梢。病秋波、淚滿冰綃。零落花鈿無覓處,梅嶼冷、斷紅飄。　　香土問誰澆,梨花撲酒瓢。黯孤山、從此無聊。多少遊春湖上女,偏只解,倚郎嬌。

《唐多令》爲秉齋年三兄屬,稚秋外史潘遵祁駢。

三

柳宿光中署小名,梅花觀裏認前身。畫圖留視分明在,誰是西河作誄人。鶴怨鵑啼宿草灰,孤山孤絶月徘徊。殘鐺冷盡哀梨汁,一盞寒泉配食來。細字蠱眠舊稿焚,咳蘭唾蕙拾餘芳。《妙山樓集》

流傳少，我更傷心吊紫雲。（小青女弟紫雲爲會稽馬髦伯姬，亦早世，著有《妙山樓集》。）

　　壬寅中春應味根三兄同年雅屬，即請正題。寶笙弟潘希甫草。

　　四

　　人間天上，偏小青二字，最難除懺。（有謂小青必非實有其人，合此二字乃情字耳。）絮果蘭因何處證，大抵朝雲易散。桃葉渡頭，莫愁湖畔，憶把真真喚。狂風吹緊，優曇花一現。　　悽絶補被孤眠，倩人寫照，垂死魂猶戀。底事鶺鴒難療妒，集付洪爐烈焰。鬖髾垂髻，嬌癡忍淚，重畫春風面。海棠庵主，一時絲繡庭遍。

　　調寄《百字令》。余不解填詞，味根三兄同年以胡君茝香所繪《小青像》屬題，詩譜此闋，知不足，供方家一笑也。楞弟錢福元並識。

　　五

　　踏盡六橋春，草没女郎墳。多謝海棠庵主，重與貌真真。　　小立乍含矉，應未減、爾日風神。鬒雲淚雨，畫中見汝，猶自銷魂。

　　調寄《繡帶兒》，題爲秉齋世三兄大雅之屬，即希顧誤。祖庚弟翁同書倚聲。

　　六

　　華鬘綺劫，悵石尤風橫。短了殘春小桃命。偕頹波、綠慘斜照紅酸，描寫出，一片離魂倩影。　　幽窗人獨自，夕汐朝潮，淚雨難晴玉臺鏡。癡願卜他生。並蒂蓮胎，稽首向、慈雲三請。剩幾紙焚餘斷腸詞，料鬼唱秋墳，病鵑愁聽。

　　右調《洞仙歌》，題奉秉齋三兄年大人雅屬，即希正指。乙卯七月七日顧文彬倚聲。

　　七

　　清才旖旎浣仙霞，妾命緣何薄似紗。芳草無情孤月冷，香魂終古伴梅花。屧冷釵寒二百年，春風人面早成煙。多情倘向圖中喚，定有娟娟到眼前。福慧兼收自古難，才人當日嫁邯鄲。好花長被風姨妒，回首孤山不忍看。

秉齋世叔年大人屬題，即請雅正。姪袁績懋。

　　八

天涯恨事，只調人鸚鵡，慧心能說。生長揚州明月地，記否紅橋金閶。蓮葉能參，柳枝生性，歡愛同心結。誰知孤負，斷腸惟有啼血。　　猶記西子湖頭，孤山石畔，墓草青青穴。千古美人魂葬處，也似玉鈎凄絕。石恨三生，妝留半面，誓與王孫玦。桃花潭水，多情猶畫衣襶。

壬子春仲，秉齋三兄大人出小青畫册屬題，因填《念奴嬌》一闋，率爾操觚，不自知其工拙也。弟彥樹。

　　九

幽蘭弱絮認風姿，想見挑燈聽雨時。悽絕孤山芳草路，斷腸心事月明知。六橋煙月正黃昏，梨汁澆殘冷墓門。記取春風人面在，梅花香逕與招魂。錦怨珠啼恨渺綿，才人厮養總堪憐。憑君留得崔徽卷，好共焚餘草並傳。

秉齋姻三兄大人屬題，即正。心葊蔣德馨。

　　十

螢碧支檠，蟬紅走帙，冷倚夜窗盲雨。傷心人吊《牡丹亭》，警飛花、夢痕何處。離魂倩女，剩描取、春風娟楚。奈焚灰，又同拋仙劫，零鈿殘句。　　哀鵑訴。玉隤香薶，蘇小墳頭土。淚和梨汁有誰澆，配寒泉、一杯千古。崔徽在否，算重認、當年眉嫵。替慈雲、自祝蓮胎更苦。

右調《西子妝·題小青像》，奉秉齋三兄大人政指。瘦羊居士潘鍾瑞按譜。

　　（南京博物院編：《温·婉——中國古代女性文物大展》，南京：譯林出版社，2015年，第412頁）

題小青《焚餘草》後

　　　　歸懋儀

　　素質翩翩麗，遺珠顆顆圓。江梅爭冷艷，白雪競清妍。斂怨猶安命，全貞不負天。孤山留勝跡，憑吊一淒然。

　　（〔清〕歸懋儀著，趙厚均點校：《歸懋儀集》，北京：人民文學出版社，2022年，第11頁）

次《焚餘草》十絕句韻

　　　　歸懋儀

　　憑將奇句與天爭，獨佔風流千古名。莫以妒才憎造物，人間無地著卿卿。

　　一曲淒涼不忍聽，幽窗腸斷《牡丹亭》。粲花玉茗才如海，撩得情癡留簡青。

　　東郊車馬已轔轔，開盡棠梨正早春。為問西泠松柏下，更誰憑吊踏青人。

　　新妝雅淡簇宮紗，試寫真容囑畫家。何事顰眉無一語，空將幽怨托梅花。

　　羅衫疊疊見啼痕，寂寞三春晝掩門。玉貌已遂花信杳，滿山明月伴香魂。

　　擬托昆侖計亦高，慈航北渡好音遙。傷心千古琵琶恨，不逐潯陽上下潮。

　　餘霞散綺映澄波，顧影徘徊意若何。日暮東風啼杜宇，落花爭似淚痕多。

　　一瓣心香禮佛前，幾人生得大羅天。芳魂不共梨雲散，化作峰頭萬朵蓮。

　　深院無人冷畫闌，漫將辭藻競文鸞。春風任閉葳蕤鎖，不向天衢振羽翰。

　　香塵逐彩墜樓頭，爲弔繁華一夕收。留得夜珠千顆在，綠珠端合讓風流。

（〔清〕黃秩模編輯，付瓊校補：《國朝閨秀詩柳絮集校補》，第11—12頁）

馮元元悲心抑鬱

　　同此佳山水，悲歡遇各殊。怡情增眷戀，失意助嗟吁。波共幽懷冷，燈隨瘦影孤。有人心不忍，走筆慰名姝。

　　心與境逆，情隨地遷，感慨流連，欷歔欲絕。缺陷之事，自古有之。（按：此後内容幾乎與"梅嶼恨蹟"條同。不再重複錄出。）

　　有意憐才者，多以小青鬱鬱而死爲恨，予則不然，使馮生不畏妒婦，而馮婦不妒小青，不過於衆姬妾間叨恩竊愛，受尋常福庇，縱有美名，頃刻銷鎔，安能千百年後，令文人才士遊覽孤山者，嵐光紫翠，樹色青蔥，影倒澄波，輝連朗日，慨念小青風流尚在。嗟乎。此天不成就小青於一時者，正成就小青於千古也。因詠之曰：

　　　　櫪驥未逢伯樂顔，嶧桐不遇蔡邕聽。風塵賞識知誰是？惆悵孤山馮小青。

（〔清〕陳樹基輯：《西湖拾遺》卷十九，嘉慶十六年刊本）

歷代名媛雜詠

邵　驥

讀曲：小青風期逸艷，綽約自好，年十八歸于虎林某生。婦奇妒，姬曲意下之，終不解。姬好與影語，或斜陽花際，煙空水清，輒臨池自照，對影絮絮如問答，眉痕慘然，有泣意，鬱鬱成疾死。幽憤淒怨，俱託之詩。絕句云："冷雨幽窗不可聽，挑燈閒看《牡丹亭》。人間亦有癡于我，豈獨傷心是小青。""百結迴腸寫淚痕，重來惟有舊朱門。夕陽一片桃花影，知是亭亭倩女魂。"讀者無不悲之。

遠笛哀秋帶雨聽，斷腸誰續《牡丹亭》。

但留一片桃花影，呼酒斜陽吊小青。

（〔清〕邵驥：《歷代名媛雜詠》，乾隆五十七年刻本）

《兩般秋雨盦隨筆》"蘭因館"條

梁紹壬

白香山詩云："錢唐蘇小是鄉親。"家在錢唐而墓不在錢唐，竹垞老人辨之詳矣。然西泠抔土，千古豔稱，官斯土者，一再修葺，借以爲湖山點綴，亦何不可？竹垞必欲奪歸秀州，未免已蹈爭墩之習。至小青詩云："杯酒自澆蘇小墓，可知妾是意中人？"小青爲虎林馮氏家姬，雖雜見諸家小說，而衣香鬢影，若有若無，人尚憑虛，墓於何有？乃陳雲伯大令文述特築其墓於孤山之麓，並附以雲友、菊香，且爲之志以徵之，復建所謂蘭因館以實之，可謂極才人之好事矣。詠巫山者不云乎："朝雲暮雨連天暗，神女知來第幾層？"賦洞庭者不云乎："日落長沙秋色遠，不知何處吊湘君？"引人入勝，正在縹緲，必欲求其人以實之，不幾梅鶴笑人耶？然其題詠之作，有不可磨滅者，茲特錄其佳句。大令原唱云："芳姓偶同楊妹子,小名應喚菊夫人。"方稚韋孝廉_{懋朝}句云:"樂府好歌三婦豔,鄉親況有六朝人。"吳飛卿女史_{規臣}云:"桃葉畫船題葉女,梅花禪榻散花人。"大令媳汪小韞女史_端紀事四首最佳。其詩云:"鄭家嬌婢解吟詩,和靖風流想見之。遺址誤尋高菊澗,_{翟晴江以菊香墓爲高菊澗,臆説也。}前身合是謝芳姿。踏青春訪瓊姬墓,_{朱竹垞、毛馳黃兩先生曾訪之。}飛白宵題玉女碑。_{諸九鼎作墓志。}更乞茂漪書一過,簪花楷法妙臨池。_{翁大人乞墨琴夫人楷字勒石。此詠菊香。}"《焚餘》詩草返魂香,《遺集》真應號斷腸。齊國淑妃原著姓,_{小青,馮姓。}蔣家小妹是同鄉。_{小青,廣陵人。}鏡湖桃葉鷗盟遠,_{女弟紫雲適會稽馬髦伯。}畫閣梅花鶴夢涼。_{屏居孤山別業。}最憶橫波摹小影,眉樓一角寫斜陽。_{顧眉樓有摹小青小影。此詠小青。}""又見楊娃小印紅,容華才筆麗驚鴻。_{容華,楊炯女侄。}叢殘著錄留湖上,_{詩見張遂辰《湖上編》。}輕薄姻緣説《意中》。_{李笠翁《意中緣》傳奇以楊雲友配董香光,謬論也。}謝逸畫圖寒翠晚,_{謝彬有雲友及林天素小像。}汪倫潭水夜星空。_{嘗客汪然明春星堂。}依然智果西頭路,絕勝仙霞萬點楓。_{雲友死,天素返閩中。此詠雲友。}""碧城壇坫久名家,多少蛾眉禮絳紗。仙子玉爐三澗雪,美人湘管一枝花。隔湖香塚秋飛蝶,映水紅樓晚噪鴉。更訪吳宮雙玉墓,牡丹廳畔竹陰斜。_{翁大人近爲瓊姬、小玉營墓於虎阜塔院牡丹廳下。瓊姬,蘭閨女,名勝玉,又名滕玉。小玉,夫差女,亦名紫玉。}"四詩典麗風華,洵堪垂遠,傳之後人,遂成湖山掌故矣。

　　(〔清〕梁紹壬:《兩般秋雨盦隨筆》,上海:上海古籍出版社,1982年,第9頁)

《全浙詩话》"小青"條

　　　　陶元藻

　　小青馮雲將妾。雲將乃馮夢禎之子,秀水人。小青,未詳何方人氏。

《湖壖雜記》："杯酒自澆蘇小墓，可知妾是意中人？"小青寄意之言也。游人至孤山者，必問小青；問小青者，必及蘇小。孰知二美之墓，俱在子虛烏有之間？白門一友求其跡，恨不可得。余曰："詠巫山者，謂'朝雲暮雨連天暗，神女知來第幾峰'；泛洞庭者，謂'日落長沙秋色遠，不知何處弔湘君'，引人入勝，正在縹緲之際。子於二美，亦當作如是觀。必欲求之，何耶？"客點首曰："孤山之側有菊香墓者，又何人乎？"余曰："客不聞乎？菊香是矣。"

按：周密《武林舊事》：孤山後談家山有高菊磵墓。考菊磵，名耆，字九萬，餘姚人。絕意事功，命所居曰："信天巢。"晚年歸隱西湖。淳祐元年，卒，遂葬焉。姚燧序其詩集，又言葬葛嶺談家山。今志西湖事蹟者，不能指談家山定在何所。然葛嶺、孤山相越一水，則高墓總在西泠橋畔耳。近傳孤山有士女菊香之墓，諸九鼎爲補志其墓云："菊香，葬林處士墓側。聞諸故老，傳自宋時。生前吟詠，慕和靖之詩篇；歿後英靈，結梅花之伴侶。"是殆以"菊磵"訛爲"菊香"。文人好事，半屬渺茫，蘇小、小青，空勞憑弔也。蘇小墓已詳第一卷。小青詩詞、書札，小説家並載其事，然係誰家姬妾，向無明文。惟仁和陸麗京確指爲雲將愛姬，且謂小青所遺楊夫人書，即錢塘進士楊元蔭妻，與馮原屬姻親，曾勸小青脫身他適，小青不可，及夫人從官北去，故小青作書相訣云云。而山陰宋長白則謂《小青傳》之詩文乃徐野君、卓珂月爲之，非實有其人也。蓋"小青"二字爲"情"字拆開，其説由來舊矣。觀其詩中"人間亦有痴於我，不獨傷心是小青"二句，其爲寓言無疑，長白之説近矣。

（〔清〕陶元藻編，俞志慧點校：《全浙詩話》，北京：中華書局，2013 年，第1065—1066 頁）

奩史·妾

小青，廣陵人，名元元。容態妙麗，解聲律，精諸伎。年十六，歸武林生。生婦妒，置之別館，鬱鬱而死，纔十八耳。支如瑠《小青傳》、《聞見厄言》云武林生馮千秋也。

（〔清〕王初桐輯：《奩史》卷十九，國家圖書館藏嘉慶二年刻本）

題《小青圖》

顧儒寶

雲鬌欹時怯舞腰，芳姿憔悴倍難描。媚添靨暈容逾艷，愁入眉頭態亦嬌。瘦影不堪憑鏡覽，細吟應自待燈挑。幽窗冷雨聲聲急，只有寒衾伴寂寥。

（〔清〕顧儒寶：《繞梅閣詩録》卷一，《南開大學圖書館藏稀見清人別集叢刊》第 24 冊，第 357 頁）

題松陵女史沈關關所繡小青遺照二首

蔣永端

其一

玉骨冰姿是也非，芳魂于此得憑依。一從纖手傳神出，恍見霓裳金縷衣。

其二

別館淒涼鎖綠蕪，香銷玉殞慟仙姝。鴛針繡出亭亭影，可有人來爇畫圖。

（〔清〕胡昌基輯：《續檇李詩繫》卷三十八，宣統三年刻本）

鵑嗁曲序

　　顧玉霖

　　三韓馮卓圃先生以事至嶺南，過南雄宿旅店。旅店壁有詩云："金能買妾誰爲俑，流毒蛾眉直到今。賤等青衣遭妒辱，瘦同黃葉又霜侵。魂銷枕上鵑啼夢，膽落尊前獅吼音。一自崑崙翻案後，並無豪傑具婆心。自臨春水喚卿卿，千古傷心療妒羹。伊有詩詞留斷簡，我餘衾影弔寒擎。朝飛血淚梅花赤，夜數苔斑蝶癆驚。薄命小青原一派，可憐無地覓倉庚。"其自註云："妾姑蘇薛印江之女也，賣身江右，逐宦嶺南。偶值歸途，漫吟哀怨。因粉壁留數行之血，或英雄生一綫之憐，破壁有期，銜環無盡。"事載馮所著《雜錄》中，距今三十餘年。百堂翻故帙，見而哀之，作《鵑嗁曲》一章屬予和焉。

　　杜宇一聲歸不得，美人腸斷無顏色。鄉壁流傳懊恨詞，夭斜字跡行人識。門户猶誇薛夜來，浣花溪上女郎才。蜂媒蝶使閒相引，水驛山程去不回。門前記得西江水，珠簾十二高樓起。篤耨香燒菡萏爐，合歡花繡鴛鴦被。山海分明訂誓盟，河東驀地吼獅聲。停杯莫進消愁酒，入饌先調療妒羹。檀郎猶復憐眉嫵，背地柔情互相吐。帳後虛驚霹靂車，當頭忽見臙脂虎。慘黛妖紅滿面愁，葳蕤深鎖綠窗幽。淒涼秋雨梧桐院，寂寞春風燕子樓。含情含恨眉難語，龍綃拭淚渾如雨。玉鏡臺空鸞影孤，藍橋路斷銀河阻。全家眷屬向羊城，山下蘼蕪照眼青。血淚已拚凝堊壁，墨花猶自灑離亭。幾載炎州容我住，微詞常觸夫人怒。劈面慵簪莫莉花，空閨獨對桃榔樹。欲把歸心託嶺雲，誰知妒婦有迷津。可憐待命籠中鳥，化作鵑嗁到處聞。天涯遠宦馮唐老，摩挲旅壁將塵埽。薄命哀歌讀未終，赫嗁故紙書成槀。好事蕭郎寫艷思，重將舊恨補新詞。當筵試唱鵑嗁曲,愁絕吳娃年少時。

　　(〔清〕顧玉霖:《五是堂詩集》卷七,《北京師範大學圖書館藏稀見清人別集》第 13 冊,第 397 頁)

蘭絮話腴(卷一)

　　管庭芬

　　零香碎錦,托幽恨於梅花;焚玉沈珠,寄傷心於梨汁。而佳人空谷,不異才子窮途。迴思冷雨灑窗,尚擬輕盈之絮;清池訴影,終成飄泊之萍。因次本集爲第一。

　　小青所剩僅《焚餘》數篇。其七古云:"(按:略,見第 1 頁)。"《無題》九絕句云:"(按:略,見前録)。"

　　附:明周之標和小青《無題》九絕句"風流孽種在生前,怨怨恩恩莫問天。猶勝才人嫁廝養,濕泥原不污青蓮。""月移梅影到窗紗,誰道尋常百姓家。想到孤眠好風味,幾番清瘦不如花。""休將薄命與天爭,絕代風流絕代名。修得來生配才子,鴛鴦枕畔喚卿卿。""踏青何必騎轔轔,陌上行遊總是春。惟有小青少情緒,自澆杯酒酹他人。""字字傷心那可聽,何須更閱《牡丹亭》。從今願化無情物,勿使多情有小青。""詩未成時興已闌,碧霄何處托青鸞。簾前且去調鸚鵡,慎勿如儂鍛羽翰。""臨湖一望漾清波,净洗詩腸且奈何。錦字欲成情思亂,偶拈絕句竟無多。""梳聊且整玉搔頭,掠掠梳梳懶復收。非是理妝待郎至,生來不肯減風流。""情海深深情嶺高,可憐情夢去程遥。醒來忽聽孤鴻叫,忍忍難禁淚似潮。"見《蘭咳集》。

　　寄楊夫人詩云:"(按:即前録"百結",見第 14 頁)。"

　　天仙子詞云:"(按:即前録《天仙子》,見第 16 頁)。"

　　《與楊夫人書》云:"(按:略,見第 19—20 頁)。"

支小白如璔傳云：“後有遊姬別業者，於壁間拾殘箋數寸許，有字云‘數盡懨懨深夜雨，無多，也只得一半工夫’，亦姬遺墨，蓋《南鄉子》詞而未全者。”

湖上傳小青降乩詩云：“此地曾經歌舞來，風流回首即塵埃。王孫芳草爲誰綠，寒食黎花無主開。郎去排雲叫閶闔，妾令行雨在陽臺。衷情訴與遼東鶴，松柏西陵正可哀。”玩其詞旨，殊不類小青之詩，蓋好事者傅會之耳。

錢塘陸拒石繁弨《〈小青焚餘集〉序》云：“（按：略，見第114—116頁）。”見《善卷堂四六》。

海昌朱也堂達《書焚餘集後》云：“紅顏薄命，千古傷心，故談及小青二字，便令心憐。予謂薄命佳人，榮於花封之貴婦。蓋鸞冠鳳帔，珠圍翠繞，原非俊物，天不過以一種濁福，愚弄之而已。雖身享安樂，而名何由傳？香閨深處，埋沒紅顏幾許，乃孤山情種，焚餘遺韻，猶供古今才士歔欷憑弔，戀戀不已耶？向使小青居銅臺金屋，止以彤奩麗人名耳，其令後世哀憐，亦不至是甚。惟其命薄，故人增憐，是天之薄小青，正天之厚小青也。興思及此，可破涕爲笑。雖然，吾尤疑焉，獨怪天之心既生佳人，即宜生才子以爲配，而反令其憔悴怨鬱，不得一遇以没。既生才子，亦宜生佳人以爲伴，而反使低徊感慕，不得一見以慰。如皆不得，何如不生，既已生之，何不全之？而令之相思相慕，纏綿鬱結，終無盡期，此又何説耶？是二者，予竊痛之，而未敢問之人也。”見《釣餘集》。

張國泰履安《乞友人梓小青遺集書》云：“《香奩集》中以能詩文標彤管者雖多，然稍嫻題詠，便訾若蘭之錦未工，略解詞章，遂誚道蘊之絮未當。其他眉號遠山，顏誇膩玉者，又止西子南威之亞，俱未可以卓冠群姝，流芳後世也。小青以維揚弱質，聘歸別業，含恨西泠橋畔，毀容處士亭前。飲泣惟餘花露半杯，殉葬則倚梅花幾樹,小星空賦,薄命堪憐。是以景溯流風者,莫不諷雅音而謂巧奪天孫,感遺句而共情深玉骨,每從幽谷覓芳蹤,徒向空山悲夜月耳。吁! 有才如此,有美如許,豈眇識涼福之紈綺,所能燕婉百年耶? 即使河東不吼,亦將形悴魂摧,遽歸仙苑,況逢柳媼再生哉。所著諸篇,香艷入骨,吟哦一過,如食哀梨,涼沁欲絕。惜咸陽一炬,僅存吉光片羽,爲之悵然。吾兄方操香閨妙選,何不流布人間,以成千古逸調,使當代文人,深閨名淑,式怨式慕,同悲不偶耶? 或並一時感慨弔挽之作,彙而成帙,想在同志,亦不笑人不韻也。”《憑山閣尺牘選》。

戔戔居士《焚餘詩跋》云:“讀小青諸詠,雖淒婉不失氣骨,恨全稿不傳,要之徑寸珊瑚,更自可憐惜耳。聞第二圖藏嫗家,余竭力購得之。娟娟楚楚,如秋海棠。其衣裏朱外翠,秀艷有文士韻。然尚是副本,即姬所謂神已是,而風態未流動者,未知第三圖更復何如。嫗嘗言姬喜看書,書少,就郎取不得,悉從某夫人借觀。間作小畫,畫一扇,甚自愛。郎聞之苦索,不與。又言姬好與影語,或斜陽花際,煙水空清,輒臨池自照,對影絮絮似相問答。婢輩窺之,則不復爾。但微見眉痕慘然,似有泣意。余覽集中第四絕,知此語非妄也。嗟乎。世之負才零落,躑躅泥犁中,顧影自憐,若忽若失,如小青者可勝道哉。”

（〔清〕管庭芬著,虞坤林點校:《管庭芬詩文集》,杭州:浙江古籍出版社,2018 年,第 1025—1031 頁）

蘭絮話腴(卷二)

管庭芬

西施已葬,空聞銘誄之哀;南國興嗟,每藉藻華之表。托愁心於洛水,賦就陳思;懷哀憤於楚湘,騷成屈子。此雖妝臺之逸跡,實亦彤管之外篇,因次"文翰"爲第二。

明無名氏《小青傳》云:"(按:略,見前錄)。"見《虞初新志》。或云此傳係馮猶龍所撰。

支小白如贈《小青傳》云:"(按:略,見前錄)。"見《蘭咳集》。

陳翼飛《小青傳》云改支小白本:"(按:略,見前錄)。"

陳文述《小青墓志》:"(按:略,見第 206—207 頁)。"見《頤道堂文集》。

支琳《弔小青》文云:"嗚呼。小青之形,宓妃湘靈。小青之文,庚月秋雲。小青之神,立玉吹笙。小青之生,永巷長門。綠衣碎縴,白華黯糯。望王孫兮不見,遂靚處而自零。嗟乎。小青,名姬閨秀。孰似其神,薛仙之逃禪似矣,而不免怨尋瑤草。柳尼之謝俗似矣,而不免別贈楊枝。嗟乎。小青之慧,何如小憐。小青之韻,何如小玉。花悴半開,酒停微醉。新桐截引,輕檀罷歌。美緒不終,古今同恨。小青已矣,又何言哉。並附一絕以吊之:'雲在天兮水在瓶,梨花肥瘦對離亭。昭君遠嫁文姬老,枉死人間是小青。'"見《冰雪攜》又《買愁集》作周君建。

廖羨行景班《小青遺真記》序云:"(按:略,見第 163—164 頁)。"

煙水散人《小青稗傳序》云:"千百年來艷女、才女、怨女,(按:略,見前錄《小青傳》第 34—35 頁【校記】一注)。"見雪廬主人《女才子傳》。

又序云:"(按:略,見前錄《小青傳》第 35 頁【校記】一注)。"同上。

青霞徐爾良鍾郎《小青誄》云:"日娉婷兮,令我思兮。目垂星兮,妙伶歌兮。蘊經史兮,淑典型兮。緊尹型兮,寧踰越兮。列姬娥兮,非萍合兮。何小青兮,丁艱難兮。鶺鴒哀兮,螟蛉賦兮。悲冷澤兮,早伶仃兮。彼鮑鯉兮,工駉牧兮。類羴鼠兮,竊椒馨兮。

鮨頳尾兮,如停陸兮。辭淵渟兮,來洴縈兮。值腥膻兮,嫉涇渭兮。
瓶瓴碎兮,翎翩鍛兮。坐囹圄兮,傷零落兮。拔眼釘兮,投效垌兮。
町畦設兮,花鈴防兮。扁湖廳兮,倚疎檻兮。螢熒熒兮,蜓款款兮。
倚畫屏兮,揹床桯兮。惟蕢莢兮,伴晦暝兮。鮮茯苓兮,延芳齡兮。
數杳冥兮,能瞑目兮。駕蘭軿兮,柹桂舲兮。越水汀兮,陟石陘兮。
攜鉶羹兮,提醽醁兮。雷霆馭兮,天廷叩兮。極叮嚀兮,冀卑聽兮。
楊靈馨兮,莫我聆兮。返滄溟兮,坐空庭兮。樹亭亭兮,水泠泠兮。
悍然悟兮,果天刑兮。硼焕發兮,椓我形兮。夢既醒兮,聽誄銘兮。"
見《讀詩韻新訣》。

（〔清〕管庭芬著,虞坤林點校:《管庭芬詩文集》,第 1032—1042 頁）

蘭絮話腴(卷三)

管庭芬

　　興懷艷迹,托湖上之遊蹤;憑弔幽閨,尋溪邊之夢影。紅心
草長,一坏漱百頃琉璃;紫玉煙銷,匝徑蔭幾株楊柳。傷春有感,
覓句工愁,各摘湘管之閒吟,以續《玉臺》之韻事,因次"吟詠"爲
第三。

　　周青羊先生挺世居海昌,爲勝國之遺老。其弔小青詩,即用《焚
餘草》中古風韻:"江雲漠漠江水流,江風吹花天際頭。水雲無情
渺空碧,風花偏上傷春樓。傷春一夜知多少,綠窗寄歷愁城繞。聽
徹啼鵑血滿枝,不堪淚落天將曉。起撫瑤琴殘月少,欲訴無人孤思
悄。"周氏家集。

　　江州崔念陵謨《維揚舟中懷小青其序》云:"記客歲舟次維揚,
偕老友劉穎宏共品名媛,予輒推小青爲第一情種,輾轉憑弔,若不
勝情。案《西湖志》,小青作情字。穎宏曰:疑是好事者幻出情詞,
以動後人依慕。予首肯其説,而卒不得釋諸懷也。今復停舟於此,

低徊疇昔之夜，韻語繆繆，宛如昨夢，爰作是詩，以志予懷云：'零膏冷翠宛然存，歌有餘音泣有痕。若解小青作情字，一鈎一畫也銷魂。'《灌園餘事》。

廖古檀景文鷺門官齋題《遺真記》填詞後二首："（按：見前錄《遺真》一曲譜真真'鶴放孤山舉手招'）。"《古檀詩鈔》。

又《乙未九秋偕友訪小青墓》五絕句："葉葉丹楓分外鮮，香魂一縷美人天。如何青塚無人問，舊約蹉跎又十年。""別業難尋高士湖，尚留片石壓蘼蕪。桃花艷影分明見，不似巫山事有無。武林詩友費榆村云：數年前見'小青之墓'四字石碣。""西泠橋畔青蕪路，可憐玉腕埋塵土。有心人覓轉無蹤，遠山一角斜陽暮。天璞友人張某曾訪得其墓，惜張君物故，不可復識。""坏土曾依處士梅，探梅訪墓重低徊。一時魚鳥都相識，紅帽青衫今又來。""蘇小風流石碣新，墓在西泠橋左，徐補桐方伯近爲修葺。憐才一片意何真。斷橋還仗生花筆，特爲貞姬表墓人。"同上。

武原陳寶摩石麟《和古檀題遺真記》："（按：略，見前錄《次韻〈桃花影〉填詞後》《次韻訪小青墓》，共七首）。"《古檀酬唱集》。

海鹽何配金儒珍《和訪小青墓詩》："雨過秋山濕翠鮮，爲尋香塚向湖天。傷心紫玉成煙後，零落荒邱不計年。""鏡水空濛西子湖，新愁難剪似春蕪。不知黃葉西風裹，仍有人來訪得無。""輕煙漠漠西泠路，風流絕世埋黃土。蜑吟疏柳更無人，夕陽一片青山暮。""占斷清芬嶺上梅，幾經墓下思徘徊。天涯尚有憐才客，衰草凄迷策杖來。""弔古淋漓翰墨新，銀燈官閣譜《遺真》。憐他一種如花女，網結千絲錯贈人。"同上。

山陰孫雨田大溁《題遺真記》云："（按：略，見第139頁）。"同上。

華亭馬宛山元澂《題遺真記》云："（按：略，見第140頁）。"同上。

松江唐蕉村景《題遺真記》云："（按：略，見第141頁）。"同上。

武林何遜之_{法上}《題遺真記》云："（按：略，見第 143 頁）。"同上。

元和顧星橋_{宗泰}《題遺真記》云："（按：略，見第 196 頁）。"《月滿樓詩集》。

陸可求《過小青廬》詩："孤山憔悴閉門居，冷雨幽窗夜著書。二十四橋花月夜，應教移照小青廬。"《寓圃雜記》。

雲間煮鶴生《題小青塚》云："（按：略，見前録《小青傳》第 47 頁【校記】一四七注）。"

海昌毛濟蒼_{元勳}《題小青傳》云："劍鋒偏畏女平章，梅嶼春深獨掩房。妒婦虧情還巨眼，不教閨秀屬頑郎。"《松塵齋集》。

秀水女士蔣含章_{永瑞}《次韻題松陵女史沈關關繡小青遺照詩》云："別館淒淒鎖緑蕉，香鎖玉珍慟仙姝。鴛針繡出亭亭影，可有人來蓺畫圖。"《梅里詩輯》。

錢唐汪憶蘭_琨《小青廬》詩："（按：略，見第 233 頁）。"《懷蘭室集》。

海昌陳介亭_{典謨}《題小青墓》詩云："（按：略，見第 124 頁）。"《硤川詩鈔》。

海昌許繩武_{承祖}《西泠弔古》詩云："（按：略，見第 135—136 頁）。"《雪莊詩鈔》。

吳江郭祥伯_麐《題小青小影》詩云："（按：略，見第 202 頁）。"《靈芬館集》。

又《題顧橫波畫小青像》七古云："白霓爲裳雲作扇，照影低徊斜領見。分明絶代傷心人，鏡汐鏡潮猶在面。倉庚不療嫉妬腸，曲房窈窕囚孤凰。人間薄命有如此，安用早嫁東家王。眉樓占斷秦淮春，琉璃硯匣長隨身。中心豈有不平在，肯爲思婦傳其真。想當小住西湖日，尚書半臂多情極。同弔孤山埋玉墳，教試深閨畫闌筆。寵辱區區亦偶然，專房怨偶盡堪憐。好將一盞梨花汁，同供慈雲大士前。"《延秋唱和集》。

海昌曹桐石宗載分題名媛畫册,得小青,因附絕句云:"瘦影凌波照似憐,桃花零落斷橋煙。誰知倩女風流債,恰並孤山隱士傳。"《東山樓初集》。

海昌查梅史揆《自題〈小青傳奇〉後》云:"顧誤周郎正少年,烏絲蘭乞美人憐。閒吟香社頻中酒,纔按珠聲便撥弦。一曲春風劉刺史,今宵殘月柳屯田。梅花讖與鳴鴻度,家伎無從問矮箋。"《菽原堂集》。

海昌鍾篛溪大源《題〈小青傳奇〉爲梅史作》云:"(按:略,見第132頁)。"《東海半人詩鈔》。

海昌鍾宜誠《題梅史〈小青傳奇〉詩》云:"(按:略,見第233頁)。"《杭郡詩續輯》。

武林夏樂只基《詠小青詞》二闋:"(按:略,見第91頁)。"《西湖覽勝詩志》。

女史郭佩芳慧嫄《孤山弔小青墓》詩云:"(按:略,見第221頁)。"《鳳池仙館詩存》。

海昌周梅坪思兼《題小青傳》云:"稽首慈雲枉乞憐,肯將小劫懺情天。金蓮世界青蓮座,不現人間並蒂蓮。""落花如雪葬香泥,絮語斜陽舊事迷。獨有蘇孃墳上草,年年青到閶門西。""金剪徒勞殺藕絲,零膏冷翠剩相思。燈花簷雨沈沈夜,忍讀《焚餘》一卷詩。"《夢梨雲仙館詩鈔》。

武林女士高淡仙韞珍《詠小青墓》云:"(按:略,見第125頁)。"《學繡樓名媛詩存》。

錢唐陳雲伯文述《小青曲》云:"(按:略,見第203—204頁)。"《頤道堂外集》。

嘉興汪霖若澍《題小青畫像》詩:"珊珊病骨寫來真,半幅圖留未了因。已悟紅顏終薄命,何求名手更傳神。照來春水空憐影,開到桃花不見人。憔悴一身誰作伴? 只餘妝鏡對沾巾。"《古梅花館詩集》。

錢唐陳孟楷裴之《小青墓》詩云:"閒澆梨汁搵啼痕,芳草斜陽冷墓門。添種梅花三百樹,水邊照出美人魂。"《澄懷堂詩外》。

錢唐女士汪小韞端《詠小青》詩:"(按:略,見第 173 頁)。"《自然好學齋集》。

武林女士夏佩仙伊蘭《小青曲》云:"(按:略,見第 124 頁)。"《吟紅閣詩鈔》。

鎮海姚梅伯燮《孤山小青墓》詩:"(按:略,見第 217 頁)。"《復莊詩問》。

錢唐蔣藹卿坦《小青曲》云:"苔花釀綠土花紫,繡衾紅抱鴛鴦死。錦字成灰玉化煙,地下香魂喚不起。剩綠零紅怨未銷,美人舊事憶前朝。三生薄福憐花命,兩字芳名記柳條。體格矜嚴心性好,破瓜年紀真嬌小。嫁得錢唐輕薄兒,三星錯喜衾裯抱。金屋藏嬌事未真,翠鈿委地鏡成塵。嬌獰躍出胭脂虎,豈惜蘭心蕙質人。猙聲猁語真無計,鴛盟鳳約閒拋棄。怨海流從妒婦津,別離豈是楊枝意。玉笛哀秋倚夢聽,挑燈閒看《牡丹亭》。梨花夜雨人雙淚,蝴蝶春風夢一醒。二月西湖春草路,兩行淚灑蘇孃墓。紅顏不返昔時魂,綠楊況屬他人樹。鳳髻蓬鬆病骨寒,蕭郎從此路人看。傳神空有真真畫,續命難求粒粒丹。鏡裏芙蓉紅不整,藥爐零落梨漿冷。剩有梅花護古墳,年年綰住斜陽影。吁嗟乎。修到蛾眉祇合愁,生天成佛兩休休。秋風蓮子心多苦,莫更他生乞並頭。"見《花天月地吟》。

海昌孫葆三祖珍《題〈小青傳〉後同芷湘茂才作》:"一卷流哀艷,璇閨筆有靈。梨花驚夜雨,芳草認西泠。骨瘦陪孤鶴,窗虛照小星。埋香存淺土,酹酒讀殘銘。"《雪映廬稿》。

　　庭芬同作並附:"往事空嗟燕子樓,又將煙月寫邗溝。生成慧
業空皈佛,賦就閒情惜抱裯。夢裏落花驚泡影,鏡中清淚抵潮流。
無端打槳相迎去,未必卿卿是莫愁。""湖山恰對美人妝,秋月春花
恨渺茫。孽海終難離色界,妒津何處覓慈航。且憑錦字勾新怨,不
換羅衣壓晚涼。此事免教憎薄倖,劍鋒先礪女平章。""謫向孤山
鶴作鄰,由來空谷住佳人。梨花門巷嘗聽雨,柳絮池塘不是春。幻
境本來同蝶蛻,情關何必隔魚鱗。憑蘭每共清波語,眉嫵凄涼顧影
顰。""亭亭弱質瘦難支,欲說三生證畫師。梨汁暫酬磨蠍命,翠鈿
留裹斷腸詩。不堪重認夭桃影,無故難消碧藕絲。夜靜西泠應步月,
閒愁好訴菊香知。"

　　李舒章雯《仿佛行》,爲小青作也,其序云:"(按:略,見第62
頁)。"以下皆見《蘭因集》。

　　華亭陳臥子先生子龍亦有《仿佛行》云:"(按:略,見第
63頁)。"

　　頤道居士既重修孤山小青墓,題詠者幾遍大江南北,今選存
數詩,以志埋香恨蹟。錢唐張仲雅雲璈云:"姓氏何人說浪傳,強將
情字作前緣。新妝自照凌波影,佛力難生並蒂蓮。經卷藥爐長宛
轉,蘭因絮果大纏綿。一坏應識芳魂慰,無復梅花變杜鵑。"鎮洋
顧春洲登衍云:"一窗秋雨寫凄涼,舊曲傷心玉茗堂。字裏箋情原
有味,人間療妒奈無方。蘭因遠證三生夢,蓮性重開隔世香。他日
湖隄尋片碣,桃花小影酹斜陽。"鎮洋顧子雨晛元云:"梨汁杯殘玉
不溫,綠陰西閣晝長昏。魂歸吳苑煙空抱,夢斷揚州月有痕。佛果
前生非柳絮,仙家小妹是桃根。埋香同傍巢居閣,何處蘼蕪認墓
門。"……太倉女士陸佩蘭明霞云:"窗外松嵐秀色深,闌干何處集
雙禽。畫師解寫娉婷貌,樂府空憐仿佛吟。鷲嶺蓮龕參慧業,鷗波

花海證幽襟。綠陰西閣依然在,鴻爪還勞隔世尋。"吳門女士曹小琴佩英云:"證取雙蓮入夢身,勝如畫裏喚真真。親從瘞玉埋香地,閒話蘭因絮果人。雙槳水香微雨暮,一樓花影夕陽春。妙山閣上遺詩在,更憶桃根小傳新。《妙山樓詩》小青女弟紫雲所作,亦葬孤山。"錢唐女士陳萼仙華姒云:"埋玉春山弔阿青,離魂倩女影亭亭。空憐西閣緘花鈿,何處南樓指畫屏。詞客劌鐙歌《仿佛》,陳臥子、李舒章《仿佛行》皆爲小青作。美人拂素寫娉婷。顧眉生爲小青寫像。零膏冷翠無多在,吟向幽窗總淚零。"錢唐女士陳茗仙麗姒云:"蘭因絮果總愁根,讀罷《焚餘》搵淚痕。梨汁一杯胡蝶夢,梅花萬樹杜鵑魂。零膏冷翠春無色,冶服明妝玉不温。倩影珊珊如欲下,綠陰深處閣西門。"錢唐女士管湘玉筠云:"空餘殘墨寫來禽,無復空床坐綠陰。霜裏幽蘭貞女操,秋邊遠笛美人心。綠珠怨魄終難化,紫玉芳魂或可尋。夢裏落花因果在,身前身後費沈吟。"梁溪女士華芸卿玉仙云:"曲折紅闌水上亭,綠陰煙閣俯西泠。從今士女嬉春舫,寒食家家弔小青。"吳門女士王蘭卿曼仙云:"佛廬仙觀幾番遷,梅鶴高風亦等閒。只有美人名不朽,一坏依舊傍孤山。""菊香寂寞小青孤,又築紅樓傍後湖。樓上闌干樓下舫,玉梅花裏弔蘼蕪。"

吳穀人祭酒錫麒題顧西梅處士所畫小青小影,填《孤鸞》一闋,書其幀首云:"亭亭料是可憐,夕陽千古,幾照到桃花,者般酸楚。瘦影亭亭,料是可憐兒女。丹青縱能活脱,恐難通、那時眉語。空剩癡雲入抱,守一燈聽雨。　便一池、春水卿何與。更一字消除,情多無據。稽首蓮臺,恁得慈雲常護。因緣也知偃蹇,怕爭伊、並頭尤苦。拼却光陰草草,付西泠鷗鷺。"見《有正味齋詩餘》。

平湖女士陸荷青《小青墓詩和韻》云:"(按:略,見第202頁)。"見《閨秀正始集》。

錢塘陳孟楷裴之《小青墓詩》云:"閒澆梨汁搵啼痕,芳草斜陽冷墓門。添種梅花三百樹,水邊照出美人魂。"見《澄懷堂詩外》。

（〔清〕管庭芬著,虞坤林點校:《管庭芬詩文集》,第 1043—1055 頁）

蘭絮話腴(卷四)

管庭芬

夢隨花片,人杳湖湄。舊話水天,閒談煙月。齒芬所及,借詩事以興懷;心鬱不舒,托詞波而摘句。愁根由於識字,偏多文字之緣;慧質早惜埋香,聽唱梅香之集。因次"詩話"爲第四。

明吳郡張大復云:"長洲許仲謙見示《小青集》,湖上異書也。首冠一傳,却是俗工寫照,正遠神情。青詩云:'瘦影自臨春水照,卿須憐我我憐卿。'如此流利,從何處摸捉? 戔戔居士許大膽識,乃爾放筆自恣耶。集中詩應入《昭明選》,不爾,《品》外録中,豈得無此。"《梅花草堂筆談》。

小青,明怨女也。没後葬孤山,而詩詞亦往往見於他書,流傳人口。顧岱《杭郡志》。

小青塚,在孤山路。姚靖《增修遊覽志》。

小青廬,景幽,在孤山麓。《西湖覽勝詩志》。

虞山蒙叟曰:"(按:略,見第 83 頁)。"《列朝詩集》。

吳農祥曰:"孤山有小青墓,吳下之士撰爲傳奇志銘,亦韻事也。"《梧園雜志》。

張山來曰:"(按:略,見第 162 頁)。"《虞初新志》。

《小青傳》,乃支小白戲撰。而詩文與詞,則卓珂月、徐野君爲之。離合其字情也,命名之義,可見爲亡是公也。余與野君爲亡年交,自述於予者如此。《柳亭詩話》。

小青,云係馮氏妾,以遭妒屏居孤山,居近蘇小墓。《焚餘》十一首,所謂"把酒自魂蘇小墓"是也,後死葬於此。然詩爲馮猶龍先生筆，而傳皆《綠窗》《蘭咳》所擬作，蓋以情字拆爲小青字也。詩出馮手，故小青托馮姓，其實爲一時文人之筆，非果眞有其事也。今按志又似確有其墓，余是以並錄詩十一首，暨詞一首於後，以俟博雅者之論定云。《增修遊覽志》。

祝珵美云："馮千秋，浙中名士。崇禎乙亥拔貢，頗以詩文擅長。家素封，因無子，買妾維揚，得小青，可謂佳人才子，兩相遇合。以後以妻妒，置之別業，似亦處之得當。不意小青才雋而年夭，時人詩傳、傳奇、歌詠、讚歎，遂使人人有一小青在其意中。或以謂小青無其人，寄言情字耳。而吳石渠炳之《療妒羹》，朱价人京藩之《風流院》，易千秋爲馮二官人，馮致虛直等之池同顏麻子之流。以千秋之才，因小青而反沒，不亦冤哉！"《聞見卮言》。

施愚山曰："（按：略，見第 95 頁）。"《愚山詩話》。

陸次雲曰："（按：略，見第 174 頁）。"《湖壖雜記》。

古吳墨浪子云："（按：略，見第 100 頁）。"《西湖佳話》。

紅顏薄命，至小青極矣。《列朝詩集》云"小青本無其人"，後見崇禎甲申空谷玉人題《小青傳》云："點次一二逸事，凄然可感，初疑爲子虛無是之流。及友人自武林歸，知出朱小玉手。小玉館卓左車，左車，某生戚也。生名開平，乃鍾中丞化民之後，某夫人則舒公俊民婦耳。所稱生'性嘈哖，憨跳不韻'，名不虛得。妒婦錢氏，閥閱女也，頗工詩。生尚有姬芳樹，才色俱不亞青。造物何厚於儈父，使坐擁姝麗若此。"指證確鑿，足破千古疑團。又云："姬好爲影語，此第一奇情。汨羅問天，孤山呼月，略得此意。予曾爲之賦曰：'不須更覓傳神手，只此情深是畫圖。'"蓋姬既秉性貞潔，而所處之境未免無聊。予《遺眞記傳奇》有"地老天荒，此身無變更"句，殆足爲青孃吐氣矣。邗江同年畢花江懷圖《題遺眞記》詩曰："勞君飽醮如椽筆，苦弔千秋失意人。"夫爲失意人表揚，此予作《遺眞記》本意也。廖古檀《盦香軒詩話》。

娟娟楚楚，如秋海棠花，小青第二圖也。馮猶龍得之，不知流落何所。余在平梁，王佳卿演《遺真》新劇，形態逼真。命畫師即佳卿繪爲小青像，題以詩云“桃花艷影暗生春，一幅鮫綃畫美人。粉本飄零誰省識，恰憑倩女爲傳神”，紀其實也。歸里後，佳卿暨諸伶陸續散去。辛卯夏，攜圖至鷺門，遇陳墨稼茂才長源精繪事，屬別寫一圖，態益流動而娟娟楚楚者宛在矣。同上。

西湖不涸，名跡長留。長洲汪元御膺，號玉淙居士，天啓丁卯孝廉。嘗泛舟西湖，訪小青舊居，賦二絕句曰：“回波借影指痕鮮，倩女遊魂未可傳。最是東風能寫照，西泠流水斷橋煙。”“濕雲如髻水如鬟，處士東鄰借玉顏。千樹梅花愁不墮，小青只合嫁孤山。”香魂有靈，應感百載下有知音也。同上。

長洲葛肇武馭，集百美圖詩，其詠小青云：“長橋月到短橋圓，湖上春風罨畫船。今日西泠踏青去，誰將杯酒酹玄玄？”薰香摘艷，卓可傳世。同上。

幼讀小青詩及《致某夫人啓》，不覺淚下。以青之才之貌之情，寧汨於荒煙野草？惜逸事難稽，聊以鍾情字解之。今閱廖明府《遺真記》，乃知貞心諒節，必有傳人，因繫以詩云：“誤落人間十八年，應知幻夢似游仙。蘭因絮果超輪劫，流播吟壇共灑然。”《墨稼叢談》。

南海黃同石璞有《風流債》填詞。據《紫雲歌小序》云“馮紫雲爲小青女弟，歸馬髦伯”，因指爲馮姓。又以馮生與姬同姓，拆爲馬冰。妒婦死，偕老。予爲作題辭，寫債字云：“意欲代卿償恨，追還負義之逋；若更爲天下市情，焚盡斷腸之券。”然姓既未確，情節又費斡全，不若《遺真記》撒手生天，爲佳人尋得一塊乾净去處也。題句云：“情死情生兩不差，生綃長倚玉無瑕。何緣解釋春風恨，重向情根放筆花。癡學爲尸信有無，當年粉本拓模糊。佳卿也是溫柔種,傳得人間第四圖。"《竹屛涉筆》。

人心不一也,愛才則一。憐小青者,前有《療妒羹》,後有《桃花影》矣。顧青溪云:"有陸明經祖彭曾作數劇,其詞失傳。今吳外翰竹屛函又述黃君有《風流債》之著,同一愛才心也。外翰來札云:'既賞一通佳詞,復陪了好些眼淚。'"又王辟塵伯維題云:"桃花片片落殘紅,憑弔貞魂點綴工。展卷不堪深夜看,恐添清淚入圖中。"則又毛聲山所謂"憤處悲處,未嘗不可下酒云"。《峭厓雜錄》。

張山來《美人酒令》,入小青於姬侍類,牙籌刻"原不是鴛鴦一派"句,注云:"獨宿者飲。"又朱竹垞太史《友齋小飲》,各舉古人男女字成對者爲酒令,舉太白小青、無咎莫愁等,皆精當。《丙瑭隨筆》。

小青爲虎林馮氏家姬,留梅嶼之恨跡。武原彭羿仁孫貽所著《茗齋百花詩》,中有《詠小青花》一首,語意雙關,深得幽怨之旨。其詩云:"幽花蒽倩態初酣,嫩蕊窗陰旁晚含。媚色染衣迷翠鈿,清光橫黛畫霜鬟。怕同秋草荒凝碧,錯把春思怨采蘭。生小最憐零落早,棄捐朝露未容甘。"《芷湘偶記》。

郭祥伯云:"小青像一軸,設色古雅。爲顧眉生所作,後歸秦敦甫太史。"《樗園消夏錄》。

吳子律云:"古來詞不全者,後蜀主孟昶《洞仙歌令》,花蕊夫人《採桑子》,宋司馬杕女兒《黃金縷》,戴復古妻《祝英臺近》,無名子《唐多令》,明張紅橋《蝶戀花》,小青《南鄉子》。"《蓮子居詞話》。

蕭元瑋曰:"婁江王相國偶出家樂演《牡丹亭》,語周明行中丞曰:'吾老年人,近頗爲此曲惆悵,情之於人,甚矣哉!'"余觀小青讀《牡丹亭》,亦有"豈獨傷心是小青"之句,天下有心人,終當爲情死。若王公政逸少傷於哀樂之致,又自一懷抱耳。《春浮園偶錄》。

徐電發太史釚曰:"(按:略,見第108頁)。"《南州草堂詩話》。

又云："（按：略，見第 108—109 頁）。"《詞苑叢談》。

湯卿謀《弔小青》云："雨梳香草深留黛，燕剪晴煙似隔紗。"
《湘中草》附注。

錢唐陳雲伯大令，得隙地於孤山巢居閣西，爲菊香、小青兩女
士修墓畢，擬建蘭因館，上爲夕陽花影樓，左爲綠陰西閣，以祀小
青；右爲秋芳閣，以祀菊香。其題小青詩云："冷翠零膏易斷腸，美
人回首尚明妝。自胎蓮性孤聽雨，甘證蘭因任隕霜。三竺鐘聲尋
夢迹，兩隄雲影動湖光。遺墳重築樓重建，一樹桃花寫夕陽。"《頤
道堂集》。

鴛湖女士沈采若，爲雲伯寫西泠舊夢圖册，中有《梅嶼埋香》，
蓋爲雲伯修小青諸墓作也，自題云："湖雨湖煙外，春山玉女墳。
梅花三百樹，樓閣倚斜曛。一樣蛾眉月，重來弔紫雲。"又《弔紫雲
詩並序》云："紫雲，馮姓，揚州人，小青女弟，會稽馬髦伯姬。姿
才絕世，既精書史，兼達禪宗，惜與小青俱早沒，著有《妙山樓集》，
見髦伯所撰《紀事略》及吳道新《紫雲歌》。歌中有云：'西湖煙水
西泠樹，小桃花繞斜陽暮。寒食東風哭杜鵑，雙鴛塚傍蘇卿墓。'
則亦葬孤山也。"詩云："靚服明妝弔美人，雙鬟女弟亦無倫。廣陵
散絕雲翳月，文字禪深雨洗塵。鈿閣香魂招石笥，鏡湖春夢證蘭因。
鶴亭西去鴛鴦塚，桃葉桃根總比鄰。"同上。

康熙時，閩中邵菲菲爲羅侍御妾，亦以妒不得志，作《薄命詞》
三十首，中有云："蜀魄啼殘不忍聽，斷腸最是雨淋鈴。紅顏千古
同凄惻，我又如斯慟小青。"《寄園寄所寄》。

又無名氏弔邵菲菲詩云："自痛嬌姿水上萍，筆尖寫恨淚先
零。幽窗冷雨猶瀟灑，卿受羈囚過小青。"《芷湘偶記》。

秣陵丁菡生雄飛，婦卜氏，名曇，字四香。婉嬺柔惠，歸丁後，每每
有憂生之嗟。嘗讀霍小玉及《小青傳》淚籔籔如雨，年三十夭。《婦

人集》。

錢唐朱青湖彭《湖山遺事詩》，徵引甚富。其詠小青云：“小青纖弱嫁雲將，遭妒單居快雪堂。一自楊夫人北去，玉梅花下竟埋香。”《抱山堂續集》。

錢唐陳履中時，嘗詠《孤山》云：“孤山一坏耳，名重西泠曲。詩人放棹來，山翠影湖淥。美人馮小青，處士林君復。”《杭郡詩續輯》。

仁和顧彦青太守光，號野翁，嘗作《桃枝詞》云：“湖裏鴛鴦水自香，小青墳上蹋春陽。桃花未向東風笑，已有行人爲斷腸。”《橘頌堂集》。

武林女士吳蘋香，工填詞，自製《飲酒讀騷圖曲》，以抒鬱抱。齊梅麓太守彦槐題云：“鴨頭春水緑於醽，長醉誰知是獨醒。畢竟小青無俠氣，挑燈只看《牡丹亭》。”《讀騷曲題詠》。

海昌陸布衣少白素生《西湖雜詩》云：“蹋破青孃墓上苔，夕陽弄影動驚猜。梅花嶼畔嗚嗚水，似怨桓家郡主來。”《於斯閣詩鈔》。

吳趨女士張令畹，有《題六一泉寓樓壁》二律，其次章云：“重到孤山拜阿青，荒荆野棘一沙汀。煙沈古墓霜寒骨，雪壓殘碑玉作銘。幽恨不隨流水盡，香魂時逐蓼花零。勸君再禮慈雲側，莫墮輪迴作小星。”《杭郡詩續輯》。

吳江布衣葉改吟樹枝《題曼殊小影》云：“療妒無方筆不靈，書磚别志語零星。匆匆應悔來塵世，一例傷心似小青。”《改吟齋未刻稿》。

小紅，江寧人，嚴姓。其母夢小青而生，姿態明媚，性慧工詩，偶侍女得仕女圖一幅，紅締視良久，若有所思。侍女笑曰：“此圖貌酷似姊，曷不以詩贊之？”紅即書一絶於上云：“蕙蘭弱質倩誰描，丰致翩翩金步搖。欲問前身卿應是，花魂月影共魂消。”後悦同邑張氏子不遂，感疾，臨没，歎曰：“斷腸人固有宿孽耶？”屬嫗以所題幅贈張，張大感泣，潔室懸圖禮之，終身不輟。《竹溪外紀》。

吳門君蘭，家赤貧，投華林部作梨園子弟。奉母極孝，小有不樂，鋪氈列几，結束登場，演小青題曲諸雜劇，母歡笑乃止。《諧鐸》。

蘇芷香校書，吳門人。貌娟秀而性孤冷，流寓於杭西湖，李小牧茂才丙頗眷戀之。令弟聽松茂才寅爲畫梅花便面，題一絕云："西泠曲港斷橋邊，冷抱煙霞不計年。指點孤山三百樹，此花曾受小青憐。"語極痛峭。《兩般秋雨盦隨筆》。

《湖山遺事詩》注云："小青爲馮雲將之妾，快雪堂本馮氏別業，在孤山，故小青歿，相傳葬於此山。"《抱山堂續集》。

《談暇》云："余嘗見吳中一女士，好書《心經》等篇，以舍庵院。書法頗娟秀，必鈐'稽首慈雲大士前'一章。豈亦有小青之幽怨，藉慈悲以資超拔耶？"《誰園雜著》。

吳道新《紫雲歌》其序云："（按：略，見第63—64頁）。"見沈西雍《續本事詩》。

曲阜女士孔麗貞，字蘊光。偶觀《療妒羹》傳奇，即用小青詩韻，戲題一絕云："療妒名新最耐聽，寫情還遜《牡丹亭》。琵琶若抱別船去，不是憐青是誤青。"見雅雨堂《山左詩鈔》。

吳江女士龐蕙纕，字紉芳，號小畹。工詩詞，有女妓青蓮持扇乞書，小畹調《桂枝香》一闋贈之，有"浪萍飛絮前生果，別是傷心一小青"句，青蓮憮然自失，遂立志脫籍。見《閨秀正始集》。

釋大涵字雁黃，海昌安國寺僧。嘗作《湖上雜詩》云："才色堪嗟淚欲零，千年詩裏骨猶馨。西泠橋畔傷心路，不哭西施哭小青。"見《喫雪大師遺集》。

　　（〔清〕管庭芬著，虞坤林點校：《管庭芬詩文集》，第1056—1066頁）

湖上雜吟（其二）

黃凱鈞

落葉蕭蕭不可聽，夕陽一片下西泠。湖邊新立鴛鴦塚，寂寞無人問小青。

（〔清〕黃凱鈞：《友漁齋詩集》卷三，《清代詩文集彙編》第 431 冊，第 628 頁）

閱《燕蘭小譜》諸詩有慨于近事者綴以絕句

張際亮

其二十三

梨花如雪雨如絲，吹上三郎一寸眉。同是情根消不盡，江南人去又多時。韻香演《小青題曲》，得名十年，當不減柯亭也。嘗誦"無情何必生斯世，有好都能累此身"二語，其風懷可想矣。

其二十四

人間何處蔣金官，絕好嬌癡再見難。頭白侍郎江海去，風流文采罷長安。嘉慶處，四喜部蔡三保、蔣金官並以色名一時。□□□侍郎於□□□侍郎座上，命蔣演《小青題曲》，聲容獨絕。□今□□。□□□，今□□□□，蔣則久不知何所矣。

其三十八

撩眼春光妙悟生，天然易理出音聲。年來略解詩人意，癡婦豪僧怨女情。向年在會城，見演《醉打山亭》，乃悟詩人所謂悲壯。近見韻香演《小青題曲》《遊園驚夢》，乃悟詩人所謂纏綿。山樵解《易》，固非戲語。

（張際亮著，王颺校點：《思伯子堂詩文集》卷九，上海：上海古籍出版社，2007 年，第 337—339 頁）

題廖古檀《小青遺真記》

顧宗泰

其一

崔徽風貌卷中描，更寫芳情按碧簫。不獨玉人空谷裏，斷腸往夢記花朝。空谷玉人有《小青序》題於崇禎甲申花朝。

其二

可憐芳樹並嗟稀，小青原《序》生有姬芳樹，才色不減於青。回首紅顏百事非。再世鵑啼傷薄命，風流債續邵飛飛。康熙時，閩中邵飛飛爲羅侍御妾，亦以妒不得志，作《薄命詞》三十首。中有云：“蜀魄啼殘不忍聽，斷腸最是《雨霖鈴》。紅顏千古同淒惻，我又如斯慟小青。”事載趙吉士《寄園雜録》。

其三

唐突清魂傳改嫁，《療妒羹》傳奇以青改嫁。豈知瘞玉有餘芳。牡丹亭畔春風杳，誤我多情杜麗娘。小青詩：“冷雨幽窗不可聽，挑燈閒看《牡丹亭》。人間亦有癡于我，豈獨傷心是小青。”又空谷玉人《序》，青墓在孤山，聞其死實以讀《牡丹亭》故。

其四

底事韓郎盼陌頭，章臺見説亦堪羞。夕陽死剩桃花塚，抵得生前燕子樓。

其五

倩女情深可奈何，鏡潮湧淚濕香羅。清詞半曲《南鄉子》，消受懨懨夜雨多。劉無夢得小青《南鄉子》詞賤，僅有三句，云：“數得懨懨夜深雨，無多，也只得一半工夫。”

其六

金縷年華最愴神，嬌嬈着意寫真真。風前灑盡梨花酒，要奠人間失意人。

（〔清〕顧宗泰：《月滿樓詩集》卷十二，《清代詩文集彙編》第 425 冊，第 379—380 頁）

廣陵花

楊　淮

小青姓喬氏，家廣陵。生而夙慧，丰神逸艷。年十六，歸武林馮生。生性蠢俗，婦又奇妬，遷青于孤山別業以幽之。青悵抑無聊，作詩多哀婉之音，令人酸鼻。惟婦之戚屬，有楊夫人者，常憐而顧焉。居久之，鬱鬱成病。倩畫工圖其真，設梨漿以爲奠，一慟而絶。妬婦索其遺詩盡焚之，所存於世者惟《寄楊夫人書》一、古詩一、七絶十餘首、詞一闋而已。戔戔居士爲之作傳，好事者每以詩爲憑弔云。

是廣陵花，何以吹折于武陵之妬風雨耶？貌而才，薄命固無足嗟。吁嗟乎。瘦影憐秋波，無命奈若何。孤燈吟夜雨，有恨向誰語。維貌而才，有一于此，其能免于妬風雨之殘摧，何況並臻其絶佳。死矣哀哉。阿青阿青，尚何須顧影而徘徊。

（〔清〕楊淮：《古艷樂府》，《叢書集成續編》第 209 冊，第 684 頁）

湖山遺事詩

朱　彭

小青纖弱嫁雲將，遭妬單居快雪堂。一自楊夫人北去，玉梅花下竟埋香。

明時有小青詩傳世，説者謂託名，蓋析情字爲小青耳。施愚山至杭詢之陸麗京，陸曰："此馮具區之子雲將妾也。集中所謂某夫人者，錢塘進士楊元蔭妻也。楊與馮親舊，夫人雅諳文史，故相憐愛，頻借書與讀。欲爲作計，令脱身他歸，小青不可。夫人從官北去，小青鬱無可語，遺書爲訣。書中云云，皆實録也。"見《愚山詩話》。快雪堂本馮氏別業，在孤山，故小青殁，相傳葬於此山。考支如璔

《小青傳》："名元元，家廣陵。其姓不傳，歿于萬曆壬子歲，年纔十八耳。"又張潮《虞初新志》云："小青女弟紫雲，嫁會稽馬騖伯。"據諸說，實有其人，非烏有也。

　　（〔清〕朱彭：《抱山堂續集》卷十七，《清代詩文集彙編》第 376 册，第 130 頁）

孤山弔小青

　　　　沈汝晋

　　寂寂孤山訪艷才，寒煙冷雨閉泉臺。畫圖無主空三易，梨汁何人奠一杯。瘦影不隨春水在，香魂唯逐暮雲回。多情但寫風流句，莫作錢塘蘇小猜。

　　（〔清〕胡昌基輯：《續檇李詩繫》卷二十七）

《劇說》（卷三）

　　　　焦　循

　　演小青故事爲傳奇者，有《療妒羹》《風流院》兩種，當以徐野君《春波影》爲最。《聞見厄言》云："馮千秋，浙中名士。崇禎乙亥拔貢，頗以詩文擅名。家素封，因無子，買妾維揚小青。後以妻妒，置之別室，似亦處置得當。不意小青才雋而年夭。時人詩傳、傳奇、詩歌、讚歎。而吳石渠炳之《療妒羹》，朱价人京藩之《風流院》，易千秋爲馮致虛。以千秋之才，因小青而反没，不亦冤哉！松陵徐電發載酒放鶴亭，求小青墓不得，作詩云：'青青芳草瘞紅顏，愁對雙峰似翠鬟。多少西陵松柏路，銷魂一半是孤山。'註云：'小青，廣陵人，爲虎林某生妾，早卒。戔戔居士爲之作傳，而所録《天仙子》《南鄉子》詞，多不可考。'所謂某生，即馮千秋也。千秋名延年，能詩，有文譽，名列復社。爨花主人演作褚大郎，吳某《紫雲歌小序》云：'馮紫雲爲維揚小青女弟，歸會稽馬騖伯。'諸所謂小青者，歷歷可據；惟姓馮，則與千秋爲同姓矣。"《書影》云："昔在秣陵，見支小白如璔，以所刻《小青傳》遍貼同人。鍾陵支長卿語余曰：'實無其人，家小白戲爲之耳。'後王勝時語余曰：'小青之夫馮某，尚在虎林。'則實有其人矣。或云：'小青本無其人，其邑子譚生造傳及詩爲戲。'或曰：'小青者，離"情"字也。或言姓鍾，合成"鍾情"字也。'余意當時或有其人，以夫在，故諱其姓字。其詩文或有一二流傳者，衆爲緣飾之耳。但以爲出譚生手，而余適見小白持之以貼人，其譚生爲之，小白梓之耶？抑竟出小白手耶？"

（龔賢疏證：《〈劇説〉疏證》，南昌：江西教育出版社，2015年，第196頁）

孤鸞·題顧西梅畫《小青小影》

吳錫麒

夕陽千古，幾照到桃花，者般酸楚。瘦影亭亭，料是可憐兒女。丹青縱能活脱，恐難通、那時眉語。空朦癡雲入抱，守一燈聽雨。　　便一池、春水卿何與。更一字消除，情多無據。稽首蓮臺，恁得慈雲常護。因緣也知偃蹇，怕爭伊、並頭尤苦。拚却光陰草草，付西泠鷗鷺。

（〔清〕吳錫麒：《有正味齋詞續集》卷一，《清代詩文集彙編》第415冊，第558—559頁）

小　青

屈秉鈞

劇憐殀薄誤三生，不懺良緣只懺情。參得《牡丹亭》上意，挑燈心事自分明。

（〔清〕屈秉鈞：《韞玉樓詩》卷一，《清代閨秀集叢刊》第20冊，北京：國家圖書館出版社，2014年，第60頁）

橫波夫人寫小青

薩玉衡

籋馬丁當屋角鳩，畫蘭終日坐眉樓。寫生別出三圖影，知有尚書最解愁。

（〔清〕薩玉衡：《白華樓詩鈔》卷三，《清代詩文集彙編》第484冊，第592頁）

小　青

席佩蘭

慢論本事屬虛無，真有其人慮亦疏。解讀《牡丹亭》上語，如何不解讀《關雎》。

（〔清〕席佩蘭：《長真閣集》卷二，《清代閨秀集叢刊》第18冊，第190頁）

吳松厓秀才取願爲一滴楊枝水灑作人間並蒂蓮詩意作圖乞題

席佩蘭

並頭修作玉蓮莖，借取楊枝證此盟。飛絮化萍圓箇箇，如何人不想來生。

玉池誰與護瓊芽，珍重西天佛露華。莫誤化爲珠淚點，却教開出斷腸花。

珠龕佛火自燒香，修道幽蘭葉葉長。消盡胸前紅豆子，只憑蘿壁畫瀟湘。

（〔清〕席佩蘭：《長真閣集》卷二，《清代閨秀集叢刊》第18冊，第348頁）

吊三女士墓

方若徽

小閣紅雲近水濱，零脂剩粉不勝春。最憐香冢埋愁地，恰與冰魂結净因。兩代鶯花歸仕女,四時觴咏屬才人。年年憑吊孤山側,一掬寒泉一愴神。

（光鐵夫編:《安徽名媛詩詞徵略》,合肥:黄山書社,1986 年,第 59 頁）

考信録·題《小青傳》後

崔　述

揚州不合瓊花死,幻取花魂作小青。花貌花心花態度,早隨風雨又飄零。

（〔清〕崔述撰著,顧頡剛編訂:《崔東壁遺書》下册,上海:上海古籍出版社,2013 年,第 886 頁）

題《小青雨鐙讀曲紈扇》

錢韞素

慧業前因薄命身,秋窗惟賸影形親。蕭蕭涼滴梧桐雨,句起新愁一晌神。

廢鐙挑爐恨綿綿,破寂無聊對一編。宿業料緣留綺語,他生誓莫墮青蓮。

果否神傳昔日姿,冰綃展處見情癡。亭亭瘦骨臨秋水,只有孤山梅影知。

無那愁腸逐雨聲,一番回首一番情。古來多少傷心事,惆悵千秋豈獨卿。

（〔清〕錢韞素:《月來軒詩稿》,《清代閨秀集叢刊》第 42 册,第 91 頁）

題小青册幅以應程味蔬女史

錢韞素

未悟三生慧業前,自臨清水影形憐。埽除塵網千絲鬢,願結池邊一朵蓮。花情重重情,原是幻色空,空色莫相牽。人間亦有癡於我(按:即用小青詩句),小謫都因證夙緣。

（〔清〕錢韞素:《月來軒詩稿》,《清代閨秀集叢刊》第 42 冊,第 101 頁）

小青小影

郭 麐

幽怨心情薄病餘,西泠容易葬香車。如何一段傷心史,尚被人疑是子虛。

鏡潮鏡汐爲誰容,難畫亭亭意態工。辛苦流連問團扇,憐渠并不識秋風。

（〔清〕郭麐:《靈芬館詩四集》卷七,《清代詩文集彙編》第 485 冊,第 255 頁）

題《蘭因集》雲伯修西湖菊香、小青、雲友三女之墓。立祠,諸人題詠之作。

郭 麐

中山孺子邯鄲婦,漂轉風花豈宿因。別有心情聊寄託,美人身世似才人。

老我真參枯木禪,想多情少或生天。不成已往持鬢界,還更將華散墓田。

（〔清〕郭麐:《靈芬館詩續集》卷三,《清代詩文集彙編》第 485 冊,第 325 頁）

小青墓和韻

陸荷青

尚有香魂在,湖干弔夕曛。孤山芳草路,寒食美人墳。叢竹幽窗雨,梨花日莫雲。風前雙蛺蝶,仿佛舊羅裙。

（〔清〕黃秩模編輯,付瓊校補:《國朝閨秀詩柳絮集校補》,第 2192 頁）

與友人談《小青傳》口占一絶

　　葉　煒

　　小白風流傳小青,《小青傳》係支小白戲撰。分明情字幻娉婷。鐙前一曲題何事,好向山陰問柳亭。

（〔清〕葉煒:《鶴麓山房詩稿》卷五,《清代詩文集彙編》第 472 册,第 416 頁）

西湖紀游十二首(其九)

　　朱　琦

　　思參絮果問蘭因,蔓草纏碑字尚新。蘇小小青俱有墓,不拘流品作傳人。

（〔清〕朱琦:《小萬卷齋詩稿》卷二十七,《清代詩文集彙編》第 494 册,第 758 頁）

小青曲孤山弔小青墓作

　　陳文述

　　小青名元元,廣陵馮氏女,錢塘馮具區子雲將妾。能詩善畫,爲大婦所容,屏之孤山別墅。諷其去,小青不可,鬱鬱以終。蓋志節女子也。詩稿爲大婦所焚,僅存十餘篇,後人爲刻《焚餘草》,事見支小白、馮猶龍所撰小傳及施愚山《蠖齋詩話》。錢牧齋《列朝詩人小傳》以爲無其人者,謬也。

　　情天小劫罡風起,片片飛花紅著水。零膏冷翠盡成煙,美人甘爲傷心死。傷心妾命薄於花,碧玉何嘗是小家。佛肯慈悲仙愛惜,前身應是婉凌華。妒婦津頭風又雨,倉庚難療胭脂虎。那知妾不羨鴛鴦,哮聲猁語知何苦。遠篷哀秋帶雨聽,斷腸一卷《牡丹亭》。白花紫玉悲前世,絮果蘭因證此生。花開雪滿湖西路,一杯自酹蘇娘墓。閣門深鎖綠陰床，知是他年埋玉處。冶服明妝玉樣溫，碧天人遠澹無痕。畫師可有傳神手，寫出亭亭倩女魂。鏡潮紅瘦芳魂醒，檀炷香銷梨汁冷。淒涼自弔畫中人，夕陽一片桃花影。如此蛾眉最可憐，西泠芳草葬嬋娟。姻緣領略人間世，莫乞他生並蒂蓮。

（〔清〕陳文述：《頤道堂詩選》卷二十一，《清代詩文集彙編》第504冊，第378—379頁）

按：陳文述《頤道堂詩外集》卷七再次收錄本篇，題作《小青曲》，無序文。其中，"傷心妾命薄於花"作"傷心花命薄於雲"；"碧玉何嘗是小家"作"絕世才華絕代人"；"佛肯慈悲仙愛惜"作"佛肯慈悲憐錦瑟"；"前身應是婉凌華"作"仙因綽約惜羅裙"；"絮果蘭因證此生"作"絮果蘭因懺此生"；"鏡潮紅瘦芳魂醒"作"鏡潮紅濕芙蓉醒"。詳參《清代詩文集彙編》第504冊，第673頁。

西湖三女士墓詩

陳文述

得隙地於孤山巢居閣西，爲菊香、小青兩女士修墓，並建蘭因館，上爲夕陽花影樓，左爲綠陰西閣，以祀小青；右爲秋芳閣，以祀菊香。先是爲雲友修墓智果寺西，因以祔祀秋芳閣中，詩以記事。

巢居閣畔好青山，花落花開吊玉顏。曾築春泥喃燕子，再營香塚葬雲鬟。殘霞留照明妝靚，夜月招魂翠袖閒。添種寒梅三百樹，彩鸞應共鶴飛還。

冷翠零膏易斷腸，美人回首尚明妝。自胎蓮性孤聽雨，甘證蘭因任隕霜。三竺鐘聲尋夢迹，兩隄雲影動湖光。遺墳重築樓重建，一樹桃花寫夕陽。

兩朝閨閣話音塵，一樣嬋娟舊隱淪。芳姓偶同楊妹子，小名應喚菊夫人。寒梅伴侶林花發，智果因緣墓草新。日暮傳芳歌楚些，隔湖相望水鱗鱗。

蘆菴一角水仙祠,梅嶼三臺玉女碑。畫裏佩環生紫玉,夢中簫鼓葬西施。湖山跌宕春留影,花月沈吟鬢有絲。曹妙清樓蕡桃墓,重來還擬賦新詩。

（〔清〕陳文述:《頤道堂詩選》卷二十一,《清代詩文集彙編》第 504 冊,第 380 頁）

孤山弔紫雲

陳文述

紫雲,馮姓,揚州人。小青女弟,會稽馬髦伯姬。姿才絕世,既精書史,兼達禪宗,惜與小青俱早没,著有《妙山樓集》,見髦伯所撰《紀事略》及吳道新《紫雲歌》。歌中有云:"西湖煙水西泠樹,小桃花繞斜陽暮。寒食東風哭杜鵑,雙鴛塚傍蘇卿墓。"則亦葬孤山也。

靚服明妝弔美人,雙鬟女弟亦無倫。廣陵散絕雲翳月,文字禪深雨洗塵。鈿閣香魂招石笥,鏡湖春夢證蘭因。鶴亭西去鴛鴦塚,桃葉桃根總比鄰。

（〔清〕陳文述:《頤道堂詩選》卷二十一,《清代詩文集彙編》第 504 冊,第 380 頁）

梅花夢歌·梅嶼埋香

陳文述

楊雲友墓在智果寺西,菊香、小青墓在孤山。次第修復並營蘭因館於巢居,閣左上爲夕陽花影樓,左爲綠陰西閣,右爲雲龕。

湖雨湖煙外,春山玉女墳。梅花三百樹,樓閣倚斜曛。一樣蛾眉月,重來弔紫雲。紫雲,小青女弟也。

（〔清〕陳文述:《頤道堂詩選》卷二十二,《清代詩文集彙編》第 504 冊,第 394 頁）

余在西湖爲菊香小青雲友三女士修墓並於孤山建蘭因館女弟子吳蘋香爲填南曲一齣漢上梨園多吳中名宿按拍悉皆協律楚女亦多有歌之者此詞場佳話也因題四絶句

陳文述

一卷《離騷》一杯酒，青山紅粉換妝臺。金釵弟子人如玉，第一嬋娟謝絮才。蘋香自寫《讀騷飲酒男妝小像》，自填北《新水令》一齣，託名謝絮才，江南樂部多被之絃索，纍演比之黃崇嘏。

香徑蘼蕪玉女碑，美人湖上雨絲絲。畫眉啼煞春山路，曾譜花簾絶妙詞。

玉簫聲裏夢如塵，十里紅樓倚好春。湘月初三花十八，家家兒女唱蘭因。

金粉難消罨綠苔，新聲重按紫雲迴。紅牙一樣雙鬟唱，絶勝旗亭畫壁來。

（〔清〕陳文述：《頤道堂詩選》卷二十五，《清代詩文集彙編》第 504 册，第 449 頁）

小青墓志

陳文述

在昔燕歸紅線，青山起玉女之墳；鶴舞黃泉，白石築瓊姬之墓。珠江瘞玉，香生悉茗之花；青塚留春，綠遍卷施之草。紙醉金迷之地，慣弔芳魂；山溫水軟之區，長埋玉骨。如孤山小青墓，亦其一也。小青姓馮氏，名元元，廣陵人也。二分明月，解認前身；一樹瓊花，自憐小影。淑妃芳姓，熏爐粉鏡之妝；蔣妹同鄉，盤石金釵之曲。生來識字，已種愁根；幼解誦經，聊參慧業。濟尼之言其智，仙之寶筏歟？錢塘馮生雲將，翩翩佳公子也。居近斷橋，門繫浮梅之檻；

墅鄰瀛嶼，家餘快雪之堂。慕桃葉之芳姿，迎來畫檝；惜柳枝之弱
態，護以雕闌。無如妬婦津危，夫人城逼。明珠委地，遭按劍以何疑；
芳蘭當門，必見鋤而始快。因琳宮之問答，託覺岸以慈悲。置之暗
香疎影之中，其心叵測；藉爲折柳摧花之舉，此妬難療。小青智慧
人也。心孤似月，任蝕影於妖蟇；命薄於花，肯飄香於藩溷。甘受
三章之約，永辭一面之緣。證莫須有以無從，勸歸去來而不聽。其
心甚苦，其情亦可憐矣。楊夫人者，馮氏戚楊進士元蔭室也。女宗
習禮，佳俠含光。愛謝女之詞章，假甄家之筆硯。憫茲羅刹，欲渡
慈航。心憐紫禬，匪緣綠綺閒情；氣激黃衫，欲拯紅綃苦海。小青
貞烈人也，遠篝孤鐙，南樓味寂；玉煙花蝶，西閣酣愁。故里迴帆，
難爲朱蕚娛親之計；空門削髮，易起瑤光奪壻之嫌。甘爲霜裏之
幽蘭，不作風中之弱絮。其辭婉，其心孤，其行芳，其志決。以視綺
紈傳體，縞練從人，吁其遠已。雅善丹青，尤工詞翰。對佳山水，輒
以煙墨自娛；賦小詩詞，聊與泉石相賞。生前金石，尚留《報楊之
書》；劫後檀旃，賸有《焚餘之草》。詢閨閣中之羈人志士，姜滕中
之孽子孤臣矣。或云人本子虛，事皆烏有。豈知漢代班曹大家續史，
晉時王、謝閨秀能詩，女子多才，由來久矣。況史稱絡秀之賢，銘志
清娛之美。汝南灣上，碧玉留名；金谷園中，綠珠殉節。士之賢不肖，
不以貴賤異；女之賢不肖，亦豈以嫡庶殊耶？閨集謾聞，晚年目論
虞山蒙叟之讕言，不能不爲河東君責矣。香月亭前，歲寒巖畔，埋
香瘞玉者二百年於茲矣。孤嶼花香，後湖水碧。夢證三生之石，親
題十字之碑。鬱鬱長留，期酹酒重三節後；珊珊何處，待招魂第二
圖中。銘曰：

　雪耶月耶，煙耶水耶。藹藹暮雲，亭亭朝霞。明湖微波，春山
落花。素羽未來，綠蕚始華。香土一抔，曰玉勾斜。

〔〔清〕陳文述：《頤道堂文鈔》，《清代詩文集彙編》第 505 冊，第 129 頁〕

梅花嶼吊小青

　　陳文述

　　小青馮姓，名元元。容態妙麗，通文翰，解聲律，精諸技。家廣陵，年十六，歸武林馮生千秋，以同姓故諱之。見嫉正室，徙居孤山別墅。馮姻楊夫人愛憐之，勸之歸。小青《答書》有云"去則弱絮風中，住則幽蘭霜裏"，蓋志節素定矣。卒以抑鬱病卒，有《焚餘草》，讀者憐之，見支如增《小青傳》。虞山蒙叟託河東君之言謂無其人，人多信之。按張潮《虞初新志》所載，小青有女弟紫雲，歸馬髦伯。姚靖《增修遊覽志》載入西湖路孤山，相傳有小青廬。支《傳》外有馮猶龍所作一《傳》更詳，虞山謬論，不足破也。余嘗謂女子有才爲妾不得志以死者，皆小青之類，留此零膏冷翠，爲天下後世傷心人寫照耳。道光甲申爲修墓於孤山，建蘭因館，並譔墓志賦詩紀事，女士和者三十餘人。

　　遠篷哀秋聽雨天，綠陰西閣吊嬋娟。桃花命薄難留影，紫玉情深易化煙。梨汁豈能消鬱結，藕絲從此解纏綿。傷心紅粉知多少？不似斯人最可憐。

　　（〔清〕陳文述輯撰：《西泠閨詠》卷九，光緒丁亥西泠翠螺閣重梓本，《武林掌故叢編》第 4 冊，第 2701 頁）

孤山詠楊夫人

　　陳文述

　　錢塘進士楊廷槐元蔭妻，即小青所寄書者，嘗至孤山從小青弈，假書籍與觀，並欲爲道地歸計。閨閣憐才，定屬大家名媛，較之馮家妬婦霄壤矣。

　　應知芳姓話垂陽，從宦何年返故鄉。去日定呼紅拂姊，歸來空弔綠陰牀。笛聲秋遠孤燈焰，棋局花殘暮雨涼。閨閣憐才誰得似，從來佳俠最含光。

〔清〕陳文述輯撰：《西泠閨詠》卷九，光緒丁亥西泠翠螺閣重梓本，《武林掌故叢編》第 4 冊，第 2701 頁）

《西湖志·小青傳》跋

陳文述

按：小青事前人多言僞託，絕無其人。但姚靖增修《遊覽志》已載入孤山路，而《焚餘》詩詞又往往見於他書，流傳人口。新安張潮作《虞初新志》云小青馮姓，其女弟紫雲歸會稽馬髦伯，見吳道新《紫雲詩序》，則似實有其人矣。又支《傳》外復有戔戔居士一《傳》，其言更詳，或云明季馮猶龍所作。

〔清〕陳文述輯撰：《蘭因集》卷上，光緒丁亥西泠翠螺閣重梓本，《武林掌故叢編》第 4 冊，第 2276 頁）

梅花嶼吊小青

汪　端

埋玉湖山暝色昏，美人慧業種愁根。哀秋遠笛殘詩卷，聽雨幽窗舊淚痕。春水平池曾照影，綠陰西閣漫招魂。年年遊女澆芳醑，冷艷含香吊墓門。

〔清〕汪端：《自然好學齋詩鈔》，《江南女性別集二編》，合肥：黃山書社，2010 年，第 402 頁）

翁大人得隙地於孤山爲菊香小青兩女史修墓並建蘭因館其上爲夕陽花影樓樓左爲綠陰西閣以祀小青右爲秋芳閣以祀菊香先是爲明女史楊雲友修墓于智果寺因以祔祀邊征海內題詠哀爲《蘭因集》端亦賦四律

汪　端

《焚餘》詩草返生香,《遺集》真應號斷腸。齊國淑妃原著姓,馮姓。蔣家小妹是同鄉。廣陵人。鏡湖桃葉鷗盟遠,女弟紫雲,歸會稽馬髦伯。畫閣梅花鶴夢驚。屏居孤山別業。最憶橫波摹小影,眉樓一角寫斜陽。顧眉生曾摹小青小影。此詠小青。

（〔清〕汪端：《自然好學齋詩鈔》,《江南女性別集二編》,第 421 頁）

蘇小小墓

陸次雲

“杯酒自澆蘇小墓,可知妾是意中人”,小青寄意之言也。遊人至孤山者,必問小青;問小青者,必及蘇小。孰知二美之墓俱在子虛烏有之間?白門一友求其跡,悵不可得。余曰:“詠巫山者,謂‘朝雲暮雨連天暗,神女知來第幾峰’;泛洞庭者,謂‘日落長沙秋色遠,不知何處弔湘君’。引人入勝,正在縹緲之際。子於二美亦當作如是觀,必欲求之,何邪?”客點首曰:“孤山之側有菊香墓者,又何人乎?”余曰:“客不聞乎?菊香是矣。”

（〔清〕陸次雲：《湖壖雜記》,光緒辛巳錢塘丁氏刊本,《武林掌故叢編》第4 冊,第 2129 頁）

《西泠閨詠》序(節錄)

龔凝祚

（陳文述）既從姬人湘玉言,不復論經濟,乃復爲駢儷之文。如

《玉臺書史序》《小青墓志》《吳宮雙玉祠墓記》《生香館集序》《答諸女史啓》與舊作《金箱薈説序》《眉賦》《糜賦》《半臂賦》,咸有陳梁之遺則。

（〔清〕陳文述輯撰:《西泠閨詠》,光緒丁亥西泠翠螺閣重梓本,《武林掌故叢編》第 5 册,第 2584 頁）

《西泠閨詠》序(節録)

張雲璈

若夫冰霜勵志,翰墨盟心者,其惟馮小青乎? 埋玉千年,流芳百世,蘭因小閣與林家梅鶴並傳矣。君重修小青墓於孤山,並建蘭因館以祀。

（〔清〕陳文述輯撰:《西泠閨詠》,光緒丁亥西泠翠螺閣重梓本,《武林掌故叢編》第 5 册,第 2588 頁）

雲伯先生於西湖重修小青菊香雲友三女士墓刊《蘭因集》見示即題其後

吴藻

［南仙吕入雙調·步步嬌］金粉難銷湖山路,草緑裙腰露,荒陵落日初。一片傷心,美人黄土。何處吊蘼蕪,把香名一例兒從頭數。

［醉扶歸］一個葬秋墳冷唱逋仙句,一個對青山閑臨西子圖。一個簾垂畫閣緑陰疏,怎蓮胎生迸的蓮心苦。最憐他零膏冷翠强支吾,最傷他蘭因絮果難調護。

［皂羅袍］日日畫船簫鼓,問湖邊豔跡,説也模糊。桃花三尺小墳孤,棠梨一樹殘碑古。春煙楊柳,秋風荻蘆;粉痕蛺蝶,紅腔鸝鴣。玉鈎斜誰把這《招魂》賦。

［好姐姐］有個謫仙人轉蓬萊故鄉,愛一帶青山眉嫵。平章花月,把嬋娟小傳摹。詩禪悟,能留片石將情天補,欲倒狂瀾使恨

海枯。

　　〔尾聲〕珊珊環佩歸來否，早注入碧城仙簿。只問他曾向詩人拜謝無。

　　（杜珣編著：《中國歷代婦女文學作品精選》，北京：中國和平出版社，2000 年，第 612—613 頁）

碧城仙館女弟子詩・瘦雲館詩・頤道夫子重修菊香小青雲友三女士墓用鷗波夫人韻

　　　辛　　絲

　　瑤池消息返青禽，西閣依然近綠陰。才女當年何薄命，佳人今日有同心。渡頭桃葉天應惜，夢裏蓮花佛許尋。償得《焚餘》久零落，鷗波芳詠和長吟。

碧城仙館女弟子詩・支機石室詩・奉和頤道夫子重修西湖三女士墓詩

　　　張　　襄

　　青山如黛葬雲英，極目煙波悵未平。自古懷才多薄命，有誰證果得長生。飄零莫訴當年事，幽艷空留此日名。重築蘼蕪一抔土，滿湖春水似深情。

　　新煙漠漠柳絲絲，小徑斜通玉女祠。過客更休悲薤露，庸流那解護花枝。山痕淡寫愁中影，秋氣閒歸卷裏詩。水佩風裳人不見，夜深應有月明知。

　　但經小謫到塵寰，幾處紅心吊玉顏。詞客定能參慧業，美人纔合葬名山。前因已了埋香去，舊恨都空破夢還。一笑蓬萊諸女伴，慣留惆悵在人間。

碧城仙館女弟子詩·沅蘭閣詩·用頤道先生重修西湖三女士墓詩用楚生夫人韻

汪琴雲

翠羽香銷二百年，梅亭明月鶴亭煙。羅裙已化莊周蝶，彩筆重題杜甫鵑。一院落花紅灼灼，兩隄芳草綠芊芊。春泥都化皇媧石，補滿情天補恨天。

名花再世石三生，兩代蛾眉竟合并。鸚鵡前身悲小謫，芙蓉殘夢隔重城。鶯憐細雨春長囀，花戀斜陽晚倍明。一盞清泠許同薦，在山泉水本來清。

粉圍香陣幾重遮，絕勝南荒葬子霞。禮佛早依金粟影，遊仙來訪玉勾斜。蝕殘月魄仍為月，劫後花魂更作花。仿佛雲容重出世，才人翰墨是丹砂。

碧城仙館女弟子詩·曉仙樓詩·頤道夫子重修西湖三女士墓詩敬步原韻

吳規臣

鏡奩秋水畫屏山，流照嬋娟盡玉顏。曳雪銖衣迴兩袖，簪雲翠髻嬋雙鬟。幾番月色花陰靜，一片波光黛影閒。春女秋娘都感泣，瑤池青鳥合飛還。

九溪曲似九迴腸，南國佳人北苑妝。委土紅蘭香壓雪，繞籬黃菊冷經霜。升天玉氣香留篆，出地雲容粉褪光。招到芳魂春欲語，露桃一樹泣斜陽。

新營湖館净無塵，門外微波輞水淪。桃葉畫船題葉女，梅花禪榻散花人。香添鏡檻紅裀皺，翠擁書牀絳帳新。翰墨姻緣仙眷屬，春煙殘夢寄魚鱗。

花神春社水仙祠,重勒玲瓏白石碑。玉蕊小園圍芍藥,紅心芳草種卷施。別吟宏景三層閣,待繡平原五色詩。我是碧城舊都講,蘼蕪塚後更題詩。

碧城仙館女弟子詩·崇蘭館詩·族叔頤道夫子重修西湖三女士墓詩

陳滋曾

虞山目論太披猖,難爇旃檀一寸香。曾送桃根歸鑑曲,偶同蘇小住錢塘。故鄉遠夢瓊花觀,院本殘燈玉茗堂。多少文人佳傳在,一抔那不酹斜陽。小青。

坐松顛閣作擘窠書贈游女(其三)

陳滋曾

曝向斜陽墨未乾,美人墓碣比琅玕。後湖南北青山路,當作寒陵片石看。爲頤道夫子書菊香、雲友、小青墓碣故云。

碧城仙館女弟子詩·緣夢雲軒詩·西湖三女士墓詩

錢 蓮

煙柳絲中淺碧流,露桃花裏小紅樓。填平愛海三生願,消盡情天萬古愁。瘞玉深深紅雨暮,埋香鬱鬱碧雲秋。春山如黛人何處,惆悵蘼蕪土一邱。

不是多才更有情,何人解爲惜傾城。可無月影兼花影,應有簫聲與篆聲。隔水芳魂湖一角,倚雲舊夢石三生。碧紗籠後題黃娟,玉女殘碑問姓名。

爲頤道夫子畫梅花燈屛各繫以詩(其十一)

錢　蓮

絮果蘭因感小青,巢居小閣夢西泠。生平知己林和靖,何處孤山放鶴亭。

碧城仙館女弟子詩・織素軒詩・奉題頤道夫子重修西湖三
女士墓詩

于月卿

龍門一代負清名,抹煞蛾眉太恨生。本與小憐同姓氏,況敎女弟有雲英。孤山剩有埋愁壙,樂府虛傳《療妒羹》。如此才人忍湮沒,蘼蕪那不惜傾城。小青。

碧城仙館女弟子詩・停琴佇月樓詩・題西湖三女士墓奉呈
頤道夫子

史　靜

卿本蓬萊會上仙,因何吹墮廣陵煙。姊爲桃葉行居長,兄豈鍾馗幻托緣。《歷朝詩集小傳》或言鍾姓,非是。短犢車難填恨海,小鷗波好補情天。小鷗波湘玉夫人爲小青後身。賣珠女弟才雙絕,聽取雲璈一曲傳。小青女弟紫雲,歸會稽馬髦伯。沈西雝《續本事詩》有吳道新《紫雲歌》。

(〔清〕陳文述輯:《碧城仙館女弟子詩》,1915年鉛印本)

讀《小青傳》系以一絕

顧　禄

療妒無羹淚雨零,傷心院本《牡丹亭》。孤山別墅梅花觀,奈爾芳魂獨未醒。

(〔清〕顧禄:《頤素堂詩鈔》卷五,《清代詩文集彙編》第478册,第470頁)

傳奇匯考標目

　　佚　名

　　從李氏《海澄樓書目》補得明人雜劇二目,傳奇二十七目。……《孟宗泣竹》《小青》一冊。此二目合訂一冊,其短可知,必雜劇也。

　　（〔清〕佚名:《傳奇匯考標目》,《中國古典戲曲論著集成(七)》,北京:中國戲劇出版社,1959 年,第 277 頁）

過小青墓

　　王汝金

　　探梅孤嶼已黃昏,埋玉深深墓尚存。萬古鍾情惟片月,滿山清影伴香魂。

　　（〔清〕王汝金:《味諫果齋集》,《清代詩文集彙編》第 645 冊,第 30 頁）

馮小青墓

　　王汝金

　　領略詩才一炬餘,經過遺塚屢踟躕。因緣不及梅妻好,長與逋仙共隱居。

　　（〔清〕王汝金:《味諫果齋集》,《清代詩文集彙編》第 645 冊,第 89 頁）

題《小青抱病圖》

　　儲廷英

　　倦倚妝臺鎖翠鬟,參苓委地暗傷神。盧醫可起膏肓病,難治人間薄倖人。

　　（〔清〕儲廷英:《小秋蘭館詩草》,《清代閨秀集叢刊》第 21 冊,第 460 頁）

名媛十詠·小青

茅元輅

題曲消夜永，清景愁中領。自悟生前因，水上桃花影。

（〔清〕茅元輅：《有香草堂詩集》卷二，《清代詩文集彙編》第 434 冊，第 19 頁）

題小青便面

黄爕清

照影春波自歎嗟，鏡中憔悴惜芳華。蛾眉例入傷心傳，不是東風妒落花。

（〔清〕黄爕清：《倚晴樓詩集》卷三，《清代詩文集彙編》第 619 冊，第 29 頁）

孤山小青墓

姚爕

到處天涯有北邙，美人幸矣此埋香。只巢翡翠山都媚，不種蘼蕪夢已荒。落葉頻年催逝水，幽花無語對斜陽。秋孃金縷纏綿曲，唱與渠聽定斷腸。

（〔清〕姚爕撰，路偉、曹鑫編集：《姚爕集》，杭州：浙江古籍出版社，2014 年，第 175 頁）

西湖冶遊詞其四

鄒再衡

罨畫垂楊一路深，飛橈相約到西泠。誰家瘦骨癡兒女，偷向孤山哭小青。

（〔清〕鄒再衡：《問桃花館詩鈔》，《清代稿鈔本》第一輯，第 47 冊，第 536 頁）

笑笑録（節選）

　　　　獨逸窩退士

　　拆“情”字爲小青，本無其人。其傳及詩，虞山譚生所作。流傳日久，演爲傳奇，至有以孤山訪小青墓爲詩題者，真與落鳳坡弔龐士元同一可笑。

　　（〔清〕獨逸窩退士輯：《笑笑録》卷五，光緒五年鉛印本）

梅花嶼詠馮小青

　　　　陳文述

　　小青名元元，容態妙麗，通文翰，解聲律，精詣技。家廣陵，年十六，歸武林馮生千秋，以同姓故諱之。見嫉正室，徙居孤山別墅。馮姻楊夫人憐之，勸之歸。小青《答書》有云“去則弱絮風中，住則幽蘭霜裏”，蓋志節素定矣。卒以抑鬱病卒，有《焚餘草》，讀者憐之，見支如璔《小傳》。虞山蒙叟託河東君之言，謂無其人，人多信之。按張潮《虞初新志》所載，小青有女弟紫雲，歸會稽馬氂伯。姚靜《增修遊覽志》載入西湖路孤山，相傳有小青廬。支《傳》外有馮猶龍所作一《傳》更詳，虞山謬論，不足破也。余嘗謂女子有才爲妾不得志以死者，皆小青之類，留此零膏冷翠，爲天下後世傷心人寫照耳。道光甲申爲修墓於孤山，建蘭因館，並譔墓志賦詩紀事，女士和者三十餘人。余家舊藏《小青降乩詩》刻本一卷。

　　遠笛哀秋聽雨天，緑陰西閣弔嬋娟。桃花命薄難留影，紫玉情深易化煙。梨汁豈能消鬱結，藕絲從此解纏綿。傷心紅粉知多少？不似斯人最可憐。

　　（〔清〕陳文述：《西泠仙詠》卷三，光緒壬午端陽西泠丁氏翠螺仙館槧本，《武林掌故叢編》第3冊，第1456頁）

西湖雜詠丙申冬,告假歸覲,始遊西湖,尋歷名勝,省憶舊聞,漫成百首,貽諸同好。（其八十五）

蘇廷魁

斷腸一集怨千春,瓦巷人家說淑真。數盡懨懨春夜雨,小青詞調更酸辛。

（〔清〕蘇廷魁:《守柔齋詩鈔初集》卷四,《清代詩文集彙編》第 606 冊,第 588 頁）

弔小青

沈善寶

斷家橋畔草芊芊,冷雨淒風又禁煙。放鶴地原巢處士,踏青人共弔嬋娟。梅花樹樹飛香雪,枝頭杜宇啼紅血。想見當年題曲時,柔腸輾轉愁千結。千結柔腸寫淚痕,桃花一片暗銷魂。修眉皓齒寧非福,風絮霜蘭總莫論。波明如鏡濃如酒,照到卿卿何不偶。方欣金屋叶鸞飛,那料蘭幬觸獅吼。獅吼聲中心膽驚,春花秋月可憐生。結鄰已分依蘇小,顧曲何難遇長卿。琴心箏語都堪鄙,檀郎情重甘爲死。明月幾度夢揚州,二十四橋悲故里。憐才青眼感尤深,半幅蠻箋血滿襟。珍重遺容酬舊愛,淒涼短札謝知音。吁嗟乎。千秋薄命知多少,傷心只有《焚餘草》。留得西泠土一抔,芳名不逐春光老。

（〔清〕沈善寶:《鴻雪樓詩選初集》卷二,《清代閨秀集叢刊》第 37 冊,第 111 頁）

蘇小小墓

吳　曾

瘞玉難尋錦繡堆,曾藏春色到家來。空吟柳葉詩人句,樂天詩:

"蘇家小女名簡簡,芙蓉花腮柳葉眼。"欲薦桃花倩女杯。小青寄某夫人詩:"夕陽一片桃花影,知是亭亭倩女魂。"又有詩云:"杯酒自澆蘇小墓。"心繫西泠遺翠柏,尚存一柏樹。魂依南浦怨黃梅。蘇小魂遇司馬才仲詠半閩云"紗窗幾陣黃梅雨",秦少章續成之,云"夢回明月生南浦"。莫嗟鬱鬱埋香草,教妓樓新亦草萊。樂天詩:"教妓樓新遏姓蘇。"

（〔清〕吳曾:《雪齋詩稿》卷四,《清代詩文集彙編》第 158 冊,第 234—235 頁）

武林吊艷

吳　曾

余作《杭州雜詠》十律,皆每律包舉數事,尚未及朱淑真、馮小青二美者,非遺之也。蓋一則年非落日,配茲尫僧之才;一則夜列小星,逢彼獅子之吼。鴛每飢而孰念,雄欲獲兮誰能?琴瑟空懸,問何處鴻妻堪敬;衾裯徒抱,看幾時燕子纔忙。難求我見之猶憐,君當易馬;那管人言之可畏,妾類隨鴉。拈四韻而心傷,豈一詞之足吊。獨成二首,用慰雙鬟已爾。

仙姬不遣嫁鴻儒,辜負才殊色並殊。繡枕緣情生笛館,用真《聞笛》一絕中語。羅衫紅淚落燈衢。用真《生查子》詞中語。心同簪折應歌白,□與魏夫人善,真詩成,夫人為之心折。樂天詩:"瓶沉簪新知奈何,似妾今朝與君別。"腸比絃危合姓朱。真集名曰《斷腸》,唐詩:"腸比朱絃覺更老。"若説名齋清照女,上山從勿詠蘼蕪。

欲訪埋香不勝情,廣陵人憶會城傾。南樓簾捲當雲影,用青七言古詩中語。西閣燈挑耐雨聲。用青"冷雨幽窗"一絕中語。"南樓""西閣",俱《傳》中字。枉死火坑誰脱子,《青傳》某夫人云:"力能脱子火坑。"支琳《吊青詩》:"枉死人間是小青。"寫生水國我憐卿。用青"新妝竟與"一絕中語。楊枝特潤幽人筆,用青"稽首慈雲"一絕中語。譜出新詞《療妒羹》。世有傳奇名《療妒羹》言青不死,改適《傳》中某夫人之夫。

（〔清〕吳曾:《雪齋詩稿》卷四,《清代詩文集彙編》第 158 册,第 238 頁）

題小青墓

于曉霞

山環四面青螺簇,小青墓築孤山麓。幾樹棠梨寂寞紅,兩堤楊柳傷心緑。殘碑黯淡埋蒿萊,朱顏玉腕爲塵灰。栖烏啞啞啼夜月,佩環寫出溪風哀。丹青留得春風面,殘箋斷墨題紅怨。

梅蕊空餘此日香,蓮花可遂他生願。煙波渺渺杜蘭芳,墓草離離怨夕陽。千尺湖光明似鏡,幽艷如照可憐妝。綿綿長恨天難補,香魂幸得埋香土。曲徑斜通和靖祠,美人高士同千古。

（〔清〕于曉霞:《小瓊華仙館稿》,胡曉明、彭國忠主編:《江南女性别集初編》下册,合肥:黄山書社,2008 年,第 1595 頁）

孤山弔小青墓

郭佩芳

昔年曾讀《焚餘稿》,今日來看墓前草。一抔土尚帶餘香,躑躅滿原紅不了。閒繙曲本《牡丹亭》,寂寞鐙搖繡幕青。身世可憐同一哭,枉教低首拜蓮經。蓮臺高出青天際,不與人間開並蒂。黑罡風起火輪馳,秋霜作虐凋蘭蕙。我來憑弔以前緣,柳暗花濃二月天。此是香車舊遊地,那堪一盞薦春泉。

（〔清〕郭佩芳:《鳳池仙館詩存》,《清代閨秀集叢刊》第 41 册,第 126 頁）

百花扇題詞

張次瑄

小青真個解憐才,權把新詩當鏡臺。一曲韋娘春意滿,百花齊

向筆尖開。欲將永好報投瓜，十色裁箋學浣花。他日吟壇傳韻事，
門前也合種枇杷。

（〔清〕趙杏樓：《百花扇序》，《叢書集成續編》第 182 冊，臺北：臺灣新文
豐出版公司，第 41 頁）

讀小青《焚餘稿》

> 蔣素貞

玉碎珠零總斷腸，醒吟醉讀夢猶香。空階滴盡今宵雨，誰復挑
燈泣麗娘。

（〔清〕胡昌基輯：《續檇李詩繫》卷三十七）

金縷曲‧陳雲伯大令修菊香小青雲友三女士墓賦詩紀事和者甚眾余填此闋

> 潘曾瑩

翠冷香銷地。惱東風，亂鶯啼罷，墓門深閉。埋得落花多少恨，
誰識殘碑名字。儘消受、一灣流水。只有春愁流不去，小桃枝、紅
煞斜陽裏。蝴蝶夢，也憔悴。　　　蘭因絮果從頭記。話前緣，碧城
仙館，粉圍香倚。檢取人間乾淨土，付與美人身世。更悄把、芳魂
喚起。一例紅顏嗟落溷，感深情、同灑梨花淚。環佩響，夜來未。

（〔清〕潘曾瑩：《小鷗波館詞鈔》，《清代詩文集彙編》第 629 冊，第 173 頁）

題《小青傳》

> 高鳳樓

絮果蘭因語可哀，瑤英風骨月英才。鍾情願化楊枝水，曾謁慈
雲大士來。

因詠梅花感斷腸，生成薄命付馮郎。傷心圖畫渾相似，枉費明

珠十斛量。

頻憐瘦影話癡情,冷雨幽窗歲再更。零落芳魂招不得,空勞名士弔傾城。時陳雲伯明府新刊小青《蘭因集》。

（〔清〕高鳳樓:《澹宜書屋詩草》卷下,《清代閨秀集叢刊》第 21 冊,第 420 頁）

一萼紅·《小青畫幀》顧西梅寫

黃　曾

筆酸辛,寫傷心畫裏,倩女忽傳神。此種多情,是兒薄福,消他冷雨朝昏。暈幾點、愁紅病綠,種淒涼、都在兩眉痕。春水曾臨,夕陽耐照,者片癡魂。　認取當時幻影,想護持生世,那乞慈雲。小命桃花,空緣蓮葉,要從何處抽身? 恰借得、詩燈淚鏡,替安排、一箇可憐人。莫向玉屏風上,喚作真真。

（〔清〕黃曾:《瓶隱山房詞鈔》卷四,《清代詩文集彙編》第 627 冊,第 743 頁）

湖壖雜詠·小青墓

周文禾

美人黃土影無存,絕艷偏招玉雪魂。頤道先生真好事,孤山新築小青墳。近陳雲伯大令於孤山修築菊香、小青墓,有詩紀事。

（〔清〕周文禾:《駕雲螮室詩錄》卷三,《清代詩文集彙編》第 625 冊,第 554 頁）

雨中同嚴氏諸女伴游西湖至孤山看梅謁和靖先生祠並弔小青

　　　　許　珠

　　隱約巒光淡畫圖,迷離草色有還無。此游惹得兒童笑,不泛晴湖泛雨湖。

　　六橋柳色嫩含煙,乍暖還寒寒食天。記得坡翁詩句好,淡妝濃抹總堪憐。

　　挈伴清游興不孤,春禽嚦嚦喚提壺。依稀認得雷峰塔,偏是今朝夕照無。

　　放鶴坡前繫棹時,湖光巒影太迷離。誰將三尺鵝溪絹,繪出寒香一兩枝。子織善畫。

　　曾於青史仰高賢,今日纔能拜墓前。手酌寒泉剛一盞,萬梅花底酹詩仙。

　　一抔净土傍湖濱,片石猶留姓氏真。臨水幾枝梅影瘦,爲卿寫出舊丰神。

　　（〔清〕許珠:《萱宧吟稿》,《清代閨秀集叢刊》第34冊,第80頁）

題《十洲畫册小青》

　　　　姚畹真

　　何羨人間並蒂蓮,美人慣結病愁緣。幽窗冷雨銀燈下,暗把柔情自細憐。

　　（〔清〕姚畹真:《雙芙閣吟稿》,《清代閨秀集叢刊》第34冊,第547頁）

西湖雜詠(其三)

　　　　楊士瑶

　　□紅衫子淡羅裙,上冢歸來日又曛。千樹桃花半湖水,月□還到小青墳。

（〔清〕楊士瑤：《問山樓詩稿》卷二，《清代詩文集彙編》第 491 册，第
428 頁）

清稗類鈔·音樂類

徐　珂

其以才色著者，有二人，一爲程黛香，一爲王麗娟。黛香自負，
欲兼黛玉、香君而有之，故以自名。嘗自題馮小青《題曲圖》六絶
句云：“焚將詩草了今生，莫再他生尚有情。卿説憐卿惟有影，儂
將卿畫可憐卿。”“倩女離魂杜麗孃，雨窗題曲斷愁腸。麗孃命比
卿卿好，不遇馮郎遇柳郎。”“卿題艷曲我題詩，舊事錢塘有所思。
後有小青前小小，一般才女兩情癡。”“美人命薄太多愁，儂福還須
幾世修。一事慰卿兼自慰，留些詩草也千秋。”“自傷飄泊已多年，
未斷情根未了緣。畢竟好花終要落，憐卿有我我誰憐？”“近來惆
悵欲焚琴，畫意琴心少賞音。欲畫卿卿題曲易，最難畫處是儂心。”
有嘗與對弈者，談詩論畫，絶無俗韻。其女弟子程大寶，奏技於蘇
州，招之往，黛香乃遂赴金閶矣。麗娟之才雖亞於黛香，畫樓幽雅，
四壁圖書。曾嫁都司某，則以降寇而得官者也。麗娟逸去，仍歸海
上，重理舊業焉。

（〔清〕徐珂編撰：《清稗類鈔》，北京：中華書局，2010 年，第 4951 頁）

馮小青墓

林資銓

紅顏命薄已埋塵，芳塚年深草不春。惆悵人亡詩亦絶，畫圖空
復喚真真。

（〔清〕林資銓：《仲衡詩集》，《臺灣先賢詩文集彙刊》第 1 輯，第 11 册，臺

北：龍文出版社，1992年，第106頁）

戲書《小青傳》後

　　　何　振

　　園林昨夜東風烈，梨花滿地飛春雪。亂瓊墮地碎無聲，碾作香泥香不絕。隨波墮溷總飄零，惜花誰繫護花鈴。紅顏零落同花謝，一樣傷心是小青。小青家本邗江住，柳枝縮鬌人爭妒。掌上明珠阿母憐，千金重聘何曾顧。綠窗繡線正新添，繡作慈悲寶相嚴。生後生前空懺悔，楊枝一滴不曾沾。鴇媒舌利真如劍，盛誇門第才華贍。遂使馮家薄倖郎，渡江迎得傾城艷。失足真同玉有瑕，茫茫苦海渺無涯。豈識驚鴛能打鴨，可憐彩鳳竟隨鴉。胭脂虎性難馴伏，日日雙蛾含淚蹙。聒耳時聞獅子聲，調羹莫覓倉庚肉。吹花躕柳惱嬌孿，狺語哮聲愁殺人。未必身輕儕換馬，爭如郎懦怯批鱗。多愁多恨還多病，憔悴容顏羞對鏡。香桃瘦骨悄難支，傳語郎來郎不應。洗面唯憑雙淚垂，懽娛何日解顏時。畫工縱有傳神筆，難畫深愁上翠眉。靚妝炫服重梳洗，支頤拂絹教摹揣。寫出迴腸似轉輪，不徒貌似兼神似。如卿命薄亦堪哀，自酹交梨汁一杯。人間苦趣嘗應遍，記得來生莫再來。從今了却鴛鴦債，仙雲冉冉離塵界。敢求西土與生天，浩劫回頭猶幸快。驂鸞長返蕊珠宮，此後真教妬術窮。新詩小影搜除盡，腸斷都歸烈炬中。幸留一幅《焚餘草》，吉光片羽流傳寶。至今膾炙在人寰，毋乃香魂尚相保。展讀遺編淚欲零，戲題一語慰芳靈。有才無命都如此，豈獨傷心是小青。

　　（〔清〕何振：《紅豆山房詩集》卷三，《南開大學圖書館藏稀見清人別集叢刊》第24冊，第177頁）

書《小青傳》後

阮文藻

雨打梨花瘦蝶懶，東風力薄香吹斷。潮去潮來盼廣陵，流水不迴春光短。春光流水本無情，五噎三心怨女星。衾禂不暖癡雲夢，薄命人間一小青。小青家在邗江住，水調清彈竹西路。廿四橋邊教玉簫，一曲纏頭不屑顧。錦字咿哦上口成，《心經》合掌懺前生。玉瓶一滴楊枝水，種就蓮花在火阬。折花墮水秋衾夢，生世不諧鳩媒哄。渡楫桃根塹海填，迴波栳栳帽餳弄。豈敢羊羔厭党家，低歌金縷亦烹茶。不遣桃花輕換馬，亦甘綵鳳終隨鴉。蘼蕪短短秋山綠，蕙質蘭心更脆弱。耳邊時聒獅子聲，腕底那調鷓鴣肉。垂簾對鏡嬌含嚬，瞰牖舐窗羞殺人。迴身肯容沾襟臂，慢臉生愁逆妒鱗。幸未刻眉錢印面，黃昏獨閉梧桐院。觸礑梁塵蝙蝠飛，掛絲簷月蜘蛛罥。新箋寫淚疊放稜，傳語阿郎喚不𧸘。天寒手澀并州翦，漏永光搖大士燈。玉蟲剔落蚨膏歇，擁髻無言悲到骨。絮果蘭因蓮性根，似在空門欠祝髮。豈少憐香女押衙，許贖蛾眉入絳紗。芳心已作沾泥絮，夙業抖爲墮溷花。臨池對影喎喎問，我爲卿憐卿執恨。鴛符不是如意珠，今生並宿少緣分。膌餘雞骨病莫支，傷心休遣侍兒知。舊日姨行又北去，轉憶元宵戲謔時。往時妖嬈畫屏指，三分情態一分似。如今洗面淚無乾，綵筆無靈鏡驚死。明妝靚服重窺奩，調粉磨鉛親拂縑。寫得洛神剛出水，要描心事上眉尖。捺印痕新紙痕濕，取供床前斂衽揖。手擘甌盞呼香魂，好來消受玉梨汁。從今了却鴛鴦債，生天生佛離塵界。也虧遣真黑罡風，轉輪歷劫抽身快。蝶化綵衣龍化鍼，搜奩倒篋翻紅衾。遺照殘箋歸劫火，眼釘拔去人甘心。吉光片羽流傳寶，挑燈試讀《焚餘草》。細雨幽窗聲更酸，等是有情天亦老。嗚呼畢竟天無情，脂虎錦鸚何雜生。鶼鶼鰈鰈還相逐,人間偏有斷腸聲。水思雲情幽恨結,五角六張難備説。小青休怨馮猶龍,茫茫六合杜鵑血。

（〔清〕阮文藻:《聽松濤館詩鈔》卷四,《北京師範大學圖書館藏稀見清人别集叢刊》第20册,第345頁）

題小青墓

三　多

我有黄金屋可藏,人間安得此鴛鴦。詩留一束華牋艷,恨較雙隄柳線長。當日自澆梨汁酒,至今誰坐緑陰牀。儻真魂附桃花影,願化慈雲護晚涼。

（〔清〕三多:《可園詩鈔》卷二,《清代詩文集彙編》第792册,第594頁）

小青墓

蔣曰豫

真娘墓上野陰妍,好句低迴憶樂天。悵望西陵橋下水,夕陽花影自年年。

（〔清〕蔣曰豫:《問奇室詩集》卷上,《清代詩文集彙編》第711册,第87頁）

《小青春怨圖》爲楊春圃少尉題

方濬師

不留佳句在,誰識意中人。小青詩:"可知妾是意中人?"志墓才名杳,謂陳雲伯大令曾築其墓。披圖妙筆春。詩憐《焚草稿》,館記號蘭因。蘇小鄉親重,馮姬姓氏新。小青爲馮氏家姬。衣香勞遠夢,鬢影委芳塵。笑我臨池久,空知仿洛神。

（〔清〕方濬師:《退一步齋詩集》卷一,《清代詩文集彙編》第712册,第8頁）

小 青

季蘭韻

自將梨酒奠殷勤,非懺良緣只懺情。莫恨三生鴛牒誤,誤卿終究是聰明。

（〔清〕季蘭韻:《楚畹閣集》卷三,《清代閨秀集叢刊》第 31 冊,第 99—100 頁）

湖山紀遊口占(其六)

方濬頤

處士風流白玉簪,香魂修到傍雲嵐。馮小青墓在孤山北。梅花消息遲遲報,留得春從庾嶺探。

（〔清〕方濬頤:《二知軒詩鈔》卷五,《清代詩文集彙編》第 660 冊,第 356 頁）

孤山小青墓

董 沛

是也非耶有若無,美人姓氏總模糊。飄零天地留詩卷,冷落湖山對畫圖。油壁難尋蘇小艷,漆燈應伴菊香孤。西風蕭瑟無情緒,遞到鴻邊草已枯。

（〔清〕董沛:《六一山房詩集》卷四,《清代詩文集彙編》第 707 冊,第 277 頁）

小青墓二首

屈蕙纕

風絮霜蘭豈自由,春波照影獨含愁。芳魂冷伴孤山月,獨占西湖土一邱。

香消粉散影淒迷,怨魄長隨杜宇啼。芳草無情春自緑,年年寒雨瘦棠梨。

（〔清〕屈蕙纕:《含青閣詩草》卷三,《清代閨秀集叢刊》第 60 册,第 369 頁）

題《小青傳》後

范　濂

不去章臺學柳枝,自甘泉石老蛾眉。三圖恨寄春風面,千古魂銷夜雨詞。南國美人多薄命,西方大士不慈悲。只今湖水清如鏡,過客猶思問影時。

（〔清〕范濂:《世守拙齋詩存》,《南開大學圖書館藏稀見清人別集叢刊》第 31 册,第 70 頁）

題《小青春怨圖》

孫登年

淡妝瘦影寫生綃,没帶低鬟悵寂寥。一卷相思千點涙,泥人不語倍魂銷。

深鎖長門夢不成,蕭蕭夜雨逼孤檠。古來多少如花女,都被癡情誤此生。

（〔清〕林昌彝撰,王鎮遠、林虞生標點:《海天琴思續録》卷六,上海:上海古籍出版社,1999 年,第 414 頁）

謁馮小青墓

王佩珩

古梅老鶴儘堪儔,鬱鬱佳城枕碧流。分得林家三尺土,美人處士各千秋。

（〔清〕王佩珩:《冷香室遺稿》,《清代閨秀集叢刊》第 62 册,第 539 頁）

瀟湘夜雨·小青

周詒蘩

帶緩鴛鴦,妝銷鉛粉,年華容易蹉跎。春風染翠蹙雙蛾。愁欲困、郎情已矣,貞不改、妾恨如何。傷懷處,幽窗冷雨,入耳偏多。　靈根夙悟,《心經》一卷,曾記無訛。望慈雲稽首,淚溼輕羅。形便化、原同幻夢,緣可斷、難醒癡魔。虔誠願、生生並蒂,照影向瓊波。

(〔清〕周詒蘩:《靜一齋詩餘》,同治十二年刻本)

蘇小墓

陳景高

秋風吹冷蓼花汀,聞說佳人此妥靈。學舞樓臺春已去,同心松柏句猶馨。居然艷骨憐西子,未必芳魂伴小青。記得鴛鴦湖畔立,蕭蕭坏土倩誰銘。《武林舊志》云:"蘇小墓實在嘉興。"

(〔清〕陳景高:《綠蕉館詩鈔》卷一,《清代詩文集彙編》第 647 冊,第 7 頁)

擬小青《病中書》寄虎林生 七律得情字

黎琯

茶鐺藥椀對孤檠,淚筆書愁寄遠情。月兔自憐空吊影,霜蟲到死未吞聲。東風無主憐飛絮,妬雨憑誰惜落英? 十八年華惟待盡,上天西土莫他生。

多愁多病復多情,滿紙啼痕信匪輕。剩有綺懷傷燕燕,斷無綠意到鶯鶯。慈雲久懺鴛鴦劫,落月惟聞杜宇聲。絮果蘭因成往事,此生難卜況三生。

(〔清〕黎琯:《獻臣詩鈔》,《清代稿鈔本》第七輯,第 375 冊,廣州:廣東人民出版社,2017 年,第 180 頁)

里乘子"絳幘生"條評語（整理者所擬）

　　許奉恩

　　里乘子曰："絳幘生自是黃衫客一流人，所以處分某生夫妻，不愧智而且俠，惜馮小青當日未遇此君耳。"

　　（〔清〕許奉恩撰，賀嵐澹校點：《蘭苕館外史》，合肥：黃山書社，1996年，第81頁）

小青非實事

　　吳子光

　　施愚山《詩話》云："小青者，馮具區之子雲將妾也。所謂某夫人者，錢唐進士楊廷槐妻也。與馮有親，而夫人頗知筆墨，故相憐愛。欲爲作脱身計，小青不可。夫人從宦北方，小青貽書與訣，皆實録也。"陸繁弨有《〈小青焚餘集〉序》。《西湖志餘》小青姓喬，有妹嫁武林詩人馬文璧云。張山來《虞初新志》云："小青事，或謂原無其人，合'小青'二字，乃'情'字耳。及讀吳氏《紫雲歌》，其小序云'馮紫雲爲維揚小青女弟，歸會稽馬髦伯'，則又似實有其人矣。此《傳》亦不知誰氏手筆，吾友殷子仿佛憶爲支小白作云。惟錢虞山《列朝詩集》謂'小青本無其人，邑子譚生造傳及詩與朋儕爲戲爾'。"

　　（〔清〕吳子光：《肚皮集》，《臺灣先賢詩文集彙刊》第3輯，第1冊，臺北：龍文出版社，2001年，第725頁）

和俞子淵武林懷古四首（其三）

　　林朝崧

　　絕代人難與命争，紅銷香歇最憐卿。祇應不憚梅花妒，芳塚長依處士塋。馮小青。

（〔清〕林朝崧：《無悶草堂詩存》卷一，《臺灣文獻叢刊》第 72 冊，第 26 頁）

題查梅史《桃花影》傳奇後

　　　　鍾宜誠

　　空有仙姿擅玉臺，曾無悅己解憐才。孤墳三尺梅花嶼，寒食何人酹酒來。

（〔清〕吳振棫輯：《國朝杭郡詩續輯》卷二十六）

小青廬

　　　　汪　琨

　　笆籬六枳遠相遮，夢斷長門感歲華。生向林逋分隙地，死依蘇小作鄰家。蒼葹豈是傷心草，桃李終成薄命花。千百倉庚不醫妒，美人零落我咨嗟。

（〔清〕吳振棫輯：《國朝杭郡詩續輯》卷三十二）

詞餘叢話（卷三）

　　　　楊恩壽

　　馮猶龍《小青傳》宛轉如生，低佪欲絕，不必紅氍毹上始見亭亭倩女魂也。

　　向見《療妒羹》傳奇，大士以慧劍誅妒婦，小青正位偕老，已嫌鶻突。近有《西湖雪》，小青改適才子，開府杭州，逮誅妒婦。地下香魂，忽被李易安之謗，率爾操觚，致墮惡道，令人欲嘔。

（〔清〕楊恩壽：《詞餘叢話》，《中國古典戲曲論著集成（九）》，第 270 頁）

演劇四首（其三）

邵　飄

梁四娘家花滿庭，玉簫吹徹碧雲停。就中亦有傷心侶，冷雨幽窗讀小青。和生者，本梁氏妾。姿態綽約，演題曲一齣，尤極悽抑之致。

（〔清〕邵飄：《夢餘詩鈔》卷二，《清代詩文集彙編》第 428 册，第 653 頁）

題小青圖

森槐南

嗚呼！不周之山一崩，而青天缺矣。余對《小青圖》有感焉。馮小青者，明良家女也。所嫁非其偶，而况有妒婦似蚩尤者乎？一幀肖像，嘗所自寫，蓋並其情與色描也。像成而其人死矣，情天缺矣。嗚呼！後之才人，誰爲媧皇者，何不一補之？一瓶花，一炷香，乃掛圖於壁以余所著《補春天》傳奇。

（王人恩：《日本森槐南〈補春天〉傳奇考論》，《西北師大學報（社會科學版）》2003 年第 3 期）

題《補春天》傳奇

王　韜

千古傷心是小青，拆將情字比娉婷。西泠松柏知誰墓，風雨黄昏獨自經。

秋墳鬼唱總魂銷，誰與芳魂伴寂寥。絶代佳人爲情死，一般無酒向春澆。

一去春光不復還，補天容易補情難。嬋娟在世同遭妒，寂寞梨花泣玉顏。

好事風流有碧城，同修芳塚慰卿卿。知音隔世猶同感，地下人間聞哭聲。

譜出新詞獨擅場,居然才調勝周郎。平生顧曲應君讓,付與紅牙唱夕陽。

刻翠裁紅渺隔生,怕聽花外囀春鶯。當年我亦情癡者,迸入哀弦似不平。

春濤先生,今代詩人也。令子槐南,承其家學,又復長於填詞,工於度曲。年僅十七齡,而吐藻采於毫端,驚泉流於腕底,詞壇飛將,復見斯人。今夏同社諸君子,小集於不忍池邊長酡亭上,出示槐南所作《補春天》傳奇,命爲題詞。閱之,情詞旖旎,意致纏綿,鏤月裁雲,儷青配白,固近時作手也。綺年得此尤難,爰題六絶句於後。光緒五年己卯夏六月下旬吳郡王韜書時遊晃山歸甫解裝也。

（轉引自左鵬軍:《傳統與變革:近代戲曲新論》,廣州:中山大學出版社,2018 年,第 317—318 頁）

胡姬嫣雲小傳(節選)

　　王　韜

噫嘻! 姬之姿容靡曼,情性風流,固已超人一等;而境遇之艱,年壽之促,比之小玉、小青諸姝,似尤過之。

（王韜著,王思宇校點:《淞隱漫錄》,北京:人民文學出版社,1983 年,第 294 頁）

合記珠琴事(節選)

　　王　韜

嗟乎! 影憐春水,命薄秋雲,始知馮氏小青,非作者寓言也。

（王韜著,王思宇校點:《淞隱漫錄》,第 486 頁）

小青墓

皮錫瑞

鵑血啼紅墮煙渚,古梅萬樹泣春雨。空山不返美人魂,紅心草長埋香土。妬婦津頭風倒吹,璧月損艷星沉輝。楊枝拜佛嗟無力,皂莢何人爲解圍。寧作霜蘭不風絮,忼慨陳辭向誰訴。鳩鳥朝啼悔作媒,倉庚夜泣難醫妒。月魄暗死春華殘,落英滿山古柏寒。幽魂獨抱女貞樹,放鶴亭邊跨鸞去。

（〔清〕皮錫瑞:《師伏堂詩草》卷三,《清代詩文集彙編》第 772 册,第415 頁）

弔宋馮鞠香馮小青二女士墓

鄭虛一

佳話流傳是女兒,孤山埋骨不同時。雙墳永傍巢居閣,地下應無寂寞悲。

（〔清〕鄭虛一:《湖山遊草》,《臺灣先賢詩文集彙刊》第 2 輯,臺北:龍文出版社,1992 年,第 53 頁）

《餘墨偶談初集》"花神記"條

孫　耘

粤西藩署園中花神記,某方伯作也。王綬庵少尉向余言之。記云:余闢園於署之東,鑿池於亭之側。土工得骨一具以告,埋香無主葬,玉有方,命別爲掩之,不知何代,亦不知何人也。已而有登紫姑壇來致謝者,曰:"妾姓阮氏,字鳳凰,本女校書也。生長安中,流寓粤右,值滇藩吳三桂之變。睢陽人少,人肉無多,魏博兵危,鬼雄有幾?妾與民間寒士王玉峰定情有約,王既血刃,妾亦投繯,時則康熙初年也。趙氏一塊肉,昔屬民家。滕王三尺墳,今托官宇。"

余聞而悲之,因爲傳之曰:"昔小玉之於君虞,雙文之於微之。女之致情於男,古誠有之。兹殆過矣。嗚呼。太白高歌,猶憐飛燕;小青飲泣,傷感孤鸞。惟其能以情死,故能以魄生。拾碎玉於池中,築錢塘蘇小之墓;仿乞文於地下,作同州清娱之銘。凰生於順治初年,殁於康熙初年。生年十九,殁將二百秋矣。生也不辰,煙花寥落;死而不朽,殘骨繽紛。余不敢冒掩骼之仁,亦不能不作葬花之志,故書其事,且肖其像,使於園中爲司花使云。又詩曰:'名園珍重出墙枝,小傳曾刊倚壁碑。葬玉埋香多韻事,有人親志郭公姬。'"亦韻事也。

(〔清〕孫耘:《餘墨偶談初集》,光緒辛巳刻本)

《餘墨偶談初集》"嵌字楹貼"條

孫 耘

京師伶居妓館,筆墨多有可觀。楹貼一端,尤以嵌字工巧爲尚,前之"秋水爲神玉爲骨,芙蓉如面柳如眉"無論矣。後之繼者,如如意云:"都道我不如歸去,試問卿於意云何?"太平云:"過眼煙花成太息,當頭風月費平章。"玉琴云:"花覆茅簷,可人如玉。月明華屋,伴客彈琴。"大姑云:"大抵浮生若夢,姑從此處銷魂。"采珠云:"欲采不采隔秋水,大珠小珠落玉盤。"素卿云:"樊素情鍾白太傅,長卿意注卓文君。"某人代友贈穉青云:"徐穉果然名下士,小青原是意中人。"數聯皆工整可玩。

(〔清〕孫耘:《餘墨偶談初集》,光緒辛巳刻本)

邁陂塘·孤山弔小青墓

俞廷瑛

是瓊花、廣陵仙種,移來西子湖畔。金鈴無力支風雨,愁壓翠蛾難展。塵夢短,悵瘦影、亭亭去逐春波遠。孤山路轉,有千樹寒梅,一丸冷月,寂寞夜相伴。　　留遺像,熏取沈香小篆,真真憐我空喚。《牡丹亭》曲生前讀,可記還魂公案。天不管,只賸得、零星詩句教腸斷。紅羊劫換,祇三尺荒阡,護持不壞,蘚碣認題款。墓於道光中爲陳雲伯明府所修,近有長白某夫人續修之。

（〔清〕俞廷瑛:《瓊華詞集》卷下,《清代詩文集彙編》第 701 册,第 54 頁）

《茶香室四鈔》"秋英墓"條

俞　樾

秋英墓。國朝宋長白《柳亭詩話》云:"《小青傳》乃支小白戲撰,而詩與文詞則卓珂月、徐野君爲之。余與野君爲忘年交,自述於余者如此。谷霖蒼學使嘗瘞一夭婢於放鶴亭側,土人戲指爲青墓,過客紛紛題詠。後爲淫雨所潰,有片石識其歲月,則婢名秋英也。"按:小青爲亡是烏有,人皆知之。今三尺荒墳尚存,湖上莫知其爲秋英也。又其詩出卓、徐二君手,人亦罕知者。

國朝朱彭《西湖遺事詩》注云:"明時有小青,説者謂托名。"施愚山至杭詢之陸麗京,陸曰:"此馮具區之子雲將妾也。集中所謂某夫人者,錢唐進士楊元蔭妻也。"見《愚山詩話》。支如增《小青傳》:"名元元,家廣陵,其姓不傳,歿於萬曆壬子,年才十八。"又張潮《虞初新志》云:"小青女弟紫雲,嫁會稽馬髦伯。"據諸説,實有其人,非烏有也。按:小青有無不足深究,惟其妹紫雲與秋英之名,知者甚少,宜表出之。小青卒於萬曆壬子,是萬曆四十年,其生當在萬曆二十三年乙未。

（〔清〕俞樾:《茶香室四鈔》卷二,清光緒二十五年刻《春在堂全書》本）

西湖百詠·小青墳

　　王廷鼎

在菊香墓旁，難後並新之。小青事，實備見於支如增、張潮、馮猶龍所作傳中，陳雲伯《蘭因集》言其出處尤詳。然則世謂"小青"二字合之成"情"，爲文人寓言，非真有是人者，謬也。光緒十年，長白成夫人卜拉木氏蓋亭其上并立碣。

　　寂寞香泥草自春，累人疑信喚真真。才情折盡人生福，況是紅顏一女身。

（〔清〕王廷鼎：《紫薇花館詩稿》，《清代詩文集彙編》第 742 册，第 606 頁）

求幸福齋隨筆

　　何海鳴

　　曩讀《小青傳》，至其絕命書中"未知生樂，焉知死悲"二語，爲之揮淚如雨。嗟乎！人孰不樂生哉？下至螻蟻之微亦知生樂，而人乃獨不能知之，不亦大可悲哉！然生而無樂，生亦如死，是死之悲雖未曾知，而生之悲固已知之矣。有生而悲，死又何惜？此言也，非悲痛絕頂人何能道出？予於此，乃嘔思盡取天下妒大婦而饗以老拳。然此乃理想之談也，其實人生不幸娶有此類妒婦，亦早宜死去爲樂，又何心娶妾哉？

（何海鳴：《求幸福齋隨筆》，上海：上海書店出版社，1997 年，第 65 頁）

題張少南《梅花夢》院本

　　秦緗業

　　變相勝佗圖地獄，中有《判醅》一折。新詞費汝撚霜髭。而今妒女津頭過，惡浪顛風知爲誰。

　　放鶴亭邊認草萊，荒邱未化劫餘灰。秋英可與寒香似，累我年年絮酒回。孤山小青墓，或云是谷學使葬其小婢秋英處。

（〔清〕秦緗業：《虹橋老屋遺稿》，《清代詩文集彙編》第 653 冊，第 656 頁）

《湖上青山集》"孤山"條

　　　　陳　時

　　湖中一嶼孤立，旁無聯附，亦名孤山嶼。山巔爲歲寒巖，陰爲後湖。唐宋時樓閣參差彌布，椒麓山背皆花圃。南渡建延祥觀，僅留和靖一墓，餘皆徙。今西泠橋下石骨墳起，仍是棲霞支麓耳。

　　孤山一抔耳，名重西泠曲。詩人放棹來，山翠影湖淥。美人馮小青，處士林君復。

（〔清〕陳時：《湖上青山集》，光緒十五年九峰居刻本）

林德均龍隱洞題西湖懷古七絕四首並序

　　　　林德均

　西湖懷古七絕

　　辛卯春，余有北上之行，紆道杭州，一遊西湖。此地爲六朝名勝，湖山風月，圖畫天開，而居間忠臣處士，貞姬名妓，遺跡猶傳，邱墓所經，尤不勝憑弔之。或途次未及留題，迨返桂垣，託情懷古，偶成四首，兼以志鴻爪云：

　　精誠日月共爭光，靈蹟棲霞塚岳王。三字不消冤獄恨，長留碧血照松霜。岳武穆墓在棲霞山□原□□。

　　孤山舊日癖煙霞，祇剩邱墟處士家。放鶴亭空人不見，幾回惆悵拜梅花。林和靖墓在孤山之麓□側，即放鶴亭。

　　冤家欢喜嘅緣慳，兒女情癡付等閑。未必小青真薄命，猶傳貞節重湖山。馮小青墓在和靖墓正左傍，相距可十武。

　　當年埋玉惜娉婷，領袖煙花過眼經。一代才名蘇小小，平分風月古西泠。蘇小小墓在西泠橋西。

光緒拾柒年冬臘日，信宜林德均紫坪識。

（杜海軍輯校：《桂林石刻總集輯校》，北京：中華書局，2013 年，第 1190—1191 頁）

小步孤山探梅獨小青塚上花盛口占二絕

彭玉麟

湖上行吟屐暫停，閒來小憩水邊亭。春風最解憐香意，特遣梅花伴小青。

孤山風味近何如，結伴尋春興不孤。莫怪梅花如許瘦，美人風骨本清癯。

（〔清〕彭玉麟：《彭剛直公詩集》卷六，《清代詩文集彙編》第 666 冊，第 628 頁）

西湖竹枝詞

陸　璣

不向西泠哭小青，遊春爭上翠微亭。女兒作了英雄事，歸飲驪鞍酒一瓶。

（王利器、王慎之、王子今輯：《歷代竹枝詞》，第 3978 頁）

馮小青

王紉佩

豐茲嗇彼奈何天，絕世清才絕可憐。孤麓梅花三百樹，夕陽憑弔獨流連。

（〔清〕王紉佩：《佩珊珊室詩存》，《清代閨秀集叢刊》第 60 冊，第 43 頁）

《梅花夢》題詞

　　無錫秦緗業澹如次卷後自題詩原韻六首。

　　一支彩筆爲傳神，想像羅浮夢裏身。此曲當時問誰識，漁翁樵父老山人。是書以清虛山人及漁樵爲起結。

　　漫將苦調譜哀弦，雨妒風欺萼綠仙。自古還魂本無術，從今讀曲益悽然。

　　變相勝佗圖地獄，新詞費汝撚霜髭。而今妒女津頭過，惡浪顚風知爲誰。中有《判醋》一折。

　　放鶴亭邊認草萊，荒邱未化劫餘灰。秋英可與寒香似，累我年年絮酒回。孤山小青墓，或云是谷學使葬其小婢秋英處。

　　打破情關莫問天，悲歡離合等雲煙。何須更辨眞和假，事事逢場作戲然。

　　名士美人同薄命，人間天上總銷魂。一編也歷華嚴劫，重與挑燈細細論。

　　　　全椒薛時雨慰農

　　妒女津頭浪不停，何如不嫁惜娉婷。只今譜作《梅花夢》，見著梅花弔小青。

　　總是人天未了因，飛花墮溷與飄茵。何能一滴楊枝水，度盡寒閨搵淚人。

　　清歌便可付梨園，翦盡新詞接宋元。好與天池道人説，寫哀此亦《四聲猿》。

　　跌宕才華値亂離，舊時庭館已無遺。劫灰撥盡楹書在，珍重人間絕妙詞。

　　　　侯官李家瑞香苹

　　修到梅花負此身，塵凡小謫悟前因。癡心欲化望夫石，苦恨難填妒婦津。睡意迷離愁説夢，病容憔顇怕傳神。紫雲易散垂楊老，風雨湖山泣美人。

獅吼河東笑季常，那堪郎署困馮唐。傳奇略彷《桃花扇》，説部新翻《玉茗堂》。幸喜干戈銷劫運，始知鐵石鑄心腸。陰差陽錯都休怪，此是人間療妒方。

　　錢塘王堃小鐵用卷後庚申九日自題原韻三首。

倩女芳魂洛水神，梅花萬樹夢中身。從來好事多磨折，偏是才人與美人。

西湖驚破舊鯤弦，老死詞人子野仙。留得新聲同寄慨，一回拍調一悽然。

我亦傷心感亂離，苦吟撚斷幾莖髭。當年老友全彫謝，謂伊遇羹、吳攟葡、李元、李錢、耐青諸知交俱死於庚辛之難，同聲之應幾絕矣。兩鐵風流更問誰。少南贈余詩有"兩鐵風流及得無"之句，一謂徐鐵孫太守也。

　　錢塘王彥起研香

傷心樂府譜哀弦，換羽移宮意惘然。劫海才人桑梓恨，情天倩女畫圖禪。生成慧業原非福，訴盡柔腸倍可憐。我向孤山一憑弔，黃墟增感舊詞仙。余與少南交最久，遭亂後竟不復相見。

熒熒墨淚灑詞場，重見風流玉茗狂。地下埋怨都是夢，人間療妒本無方。桃花命薄空悲妾，榴子心酸總怨郎。冷翠殘膏護遺稿，千秋韻事兩錢唐。謂頤道堂主人。

　　仁和譚獻仲脩

難乞人間文字靈，秋墳鬼唱淚空零。名花都付閒風雨，豈獨傷心是小青。本詩。

前塵影事總茫然，淚點成珠玉化煙。愧我未參摩詰座，鬢絲低處一逃禪。

哀絲豪竹各銷魂，一片秋聲不忍聞。療妒奇方千古少，斷腸何止惜紅裙。

便從玉茗鬬新詞，秋鞠春松各一時。十萬江南紅豆樹，根芽到處是相思。

錢塘張景祁蘊梅南越調全套

幽香吹醒玉梅魂，仗一角春旛，引酹酒踏青來，柳絲短短夕陽墳，更何處喚真真。弔不盡風前絮雨中，蘋軟心腸，怕向情天問，從他艷迹成塵。只索把小嬋娟，一腔幽怨替傳神。《小桃紅》。

西陵松柏，結簡芳鄰，不合紅塵墮蘭因。閧現身，爲甚藕孔心苗，梨渦臉暈，只博得繡佛幢前香自熏。死纏綿心一寸，活煎熬愁十分。別院東風很，鶯嬌燕瞋。早不道西子湖波，是妬女津。《下山虎》。

鏡雲空鑪煙爐，文鴛比翼棲未穩。悄房櫳，鎮把玉人困。愁香怨粉，拚割棄，荷絲難盡。形和影，朝復昏莫。也是慧業前修，折今生福分。《五韻美》。

禁不住夢搖搖桃花墮茵，揵不過悶懨懨梨花閉門。好韶光閒却錦屏春，鎮日價眠裏坐裏，對飛蓬雙鬢芳華，暗損霜華太忍儳。衹有一紙斷腸，書與蘭姨通問訊。《五般宜》。

歎身世如朝槿，却恨多事媧皇，黃土搏人酸辛。莽蒼天不把人兒憫，怎消受三生現業，十分才調，一種温存。《山麻稭》。

種就了愁根病根，染遍了啼痕血痕，撇下了香温酒温。猛可的一縷柔腸，暗化作朝雲暮雲。懺悔這新恩舊恩，徹悟那前因後因。誰把他冷艷千秋，都寫入奇文至文。《黑麻令》。

端不獨傷心是翠翹，歎青衫一樣沈淪，只爲他風流文采忒繽紛。磨蠍纏宮命不辰，爭忍把，霜毫細吮。《江神子》。

碧天不遞青鸞信，彈折了玉徽瑶軫。恨只恨，讀曲樓空，落紅萬陣。《尾聲》。

長沙饒智元石頑

牢落遺編四十春,桐陰浣誦暗傷神。湖雲江月年年在,愁見天
涯莽戰塵。甲午秋試畢,恭校是編,時有倭警。

風濤嗚咽赴鯤絃,回首孤山意惘然。嶺上寒梅三百樹,落花如
雪葬嬋娟。

〔清〕張道:《梅花夢》,光緒甲午刻本)

《菽園贅談》"小青"條

邱煒菱

小青,虎林馮氏姬也。本姓馮,因歸馮故諱之,但稱曰小青。
以不容於大婦,輾轉而卒,亦可悲已。或曰:"小青者,情之拆字也。
本無其人,特文人寓言八九云。"然吾謂古之傷心人,挑燈閑看《牡
丹亭》,一若癡魂在望,呼之欲出者,其始亦不過光照臨川之筆耳。
此外訪麗娘墓有詩矣,夢麗娘魂有記矣,妙緒瀾翻,層出不竭,又何
疑乎小青?錢塘陳雲伯大令文述曾爲小青營墓於孤山之麓,以菊
香、雲友附焉,且建蘭因館以實之。添湖山之掌故,增詞苑之清談,
誠解人哉。當日方稚韋孝廉詠句有云"樂府好歌三婦豔,鄉親況有六朝人",以
西泠有蘇小墳也。

〔清〕蟲天子編:《香艷叢書》第 1 冊,上海:上海書店,1991 年,第 457 頁)

小青墓

沈鎔經

泣玉零香字幾篇,瘞愁埋恨墮荒烟。孤山一帶盈盈水,
照影千秋絶可憐。

〔清〕沈鎔經:《慧香室集》卷二,《清代詩文集彙編》第 726 冊,第 356 頁)

即事詩（其二）

丁慧金

稽首慈雲大士前，用小青句。頻年頂禮出心田。但求百歲椿萱色，常與慈航蓮並鮮。

（〔清〕薛昌鳳輯：《松陵女子詩徵》卷八，上海圖書館藏抄本）

《選巷叢譚》選二

況周頤

小青名元元，廣陵馮氏女，錢塘馮具區子雲將妾，載籍罕言其姓，為同主人諱也。《西湖志餘》云姓喬，猶言喬裝，偽也。小青能詩善畫，大婦不容，屏之孤山。某夫人者，錢塘進士楊廷槐妻也，與馮有親。夫人頗知筆墨，故相憐愛，欲為作脫身計，小青不可。夫人從官北去，小青貽書與訣，鬱鬱以終，蓋志節女子也。墓在孤山之麓，詩稿為大婦所焚，僅存十餘篇。陸繁弨有《〈小青焚餘集〉序》。女弟名紫雲，會稽士人馬髦伯文璧姬。姿才絕世，既精書史，兼達禪宗，惜亦早卒，著有《妙山樓集》。見髦伯所譔《事略》及吳道新《紫雲歌》。歌中有云"西湖煙水西泠樹，小桃花繞斜陽暮。寒食東風哭杜鵑，雙鴛冢傍蘇卿墓"，則亦葬孤山也。或云小青弟名紫雲，即冒辟疆歌童，則是坿會之説。然小青寄楊夫人書云"老母悌弟，天涯遠隔"，則固自有弟，但不知何名耳。參互諸家之説如此。或云小青本無其人，蓋拆一情字耳。無論其説與諸家蹻盭，試問情字是否從小？甯非固陋之尤。

（〔清〕況周頤：《選巷叢譚》，《叢書集成續編》第24冊，第699頁）

《八千卷樓書目》"小青集"條

　　　　丁立中

　　小青集一卷。明馮小青撰，與潔堂刊本。

　　（〔清〕丁立中編：《八千卷樓書目》，北京：國家圖書館出版社，2009 年，
第 417 頁）

弔小青墓

　　　　吳慶燾

　　冷翠零膏不忍聞，未須絶塞痛昭君。意中蘇小墳三尺，夢裏揚
州月二分。簾捲簾垂情悄悄，鏡潮鏡汐淚紛紛。劇憐艷福誰修得，
女弟還從聘紫雲。

　　寂寥西閣綠陰床，寫照空煩冤業郎。玉腕珠顔就塵土，蘭因絮
果任風霜。慈雲稽首依三竺，溢露甘心伴六孃。對影好臨湖水語，
他生祝爾化鴛鴦。

　　（〔清〕吳慶燾：《莍珠仙館詩存》卷六，《清代詩文集彙編》第 782 冊，第
66 頁）

紅棉歎（節選）

　　　　牟伯融

　　（中略）

　　病骨難捱葵扇敲，斷魂誰挽芙蓉誄。桃花命薄蓮苦心，豈獨傷
心是小青。

　　（按：原詩篇幅甚長，不盡録。張亞權編，汪國垣撰：《汪辟疆詩學論集》，
南京：南京大學出版社，2011 年，第 160—163 頁）

摹小青像題絶句八首鈔二

管念慈

生成薄命是聰明,綺語閒吟對短檠。幸有焚餘遺草在,教人千載説卿卿。

拈毫欲寫印心心,每到傳神著意尋。愧我驚人無好句,幾回閣筆費沉吟。

（孔壽山:《中國題畫詩大觀》,蘭州:敦煌文藝出版社,1997 年,第 860 頁）

平林竹枝詞（其二）

計變鈞

野蔓荒荒宿露零,幽居地僻少人經。錯將桃塢爲梅嶼,豔説馮生媵小青。

（〔清〕計變鈞:《蟄庵詩鈔》,清宣統二年華雲閣本）

蘇小墓二首　并序　四月初二日（其二）

富察敦崇

蘇小墓在西泠橋下,上覆小亭,額曰"慕才亭"。有葉赫際亭"金粉六朝,香車何處;才華一代,青塚獨存"一聯。其地多修竹古木,青翠接天,誠佳境也。

惺惺自古惜惺惺,應識孤山馮小青。若遇西湖好風月,珮環聲裹會雲軿。

註:馮小青墓在孤山下,亦有小亭覆之。亭無額,予擬題之曰"可憐亭"。蓋小青乃才貌兼全之女,不爲大婦所容,送居孤山,幽怨而死,即就其地葬之。墓後有光緒十年覺羅命婦卜拉夫人重修記。

（〔清〕富察敦崇:《南行詩草》,《清代詩文集彙編》第 780 册,第 757 頁）

過小青墳

徐紹熙

小青埋玉傍孤山，仙鶴遍遍日往還。一樹棠梨紅寂寞，兩堤楊柳綠彎環。

三尺孤坟碧蘚中，傷心夜雨有誰同。零箋殘墨都題怨，魂化杜鵑啼血紅。

（〔清〕徐紹熙：《寒碧樓餘詩》，《清代閨秀集叢刊》第62冊，第241頁）

讀《西湖志》題《小青傳》後

徐紹熙

小青生小貌無雙，如此清才恨滿腔。薄命知卿同柳絮，西湖獨泛木蘭艭。

六橋花柳膡寒煙，淚落西泠化杜鵑。空說風流三尺土，埋香寂寂草芊芊。

孤山處士結通家，鶴影簫聲路幾叉。贏得杯泉祠下奠，香魂月夜伴梅花。

怨恨無端總夙因，南朝遺跡已成塵。流傳倘亦天公意，留得《焚餘》玉貌真。

（〔清〕徐紹熙：《寒碧樓餘詩》，《清代閨秀集叢刊》第62冊，第303頁）

溫柔鄉記

梁國正

鄉之系出人皇氏，秦以前不甚表著，至趙合德而鄉始知名。其間百家雜處，族姓繁衍，代有麗人，王嬙、飛燕、西施、綠珠、小憐、小青其最著者也。遺豔風流，至今勿替，鄉人仍嬌媚妖妙，婉嫩苗條，盡態極研，粉白黛綠，習俗然也。手荑柔，齒瓠犀，膚凝脂，領蝤蠐，笑倩目盼,即謂溫柔鄉風詩可也。鄉間氣候,陰多陽少,春氣居多,然風景不常,和則爲凱風,暴則爲終風。遊人稍不自持,春心一動,輒外感風熱,中得相如病。識世運者,有陰長陽消之感。

〔清〕蟲天子編:《香艷叢書》第 5 冊,第 30 頁）

南樓令·客歲秦次游廷櫨以夫人眉影樓所藏小青像屬題比余彙刻近詞適次游有定海軍營之聘稿不索得重拈是解並寄次游

唐壽萼

春緑翦冰綃,春紅寫鏡潮。閉春人、曲曲窗寮。自是傷春同阿麗,渾未肯,夢雲飄。　　有箇人靈慧,房中賦洞簫。嫁微雲、夫婿才高。昨暮瑤瑠緘札去,正鐵馬,雨瀟瀟。

（陳去病輯録:《笠澤詞微》,上海:上海大學出版社,2017 年,第 359 頁）

小青墓

徐熙珍

美人湖畔柳絲絲,工病工愁鷗館詞。碧玉有才應悔嫁,倉庚療妒恨無醫。生悲訴與孤山月,死樂名留墓碣詩。本是瑤臺仙第一,一抔香土傍梅枝。

〔清〕徐熙珍:《華蕊樓遺稿》,《清代閨秀集叢刊》第 62 冊,第 500 頁）

高陽臺·過小青墓

王　閒

怨水長流,愁峰自碧,移船來榜漁汀。小載螺觴,爲君親酹芳醁。吟邊未恨春寥寂,恨幽窗、冷雨難聽。恁傷心、那遣人知,訴與孤燈。　　尋常村笛偏悲咽,正煙浮靄斂,柳暗桃暝。徙倚闌干,依稀小影娉婷。淚痕紅在斜陽裏,照寒波、別思猶凝。最淒涼、黯黯幽魂,夜夜空亭。

（葉申薌輯:《閩詞鈔　閩詞徵》卷六,福州:福建人民出版社,2014 年,第 1012 頁）

小青墓

魏元曠

寫影娟娟亦化烟,聰明小劫殉芳年。殘邱冷傍巢居閣,應得孤山處士憐。

（〔清〕魏元曠:《潛園詩集》卷七,《清代詩文集彙編》第 784 冊,第 625 頁）

高陽臺·題《小青瘦影自臨春水照圖》

宗　婉

一種愁容,十分病態,可曾真箇癡心。強整新妝,東風獨自沉吟。無情有憾誰人見,只一池、春水分明。冷清庭院深深,楊柳陰陰。　　天荒地老尋常事,算人間、只有此憾難平。薄命紅顏,枉教占斷才名。傷心我亦工愁者,向畫中訂箇知音,願從今卿自憐儂,儂自憐卿。

（〔清〕宗婉:《夢湘樓詞稿》,《清代閨秀集叢刊》第 38 冊,第 620 頁）

讀《小青傳》書後用琳仙如淑韻

徐畹蘭

小劫華鬟下碧城,到頭可悔誤癡情。多愁轉覺難爲死,照影空憐太瘦生。倚竹有人吟月冷,落花無主逐風輕。淒涼夜雨幽窗裏,一豆燈紅獨伴卿。

（〔清〕蟲天子編:《香艷叢書》第 3 冊,第 578 頁）

弔小青

徐畹蘭

　　冷雨幽窗斷腸時，聰明悔作有情癡。空將心事留圖畫，付與癡郎恐未知。獅吼朝朝幾度驚，女兒命薄可憐生。挑燈洒盡紅冰淚，忍聽中宵杜宇聲。小劫華鬘絕可憐，妬花風雨奈何天。情緣一笑今參破，莫作他生并蒂蓮。亭亭瘦影照春波，憐我憐卿喚奈何。悽絕孤山舊遊處，埋香塚畔落花多。清才國色本難兼，愁重何堪病更添。一盞梨漿難續命，淒風冷雨不開簾。

　　（〔清〕蟲天子編：《香艷叢書》第3冊，第580頁）

三婦評《牡丹亭》雜記

佚　名

　　小青者，有《牡丹亭》評跋，後人不得見。

　　（〔清〕蟲天子編：《香艷叢書》第1冊，第208頁）

問蘇小小鄭孝女秋瑾松風和尚何以同葬於西泠橋試研究其命意所在

招招舟子

　　嗚呼。綠楊春雨，扁舟鳴漁父之榔；黃葉秋風，滿路厭樵夫之擔。弔芳魂於何處，明月三更；話舊夢於當年，暮煙一縷。馮小青本爲情死，李香君尚以名傳。而況檢點香車，盛稱油壁；纏綿畫舫，別築歌塲。若蘇小小者，非足增色西湖，揚徽北里者耶。考其墓址，寔在西泠橋畔。石柱欲圮，戶壞略封。淒涼埋玉之鄉，惆悵銷金之窟。荒唐杜牧，已醒揚州；落拓香山，空談溢浦。指江山而屢幻，問城郭以皆非。數百年來，幸留斯塚。孰意結閨中之伴，雅願效顰；聯方外之緣，亦思接武。附姓名於息壤，留事蹟於穿碑。孝女鄭氏，實彰彰者。溯其爨釜晨炊,鳴機夜績。首雖蓬而不飾,手已皸而忘疲。一畝相依,自傲黃花之節;十年不字,羞題紅葉之詩。女本湘人,瘞此未久,踴而起者,厥惟秋俠。秋以不羈之才,罹無端之獄,紅線久居於記室,文姬何憚乎征塵。詎知緹騎來催,竟目爲鈎黨;遂令爰書驟定,同殉於市曹。天果闉如,人真愁煞。桐城吳芝瑛女士,乃攜其柩而卜葬焉。松風雖没亦傑,寓學以禪,得解脱於刹那,付身軀於泡幻。萇宏血冷,已登無上之天;先軫元歸,預卜大幽之宅。厥惟和尚,亦托西泠。愚謂一節之長,固宜取善;三代而下,不外好名。鄭有表貞之心,秋寓呼冤之隱,而松風則學人提倡,釋子繼承,是可慕也,不誠傳耶。惜乎。鑒湖東望,已返靈輀;秋社暮開,僅存尺碣。荒亭落寞,榮陽之聲價如何;隙地迷糊,普陀之名譽老矣。而獨此蘇小者,一隄常駐,百劫不磨。薄關盼之樓臺,笑薛濤之門巷。莫説美人黃土,當偏歷桑海奇觀;願留老衲青山,永澈悟彭殤小劫。

〔清〕蟲天子編:《香艷叢書》第 3 册,第 513 頁）

《婦人集》補

冒丹書

秣陵丁雄飛(字菡生)婦卜氏(名曇,字四香),婉嫕柔惠。歸丁以後,每每有憂生之嗟。常讀霍小玉及小青傳,淚簌簌如雨。性穎悟,雄飛在燕都得四香手書,書中"念"字俱少一畫。始悟"念"字從人從二,心中去一畫,殊見用意也。年三十夭。雄飛悼之,作家人緒語。(《經》云:"不亂取手香,不淫色體香,不妄語口香,不淫害心香。"命字四香以此。)

〔清〕蟲天子編:《香艷叢書》第 1 册,第 137 頁）

馮小青墓

　　　林景仁

　　流光斷送古芳華，一角青山瘞彩霞。大士慈悲少楊柳，美人年命是桃花。蝶裙化後春無色，鴛塚相依鬼有家。休更夜臺問滋味，風酸雨苦野棠斜。小青女弟紫雲墓，亦在孤山。

　　傷心有客記娉婷，想見春衫血淚凝。一世彩鸞工顧影，前身鸚鵡喜聽經。忍教小婢焚詩稿，苦憶妖鬟指畫屏。誰識人間可哀曲，良辰美景《牡丹亭》。

　　生成瘦影只宜秋，卿我相憐分外愁。何意更澆蘇小墓，已拚一死綠珠樓。哮聲猲語塵緣重，弱絮幽蘭綺劫休。斷腸玉梨半杯汁，芳魂無計爲春留。

　　曇華色相妙鬘天，歷劫難銷文字禪。孤館蘭因詩可證，墓門梅嶼碣重鐫。未修塵福篇憐汝，觧識風流豈羨仙？悵望西湖千頃水，妙香開遍並頭蓮。道光甲申，好事者爲修墓，並建蘭因館。

附題外子《梅嶼弔馮小青》詩後

　　　馥　瓊

　　聖湖如鏡寫人清，蓮性荷絲弔艷情。描盡事件怨兒女，可憐詩筆太憨生。

　　巢居閣畔晚鴉昏，芳草深深葬淚痕。梨汁一杯詩萬首，玉梅花下爲招魂。

　　（〔清〕林景仁：《林小眉三草》，《臺灣先賢詩文集彙刊》第1輯，第13冊，第255頁）

百戰妝臺

范廷煜

（小青）吳女也，幼夢手折一花，隨風片片著水，自知不祥。一日，有尼曰："是兒慧悟，勿令識字，可三十年活。"後適某生，婦妒憤死，詩畫俱焚，唯剩數稿而已。詩有"如今幾個憐文彩，也向秋風鬭羽翰"。

片片名花著水殘，風流業障此中看。不甘蠢壽耽書苦，欲解冤沉忍醋酸。詩稿剩存聞雪竹，畫圖猶在見霜蘭。幾曾胭虎憐文彩，悔少秋雲插羽翰。

（〔越南〕范廷煜：《妝臺百詠》，越南河內漢喃研究院藏VHv.144/1號抄本）

《療妒羹》跋

劉世珩

吾友況阮庵舍人《選巷叢談》載：小青名玄玄，廣陵馮氏女，錢塘馮具區子雲將妾。載籍罕言其姓，為同主人諱也。《西湖志餘》云喬姓，猶言喬裝，偽也。小青能詩善畫，大婦不容，屏之孤山。某夫人者，錢塘進士楊廷槐妻也，與馮有親。夫人頗知筆墨，故相憐愛，欲為脫身之計，小青不可。夫人從官北去，小青貽書與訣，郁郁以終。蓋志節女子也。墓在孤山之麓。詩稿為大婦所焚，僅存十餘篇。陸繁弨有《〈小青焚餘集〉序》。女弟紫雲，會稽詩人馬髦伯文璧姬。姿才絕世，既精文史，兼達禪宗，惜亦早卒，著有《妙山樓集》。見髦伯所撰《事略》及吳道新《紫雲歌》。歌中有云："西湖煙水西泠樹，小桃花繞斜陽暮。寒食東風哭杜鵑，雙鴛斜傍蘇卿墓。"則亦葬孤山也。或云小青娣名紫雲，即冒辟疆歌童，則是附會之説。然小青寄楊夫人書云："老母悌弟，天涯遠隔。"則固自有

弟,但不知何名耳。參互諸家之説如此。或云小青本無其人,蓋折
一"情"字耳。無論其説與諸家跨駃,試問情字是否從小,寧非固
陋之尤云云? 余刻吳忠節炳撰《石渠五種傳奇》中,有《療妒羹》
一種,即傳小青事。言小青姓喬,揚州人,初爲褚大郎買之作姿。
大婦苗氏不容,幽閉孤山。楊夫人顏氏以計脱身,乃爲楊不器姿。
後舉一子,竟成美滿因緣,特與阮庵筆記小異耳。壬子七月靈田劉
世珩識於上海楚園。

（王寧、任孝温、王馨蔓校注:《馮小青戲曲八種校注》,合肥:黃山書社,
2016 年,第 143 頁）

《清代聲色志》"程黛香"條

　　程黛香者,滬上彈詞女郎也,色技兼絶,而尤長於才。嘗自負,
欲兼黛玉、香君而有之,故以爲名。曾見其《題馮小青題曲图》云:
"焚將詩草了今生,莫再他生尚有情。卿説憐卿惟有影,儂將卿畫
可憐卿。""卿題艷曲我題詩,舊時錢塘有所思。後有小青前小小,
一般才女兩情癡。""美人命薄本多愁,濃福還須幾世修。一語慰
卿兼自慰,留些詩句也千秋。"纏綿悱惻,讀之黯然。同時有陳芝
香者,與黛齊名。葛隱耕詩:"前輩芝香與黛香,會書未肯便登場。
若教往事談天寶,一曲琵琶淚數行。"正謂此也。

（進步書局編輯所編輯:《清代聲色志》,上海:進步書局,1915 年,第
51—52 頁）

亞子吹萬石子成《三子遊草》即題（其四）

　　　　鄂　不

　　二士棄兹去,追陪僅柳州。神仙有伴侶,鸞鳳本良儔。吹萬石
子暨眷屬先歸。更續當年興,因將素願酬。霓裳初歌奏,文旆即難留。

亞子伉儷觀春航演《血淚碑》《馮小青》兩劇後始歸。鴻雪添新跡，湖山記勝遊。幾時成續衻，還待桂花秋。三君擬于秋日復來杭州觀潮故云。

吹萬居士囑題《三子遊草》爲成兩律（其二）

澤　庵

釵光鈿影數娉婷，墓艸萋萋悼小青。天錫奇情矜柳子，地留片石竈馮伶。諸公好事能題句，一客爲花苦繫鈴。覽卷別添惆悵恨，年來秋雨點西泠。

馮春航小青墓題名

柳亞子

馮郎春航能歌小青影事者，頃來湖上泛棹孤山，撫冢低徊，題名而去。既與余邂逅，屬爲點染以际後人，用綴數言勒諸墓側，世之覽者倘亦有感於斯。民國四年夏立，吳江柳亞子題。

爲馮郎春航題名小青墓作

姚　光

正是風翻弱絮天，幽蘭叢裏吊嬋娟。應恐前生是倩影，卿須憐我我憐卿。小青《答楊夫人書》有云："去則弱絮風中，住則幽蘭霜裏。"又有云："瘦影自臨春水照，卿須憐我我憐卿。"

觀劇雜劇爲春航作（其十）

流　越

邗溝一夜月，却照錢塘路。何處最消魂，松柏西陵樹。馮小青。

觀劇贈春航

漱　嚴

艷説西湖馮小青，傷心如讀《牡丹亭》。雌雄一姓留情種，血淚新聲不忍聽。

未過小青墓下而歸賦此械寄亞子

不　識

古人已去勝溪隈，不復西泠認緑苔。梅雨乍晴堅友約，瓜洲蕩槳訪君來。陰陰夏木虛三徑，瑟瑟秋墳剩一抔。獨立斜陽復長嘯，空山人語漫相猜。孤山有空谷傳聲。

端午後五日偕冥飛展庵冒雨放棹孤山小青墓下未立春航題名碑且訪越流春航二子春航此來奉母命至天竺禮佛午後擬去滬堅留之盤桓竟日口占志別寄示亞子

不　識

斜風細雨奈何天，十里煙波放畫船。山静藕花香沁骨，林深梅子重垂肩。獨居陳仲虛三顧，余與冥飛、展庵往孤山訪越流、春航二次不遇。傳舍馮驤已五遷。春航此次來杭始寓湖山新旅社，繼寓惠中、新新兩旅館，隨寄居孤山巢居閣。今因旋滬在即，遂移至五和旅館，一星期中蓋五遷矣。惆悵西泠一片石，死生離別總淒然。

少年遊·爲春航題名小青墓作

慮　尊

紅氍毹上見真真，阿堵妙傳神。撲朔迷離，帶些瓜葛，應恐是前身。　　今朝獨訪埋香處，杯酒奠芳魂。記得當時，自澆蘇小，一樣意中人。

少年遊・爲春航題名小青墓和家長公

越　流

殘山賸了舞衣身,脩夜劇傷神。寒食清明,人間天上,來拜墓中人。　　畫圖省識春風裏,面目豈全真。不道臨流,梅邊月下,依約舊時魂。

少年遊・和陳慮尊爲春航題名小青墓之作

吹　萬

一杯酬爾各愴平神,風雨斷人魂。芳姓同留,舞衣錯認,非假亦非真。　　登場描出傷心稿,曾現女兒身。碎恨零愁,哀絲豪竹,一樣可憐人。

少年遊・和越流爲春航題名小青墓韻

少　文

好男兒化綺羅身,顧曲替傷神。柳浦春深,舞臺歌後,追悼冢中人。　　馮郎勒石題名處,若個最情真。歲歲花朝,年年寒食,看我弔芳魂。

少年遊・爲春航題名小青墓作和吹萬韻

心　無

湖山風雨暗傷神,花落美人魂。春去難留,衣香又見,脉脉訴情真。　　管絃聲裏當年淚,原個女兒身。舊恨新愁,青衫紅粉,畢竟可憐人。

少年遊·爲春航題名小青墓和慮尊韻

意　園

依稀倩女乍離魂，明月認前身。憐我憐卿，芳心自警，今古一雙人。　　當時屢貌嬋娟影，意態不如真。何似今朝，悲歡離合，顰笑足精神。

少年遊·爲春航題名小青墓用慮尊韻

微　廬

金環認去舊時身，花貌月精神。蠟屐尋山，湔裙嬉水，長鋏未歸人。　　子規啼遍梅花樹，再拜玉人魂。健筆磨崖，《大招》《山鬼》，五字記清真。夜坐，無俚、仲甌、梨夢來。談兩時許，及西泠韻事，仲甌謂我那得無言，遂成此解。又梨夢謂春航此來頗不得意，越流曾勸其早歸，春航云歸亦不易。以絕代佳人而抱孟德雞肋之感，豈勝悵惘，故有“長鋏未歸”之句，不徒隱其姓而已。微廬識。

少年遊·爲春航題名小青墓作用慮尊韻

梨　夢

孤山誰解弔芳魂，荀倩獨傷神。天若有情，呼之欲出，來鬭舞腰身。　　焚如曾脫河東劫，風雨護遺真。不道而今，歌塲燈火，又見畫中人。

少年遊·爲春航題名小青墓用慮尊韻

不　識

碧氍毹上現真真，同是夢中人。我本鄉親，卿非異姓，何必問前身。　　花開花落年年恨，酹水奠香魂。蝴蝶飛灰，杜鵑淚血，今古此傷神。

少年遊·前詞意有未盡重拈一闋仍用廬尊韻拉雜之誚在所不免

不識

傳奇仿佛再來人，小青傳奇，清初曾一演于吳下，陳卧子、李舒章均以《仿佛行》記之。又睹舞腰身。血淚雙行，心香一瓣，我弔女兒魂。　　鍾情爭説虞山事，見《列朝詩集小傳》。簧鼓欲離真。譚子攘名，牧齋無賴，唐突藐姑神。

少年遊·爲春航題名小青墓用廬尊韻

展庵

蘭因詩記管夫人，一夢悟前身。錢塘陳文述室人管筠《題蘭因集》詩註云："面慈夢大士，攜青衣垂鬟女子持雙頭蓮花，家生予，説者以小青後身解之。" 霜促幽芳，風欺弱質，恨事泣花神。　　荒墳殘碣孤山路，冷月夜歸魂。環珮三更，氍毹一曲，疑假更疑真。

少年遊·和廬尊諸子爲春航題名小青墓作

鄂不

一抔黄土掩芳魂，千載解傷神。長鋏徵歌，殘碑題字，倘是再來人。　　憐他枉説生男好，還化女兒身。缺月殘花，愁羅恨綺，休辨假和真。

少年遊·爲春航題名小青墓

澹庵

月明環珮訝歸魂，彩筆倩傳神。綺孽三生，芳名千古，傾倒幾多人。　　廣場開處珠喉轉，四座唤真真。白雪徵詞，紅襟揮淚，一樣息餘身。

爲春航題名小青墓效冬心三體並柬亞子

　　　　白　丁

落落大家範,温温小雅風。劇情工冶淡,意在不言中。

吴女風流頓盡,清初有吴女郎青來曾演小青故事于毡氍。馮郎塗抹登場。一例鷪飄鳳泊,三生菊影蘭香。

孤墳如斗草芊綿,爭讓豐碑落照前。翻幸當年逢妬婦,至今寒食弔玄玄。小青小字玄玄。

春航題名小青墓詩以贈之(其一)

　　　　梨　夢

一棹煙波畫裹行,多情自古惜惺惺。夕陽無限長堤路,獨傍孤山弔小青。

前作意有未盡再賦二絶

　　　　梨　夢

風流處士西湖長,曾見羊車拜墓門。去歲,林顰卿曾至孤山拜處士墓。韻事今朝偏有偶,不教冷落美人魂。

思翁愛妾楊雲友,畫筆詩情擅妙才。一樣玉鈎鄰咫尺,如何不共白花來。謂小楊月樓也。

春航題名小青墓詩以贈之

　　　　仲　觥

風雨殘陽泣墓門,拈花一笑悟前因。玉簫再世猶留性,不作人間妾婦身。

爲春航題名小青墓作

天　風

偶從艷跡留鴻爪，豈獨傷心爲小青。同是不堪身世感，卿嗟命薄我飄零。

贏得豐碑墨色新，孤山梅鶴結芳鄰。一坏青冢空憑弔，點滴何曾到九垠。

豈有鶼羹能療妬，河東不作吼獅聲。剗除千古紅顏恨，一洗人間薄倖名。

才調如卿命亦窮，到頭蕉萃以身終。從茲韻事傳千古，難得留題也姓馮。

春航題名小青墓上洵爲西泠韻事一時詞客咸爲詩章小令以張之接不識函責僕不可無作因成絕句四章

寒　蝶

馮娘玉骨已成塵，一曲馮郎妙軼倫。老我古今空積感，廣陵調與廣陵人。僕未觀春航劇，故云。

一坏芳塚草離離，憑弔風前有所思。豈獨登塲風韻似，連宵血淚更濺碑。春航善演《血淚碑》。

伶官從古慕榛苓，西去明湖弔小青。生倘同時雙艷質，不教避面尹和邢。

絕妙文章有脫胎，化身千萬作仙梅。題名不爲時流眼，環珮魂遲月下來。

爲春航題名小青墓作

鄂　不

摩碣題名拜墓宮，一時哀感欲相通。雌雄終見同根蒂，因果還須證色空。紅粉叢殘憐地下，青衫淚涕遍江東。當年遺恨憑君訴，說法歌臺恰姓馮。

少文以倚翠樓主題小青墓詩徵和會亞子爲春航題名小青墓鐫石成四律用倚翠樓主元韻

不　識

飄泊身同浪拍舟，綠楊城下水如油。易修明慧難修福，不解歡娛秖解愁。世界三千歸泡影，華年二八擅風流。桃花命耐封姨妬，未許紅顔賦白頭。

忍割情腸一寸苗，佛燈靜對篆煙銷。棋殘黑白閒中悟，有楊夫人者時從小青弈。病入丹青分外嬌。倚檻愁看孤嶼月，思鄉信斷廣陵潮。遺編留得《焚餘草》，可許騷魂剪紙招。

絮已沾泥莫化萍，芟除綺語寫《心經》。一坏殘土三生石，半壁斜陽六角亭。蘇小比鄰杯酒冷，蘭因新集墨花馨。錢唐陳頤道編《蘭因集》，搜菊香、小青、雲友三女故事甚詳。荷絲不教仄虛空礙，蓮性光明肯墮零。

分得林家地數弓，瓊碑殘月野烟中。傳奇哀怨傳優孟，小青本有傳奇，清初曾一演之，飾小青者爲女郎吳青來，當時李舒章、陳臥子均以《仿佛行》記其事。乃者馮郎春航演劇于湖上，新舞臺飾小青纏綿哀怨，觀者多爲雪涕。不忌清才不化工。姊妹莫嗟同命鳥，小青有妹紫雲，爲會稽馬髦伯姬，人亦瘞西泠，遺址無考。我卿都是可憐蟲。死悲生樂同歸盡，一水泠泠西復東。西泠對岸爲東泠。

觀春航演小青遺事有感

勉　之

春航在滬上負盛名，南社名流贈詩盈篋，越中某君至稱爲伶

聖。此次奏技虎林，一曲登場，西湖山水亦爲之生色。所演《血淚碑》
《小青遺事》諸劇，清微淡遠，純用白描，一洗時下脂粉氣，所謂"不
著一字，盡得風流"者非歟？蓋此等劇情非春航不能解，非春航不
能傳。設令東施效顰，吾見其于紅氍毹上演盡醜態，徒爲識者所嗤
耳。率成短章以題《小青遺事》一幕。文詞拙劣，固不足以狀其萬
一也。

百年遺恨掩蒼苔，留得情腸死未灰。此是湖山歌舞地，有人憑
弔小青來。

澗底蘭生奈若何，冰肌例受雪霜磨。枉他白傅堤邊柳，二月東
風落絮多。小青有"去則弱絮風中，住則幽蘭霜裏"之語。

欲留無計去神傷，一轉秋波一斷腸。眼底心頭無限恨，背人偷
指薄情郎。

瘦影臨波黯自驚，卿須憐我我憐卿。畫工縱有傳神筆，不及馮
郎此際情。

病骨支離百感侵，更無人解此情深。馮郎傳得馮姬恨，別有淵
源在寸心。

想見當時此別難，牀頭一語一辛酸。祇今粉墨登場處，尚賺旁
人掩淚看。

偕越流冥飛不識展盦同過小青墓口占

春　航

小青遺跡儘低徊，若夢浮生劇可哀。千古湖山一荒冢，曾移明
月二分來。

前在虎林擬觀春航演《小青遺事》不果而返既返而《小青》
　一劇始演今見勉之數詩令人悽然神往爰即步春航《過
　小青墓》作韻題一絕於後聊以志憾云耳

　　　吹　萬

　一回凝想一徘徊，悱惻纏綿無限哀。拚得淚珠三百斛，幾時痛
哭小青來。

孤山泛雨記

　　　冥　飛

　乙卯天中節後五日，不識、展盦爲樹春航題名碑於小青墓側，
凌晨約余同往。時春航奉母命禮佛天竺寓巢居閣，與越流俱。是
日天容慘澹，時雨時晴。舟抵孤山，集放鶴亭煮泉瀹茗，相與縱譚。
春航言將於午後返滬，衆强之作一日留，春航意不以爲可，既而笑
曰："倘爲雨阻，則且以翌日行。"會石工剷山脚，竟將樹碑，不識、
展盦往督之。余遂邀春航往新新旅館打球，拏舟逕往。一局未竟，
而輕雷送雨，倏忽傾盆。舟人挾傘來促余等返孤山。午膳冒雨登
舟，踡伏傘底，橫風吹雨，襟袖皆沾濡。既登岸，急避入巢居閣。展
盦、越流方倚窗聽雨，不識則獨立小青墓下，憚雨不得上。余西顧
隔岸諸山，雲氣滃然直上，保叔塔已在冥濛中。風來偓垂楊，低欲
拂水，雨聲轉急，簷溜跳珠濺頭面。會庖人進餐，餐畢而雨霽已久，
石工又作。春航戚某君促春航行，計距火車開行時刻尚早，余復與
春航泛舟湖中。春航新學操舟，顧能掉弄自若。舟行出叢荷中，逕
向西泠橋而去，至蘇小小墓前復折而回。而山雨忽來，漸臻繁急，
乃艤舟惠中旅館前。柳陰下柔條溜雨，時敲蓬背。水面百萬浮漚
旋生旋滅，儵魚千百成群，唼喋蒲藻間。野鶩一雙，隨波上下，有時

没入水中尋丈以外始出水枯坐。久之，雨不少止，乃議遊楊莊。莊在惠中旁，去余輩艤舟地衹咫尺，移舟傍岸而前，雨勢忽衰，相將入門繞曲廊而南，小立軒前看荷。徘徊有頃，斜陽一抹，忽穿花徑而入。返而登舟，中流容與，不識諸君已命舟人來迎，鼓棹而前。湖中荷蓋擎宿雨直瀉舟中，若噴珠跳玉。舟停小青墓下，則題名碑已屹然立。撫摩有頃，興盡遂歸，時已暮色蒼然，晚鐘欲動。昔人謂西湖雨奇晴好，余與春航兩次同舟，均遇驟雨，可謂賞奇者已。且是日春航果爲雨阻，不得成行，余尤感天公之做美云。

（以上引自高燮、柳弃疾、姚光：《三子遊草》，民國四年鉛印本）

《西湖新志》"明女史廣陵馮小青墓"條

胡祥翰

在林公祠左。民國四年，吳江柳亞子爲馮伶春航立碑小青墓側，云馮善演小青影事，又同是姓馮，憑吊之餘，爲留片石，志因緣也。小青有女弟曰紫雲。《湖船續錄》：小青女弟馮紫雲，後歸維揚馬髦伯。時偕髦伯寓居孤山，製湖艇曰"煙波畫船"，取湯玉茗詞意。見陳雲伯《碧城仙館瑣記》。附載於此。汪琨《小青墓》：笆籬六枳遠相遮，夢斷長門感歲華。生向林逋分隙地，死依蘇小作鄰家。荼蘼豈是傷心草，桃李終成薄命花。千百倉庚不醫妒，美人零落我咨嗟。

（胡祥翰輯撰：《西湖新志》，《西湖文獻集成》第10冊，第139頁）

《西湖新志補遺》"蘭因館"條

胡祥翰

在巢居閣西。清道光中，陳文述建。文述既修孤山小青、菊香，復修楊雲友墓於葛嶺，乃建蘭因館於孤山。館有樓曰"夕陽花影"，樓左爲綠陰西閣，以祀小青；右爲秋芳閣，以祀菊香。雲友賦詩紀事,遍徵海内詩人和韻。刻有《蘭因集》。今遺址已不可考矣。

（胡祥翰輯:《西湖新志補遺》卷一,《西湖文獻集成》第 10 冊,第 209 頁）

《西湖合記》"西湖一月記" 條

楊無恙

初八日,招湘君入城渡湖。湘君,相城人,李姓,略識字,静穆寡言,拱埠花選,曾冠群芳。舟泊放鶴亭,吊小青墓。小青嫁馮具區子雲將,施愚山聞之陸麗京,見《蠓齋詩話》。或疑不經者,惑於牧齋《列朝詩選》及朱長孺《愚庵雜説》也。

（楊無恙:《西湖合記》,《西湖文獻集成》第 10 冊,第 452 頁）

《西湖合記》"馮小青墓" 條

楊無恙

子規啼血水邊亭,看到辛夷吊小青。花外孤魂歸不得,黄昏陰雨泣西泠。

（楊無恙:《西湖合記》,《西湖文獻集成》第 10 冊,第 464 頁）

《西湖合記》"西湖遊記" 條

楊無恙

三月一日,天明大雨,開窗一望,煙雨滿湖。雨止,遊艇仍少,唯進香者十百爲群,無日不然。午飯後,乃以小舟至三潭印月,入竹徑周覽而出,解維繞行湖心亭一周。湖心亭亭外皆水,水外皆山,勝境獨絶。胸有山水癖者,其詩魂定落湖心亭耳。出西泠橋,避雨於楊莊,得詩云:"連日癡雲滯水濱,西泠淒冷不成春。孤山煙雨楊莊柳,兩度來遊隔世人。"予前度亦於楊莊避雨也。雨止復行,出馮小青墓,下登放鶴亭,入巢居閣一覽。有人在此著棋,不知林和靖不會著棋也,爲之一笑。葛嶺諸山出雲,天色昏暗作雨勢,暮鐘數杵,相與解維去。

（楊無恙:《西湖合記》,《西湖文獻集成》第 10 册,第 474 頁）

西湖四日記(節選)

汪　洋

早,蕭君雋三來談,並得管君義華一書。旋出訪友,未遇。九時乘瓜艇先遊孤山、西泠,訪林處士、馮小青、馬菊香、蘇小小、鑒湖女俠諸墓,備遊山陰山陽諸勝。十二時,飯於樓外樓。

（汪洋:《西湖四日記》,《西湖文獻集成》第 10 册,第 505 頁）

《袁氏閨鈔·浙媛畫史》"余小姑"條

袁小輼

深掩妝窗卧碧紗,王涣。千妖萬態破朝霞。徐凝。不情不緒誰能曉,小青。春去春來任物華。羅隱。懷理不知金鈿落,韓渥。鬂邊微露玉簪斜。羅以夫。隔簾艷色多相照,梅堯臣。照得芙蓉不是花。白居易。脈脈春情更誰泥,非烟。日長惟有睡相宜。蘇軾。楊花撲帳香雲暖,李賀。深户無風秀幄垂。劉誅。畫樐倒懸鸚鵡觜,章孝標。鑪香間裊鳳皇池。李後主。分明一任旁人見,韓渥。正是風光懶困時。黄庭堅。

（袁之球編:《袁氏閨鈔》,《清代家集叢刊》第 110 册,北京:國家圖書館出版社,2018 年,第 452 頁）

西湖遊記(節選)

金鶴翀

三時半鐘過西泠橋,登蘇小小墓,上小青墳。一則以名妓,而識英雄於未遇,有如紅玉知人;一則以情姬,而爲大婦所不容,宛似綠珠守義,可欽可憫。爲之徘徊者久之。臨於二墓者,有俠女遺阡,即秋墳。有風雨亭,乃俠女絕命詞"秋雨秋風愁煞人"之句,因以名亭。乃徐寄塵、吳芝瑛二女士葬秋璿卿遺蛻於此,而並爲立祠,於民國七年行落成之禮,與蘇小小、小青鼎足成三,足壯湖山之色矣。

（金鶴翀:《西湖遊記》,《西湖文獻集成》第 10 冊,第 593 頁）

《實地步行杭州西湖遊覽指南》"馮小青墓"條

陸費執

在林公祠左。小青爲武林馮生姬,其姓不著,工詩,見嫉於大婦,徙居孤山,抑鬱早卒。其後爲宋馬鞠香女士墓,生前喜吟林和靖詩,死後葬此。民國四年,吳江柳亞子爲伶人馮春航立碑小青墓側,因馮善演小青故事,又同姓,爲留片石以至緣。

（陸費執:《實地步行杭州西湖遊覽指南》,《西湖文獻集成》第 10 冊,第839 頁。又佚名《西湖名勝快覽》、趙君豪《杭州導遊》、劉再蘇《西湖快覽》、凌善清《怎樣遊西湖》、白雲居士《遊杭快覽》、守安《杭州西湖導遊》、杭州指南社《杭州指南》、中國旅行社《杭州導遊》、守安《遊覽杭州西湖新導》、帝青《西湖遊覽新導》大抵相同,不錄）

《說杭州》"馮小青"條

鍾毓龍

小青,清揚州人。年十六,爲杭州富家馮生之姬,爲大婦所不容,幽禁之於西湖孤山其家之別業,僅一老嫗伴之。大婦有言,非其命不得接見馮生,不得私通書信。或諷之改嫁,不從。小青自幼聰慧,能詩文,亦善音律。遭際如此,不勝悲郁,日漸羸弱,病而拒醫藥。一日,令老嫗召一畫師來,爲畫小影一幀。未幾即隕,年僅十八。有遺詩若干，其一曰："冷雨幽窗不可聽，挑燈閒看《牡丹亭》。人間亦有癡於我，不獨傷心是小青。"又一曰："新妝竟與畫圖爭，知在昭陽第幾名？瘦影自憐春水照，卿須憐我我憐卿。"又絕筆一首曰："百結迴腸寫淚痕，重來唯有舊朱門。夕陽一片桃花影，知是亭亭倩女魂。"死後即葬於孤山之陰。清蘇州女子詩人張蕙有詠小青之題壁詩一首曰："重到孤山拜阿青，荒荆茅棘一沙汀。煙沉古墓霜寒骨，雪壓殘碑玉作銘。幽恨不隨流水盡，香魂時逐蓼花零。勸君更禮慈雲側，莫墮輪迴作小星。"

（鍾毓龍編著：《說杭州》，《西湖文獻集成》第 11 冊，第 907 頁）

悲薄命小青祭圖

周潤寰

（周潤寰：《游西湖的嚮導》，《西湖文獻集成續輯》第 11 冊，第 370 頁。按：文大抵同《情史》，不錄）

小說的杭州西湖指南（節選）

王蘭仲

走至後山，許多高下的墳墓，還有石碑矗著，佩珍正要過去看，婉珍道："這裏便是馮小青之墓，還有馬菊香和馮春航的墓，也都在這一塊兒。"佩珍道："馮小青的名兒，似曾有人說過，只不知那個馮春航是否是小青的姊妹。"菊依笑道："妹子又要歪纏了，馮小青是明朝末年馮將軍的愛妾，將軍姓馮名雲，和小青同姓，所以把她的姓抹去了，單叫小青兩個字。小青雖然出身小家，却是聰明絕色，十五六歲時，已解詩詞音律。自做馮將軍側室，寵愛非常。大婦心懷妒恨，時常凌折，馮將軍沒法，把小青徙居孤山別業，自己又不能同居。小青花晨月夕，淒寂萬分，時常與水裏的魚兒、樹上的鳥兒説話,只有將軍的親戚楊夫人,不時的前來慰問。"

(王蘭仲:《小説的杭州西湖指南》,《西湖文獻集成續輯》第2册,第486頁)

馮小青墓

沈恩孚

處士爲鄰塚亦香,評量品格到紅妝。湖山還仗貞姬骨,留伴梅花傲雪霜。

(沈恩孚著,薛冰整理:《沈信卿先生文集》,南京:鳳凰出版社,2015年,第95頁)

《戲曲小説書録解題》"菩提棒"條

題"渥城陳惠榮廷彦氏填詞"。惠榮始末未詳,蓋清初人。是本譜小青事,乃五齣雜劇。其第一齣無題;第二齣"聽雨",本小青"冷雨幽窗"一絶句;第三齣"拈香",演小青在孤山,夫往尋之,爲大婦所掩,小青因赴觀音廟禱告;第四齣"病雪",演小青之死;第五齣"西歸",演小青没後,面觀世音菩薩,誦所爲絶句,菩薩二棒喝之。大致與《情史·小青傳》相出入。其云小青姓喬,夫姓褚,與《療妬羹》同。唯不取改嫁之説,較爲得體。至"畫真"事本哀豔,故《春波影》與《療妬羹》並以入曲,此亦不取。其關目未盡善,其曲亦間不入格。

(孫楷第著,戴鴻森校次:《戲曲小説書録解題》,北京:人民文學出版社,1990年,第347—348頁)

《曲海總目提要》"挑燈劇"條

董　康

來集之撰。因《小青傳》中有《讀牡丹亭》詩云:"冷雨幽窗不可聽,挑燈閒看《牡丹亭》。人間更有癡於我,不獨傷心是小青。"
乃借此以寓意。亦以美人幽怨,比名士之漂流無所遇也。情致酸
楚哀感頑艷,不愧才人之筆。

　　按"人間更有癡於我"此句本有着落。萬曆中年,湯顯祖《還
魂記》初出,吳江俞二娘年少才美,取此記晨夕展玩,未幾得病而
没。顯祖《玉茗堂集》中親紀其事。小青挑燈之作,蓋指此也。後
人閱《小青傳》者,不知有俞二娘事,以爲空虛題揣,反覺無謂矣。
唐人《本事詩》,皆推原作詩緣起。馬端臨論陸遊《沈園》詩,言若
無註解,後世不知其作此詩之故。以見詩小序之不可廢,即此小詩,
亦其一瞪也。

（董康:《曲海總目提要(上、下)》,合肥:黃山書社,2009年,第370頁）

《曲海總目提要》"萬花亭" 條

董　康

　　江東郎玉甫作,演揚州小青爲上苑花王,因牡丹海棠楊柳學妹
薔薇五花神,俱愛杭州,謫令下界,以了塵緣,仍返萬花亭受業,故
劇名《萬花亭》。其説荒誕,略云:小青,揚州人,在生爲妒婦逼逝,
上天憐其多情,已録入風流院爲散仙。院主湯若士復薦爲上苑花
主,居萬花亭,稽察群花。一日偶往別院赴會,牡丹、海棠、楊柳、雪
梅、薔薇五花神,俱潛往杭州西湖。小青歸,以牡丹花謫杭州任尚
書家爲女,名撰花。海棠花謫揚州吳太守家爲女,名亭默。雪梅花
謫來翰林家爲女,名來素,而楊柳花獨謫當途郎家爲才子,名郎玉。
郎玉者,字如玉,別字優吟,本籍當途,遊學揚州。西湖閑步,遇任
尚書女撰花,玉顧盼留情,撰花亦感病憀憀,遣侍婢粉部延星家算
命,適與玉遇,玉即云善推算,遂邀至家。正互相憐愛,父母適至,
玉遂僞爲瞽者,父見,詢知是郎玉,惜其名士喪明,留館百花亭。撰

花命粉部寄書約會,面訂終身,父母忽至,見之大怒,送至杭州太守處推問。太守憐才釋放,因往金陵表姑丈林總戎家,總戎已沒。林夫人哈士只生一女,即亭默,與太守邑甥女名來素者同學。玉謁林夫人,並見亭默、來素。即下榻園中,與二表妹密契,林夫人知而逐之。小青憫撰花與玉姻緣未成,下界見撰花,攜之騰空去。玉自金陵被逐至揚州,忽遇吳讓妝,愛其才貌與諧伉儷,贈以行資,入京應試,大魁天下。讓妝曾守業於林夫人,後以事往金陵訪之,則夫人已逝,遂與亭默、來素相契。郎玉榮歸,知讓妝所在,即往金陵,與三美人談心甚至樂,因憶撰花,攜三美人泛舟西湖以訪之。是時撰花已先登天界,小青復命撰花駕雲而來,與郎玉舟中歡聚,暢遊人間山水,復同返萬花亭云。

　　按小青爲風流院散仙之說,已見《風流院》劇中。此蓋藉以發端,以小青二字喻情字也。郎如玉者,自以爲美男子耳。撰者姓名,恐亦是寓意,非真也。

　　（董康:《曲海總目提要(上、下)》,合肥:黃山書社,2009 年,第 919—920 頁）

程古雪《澄潭山房文稿》

許承堯

　　《送〈蘭陔集〉歸吳穎嘉附詩三首》,注云:"長洲周之標,集女中七才子詩詞,題曰'蘭陔',穎嘉家藏抄本,惜闕其二。因余得杜瓊枝畫册,出示此集。七女子者,馮小青、王修微、尹紉榮、杜瓊枝、李秀、徐安生、佘五娘也。"詩云:"浮彈明孋女中奇,剩粉零膏一任之。顧曲周郎能好事,人間誰似有情癡? 墨痕尚有杜瓊枝,畫出維摩五字詩。風景瀟湘遺片紙,平沙雁落踏歌辭。""零落紅箋合一編,香埋玉蛻句猶鮮。就中怕看《焚餘草》,倩影桃花最可憐。"注云："瓊枝畫瀟湘景二葉，頗饒秀緻，董文敏舊藏，手書跋識，余偶購得之。"

（許承堯：《歙事閑譚》，合肥：黄山書社，2011 年，第 84 頁）

《西湖遊覽指南》"孤山路·馮小青墓" 條（整理者所擬）

徐　珂

馮小青墓。墓在孤山路之陰，相傳小青爲明末武林馮生姬，有詩才，爲大婦所妒，徙居孤山，以瘵卒。民國二年，與馬菊香墓並修之。四年夏，吳江柳亞子棄疾爲伶人馮春航立碑小青墓旁。馮善演小青事，又同姓，爲留片石，志因緣也。

（徐珂編：《西湖遊覽指南》，上海：商務印書館，1929 年，第 16 頁）

《西湖古今佳話》"馮小青才女悲薄命" 條

佚　名

小青者，明末揚州人，杭州馮雲將姬也。諱同姓，故僅以小青稱。早慧能詩，善音律，十六歲歸生，以見嫉於大婦，徙居孤山別業，不得與生面。婦戚楊夫人愛憐之，諷之別嫁，小青勿從。萬曆壬子病憂鬱卒，年僅十八。病篤時，尚强起坐，命覓一良畫師至，爲之留真。成圖三幅，末圖極妖纖流動，取供榻前，爇名香，設梨酒，奠之曰："小青，小青，此中豈有汝緣分耶？" 撫几而泣，淚雨潸潸下，一慟遂絕。生聞信來見，容光藻逸，衣袂鮮好如生前，長號頓足，嘔血升餘。婦恚甚，索圖焚之，又焚其詩卷，今僅存古詩一首，七絕九首，詞一闋。《致楊夫人書》語尤淒艷，詩載《西湖三女士蘭因集》中。

［佚名：《古今佳話》（第 2 版），上海：六藝書局，1934 年，第 27—28 頁］

《麝塵集》題詞

馮　梭

小星搖搖光欲滴,鷗鴉夜嘯鶬鶹泣。遺編重見返魂香,海棠魂碎東風急。芳齡十五嫁王昌,喜抱衾裯詠七襄。品竹彈絲都第一,丰容盛鬋更無雙。銀青恩重金泥詔,隨侍黃堂年最少。孔雀屏開枉艷稱,孤鸞鏡舞同悲悼。瀚漫風波妒婦津,浮屠夙孽說前因。味茹蓮藥知心苦,頰漲桃花認指痕。恩寵當筵空齎予,玲瓏絡索金釵股。雨泣棠梨春寂寂,畫焚蛺蝶紙飛飛。難詠江沱回悍婦,翻驚鳩藥貽羊祜。長恨綿綿無絕期,芳名脈脈沈千古。一卷琳琅血淚斑,埋香也合傍孤山。拈毫我續傷心史,應與馮家一例看。

（姚靈犀編校,佚名撰:《未刻珍品叢傳·麝塵集》,民國二十五年刊本,第71頁）

《麝塵集》題詞

陳　穎

曼殊姿態小青才,等是紅顏一例哀。雖似胡家妾薄命,並將姓氏委塵埃。

（姚靈犀編校,佚名撰:《未刻珍品叢傳·麝塵集》,民國二十五年刊本,第74頁）

《麝塵集》題詞

楊文俊

懶畫蛾眉鬥尹邢,倉庚療妒竟無靈。世間多少癡兒女,不獨馮家有小青。

（姚靈犀編校,佚名撰:《未刻珍品叢傳·麝塵集》,民國二十五年刊本,第77頁）

《麝塵集》題詞

唐　姚

曩讀《小青傳》，今讀怨女吟。此詩不可讀，讀之哀人深。

（姚靈犀編校，佚名撰：《未刻珍品叢傳·麝塵集》，民國二十五年刊本，第82頁）

《麝塵集》題詞

王尹瑞

腮邊紅粉淚千行，往事尋思欲斷腸。絕代佳人誰得似，姓名應共小青香。

（姚靈犀編校，佚名撰：《未刻珍品叢傳·麝塵集》，民國二十五年刊本，第83頁）

《麝塵集》傳

姚靈犀

（前略）世人咸爲小青悲，不知小青外，尚有此佚名怨妾也。其生死凡二十三年，詩中皆其心血，烏得不爲之付刊，以發闡幽靈乎？添郎不知何許人，想係小字。其從子萬禧，仲君少梅，皆班班可考，爲時未遠，搢紳録中，似不難究其冑閥也。

（姚靈犀編校，佚名撰：《未刻珍品叢傳·麝塵集》，民國二十五年刊本，第88頁）

《雕蟲詩話》“又《吊馮小青》”條

劉衍文

（宋一生）又《吊馮小青》云：“悵對煙波香不温，殘花幾瓣夢猶存。指其詩集《焚餘草》。夕陽無復桃紅影，何處來招倩女魂？”當時頗稍自喜,後乃悟亦已落套,步王漁洋之後塵矣。詠懷古跡類詩之難於擺脱既定之模式也,凡爲詩者皆當深思熟慮之。

（劉衍文:《雕蟲詩話》卷五,《民國詩話叢編》第 6 册,上海:上海古籍出版社,2002 年,第 628 頁）

柳如是別傳（第四章）

陳寅恪

（柳如是）"西泠"第拾首云:

荒涼鳳昔鶴曾遊,松柏吟風在上頭。（原注:"時遊孤山。"）吏苑已無句漏鼎,（原注:"稱川爲句漏長。"）煙霞猶少嶽衡舟。（原注:"褚元璩隱於錢塘時放舟衡嶽。"）遙憐浦口芙蓉樹,仿佛山中孔雀樓。從此邈然冀一遇,遺宫廢井不勝愁。

寅恪案,此首在湖上草諸詩中非佳妙之作。但亦非尋常遊覽之作,必有爲而發,惜今不能考實。姑妄推測,約略解繹,殊不敢自信也。第貳句下自注云:"時遊孤山。"故知河東君遊孤山,而有所感會。然細繹全首詞旨,除"鶴曾遊"外,其他並無與孤山典故有關者。頗疑此詩殆有感於馮小青之事而作。"松柏同心"已成陳跡。馮雲將家已貧落,無復煉金之鼎。往來於富人之門,不能如褚元璩之高逸。舊日小青之居處,猶似己身昔日松江之鴛鴦樓,即南樓,既睹孤山陳跡之荒涼,尚冀他日與卧子重尋舊好也。褚元璩爲褚伯玉之字。其事蹟見《南齊書》伍肆及《南史》柒伍本傳。《嘉慶一統志》貳玖肆"紹興府山川門""宛委山"條,引《遁甲開山圖》云:"禹治水,至會稽,宿衡嶺。"又同書同卷"陵墓門"云:"齊褚伯玉墓在嵊縣西西白山。""衡嶺"當即"衡岳",固是元璩棲隱之地,不過倒"衡岳"爲"岳衡",以協聲調,殊覺牽强耳。何遜"夜夢故人"詩云:"浦口望斜月,洲外聞長風。"及"相思不可寄,直在寸心中。"

（見《漢魏六朝百三名家集・何記室集》）河東君"浦口"之句，初視之，不過仲言詩意，細繹之，則知實出《王子安集》貳《採蓮賦》中"浦口窄而萍稠"之語。崇禎八年秋河東君與臥子有採蓮一段佳話，前論臥子《採蓮賦》節中已詳及，茲可不贅。蓋河東君賦此詩之際，遙想八年前之"鴛鴦樓"即"南樓"，此時當亦同一荒涼境界，斯所以因遊孤山，憶昔懷人，乃有此作耶？"孔雀樓"者，疑是用《列仙傳》上《蕭史傳》"能致孔雀白鶴於庭"。《太平廣記》肆捌捌《元稹鶯鶯傳》載續會真詩云："行雲無處所，蕭史在樓中。"宋某氏侍兒小名錄《拾遺》引《帝王世紀》云："秦穆公女名弄玉，善吹簫，作鳳凰音，感鳳凰，從天而降。後升天矣。"及《九家集注杜詩》壹柒"鄭駙馬宅宴洞中"七言近體"自是秦樓壓鄭谷"句下注"趙云，此言主家本是秦女之樓，而氣象幽邃，壓倒鄭子真之谷口矣"之典。蓋以己身與臥子同居松江之"鴛鴦樓"即南樓，有似小青與雲將同居之孤山"秦樓"，即"孔雀樓"耳。此詩首句"鶴曾遊"之"鶴"，亦當是同出此典，不僅用林君復事也。（參《嘉慶一統志》貳捌肆《杭州府貳・古蹟門》及《光緒修杭州府志》叁拾《古蹟貳・錢塘縣》"放鶴亭"條）河東君自傷其身世與小青相類，深恨馮妻及張孺人之妬悍，雲將及臥子之懦怯，遂感恨而賦此詩歟？《湖上草》中"過孤山友人快雪堂"七律一首，是否與此首同時所作，雖不能知，然此"友人"當爲馮雲將，則無可疑，所以諱言之者，或因有遊孤山悼小青之什，故不顯著馮氏之名也。

（陳寅恪：《柳如是別傳》，北京：生活・讀書・新知三聯書店，2015年，第462—464頁）

柳如是別傳（第四章）

陳寅恪

寅恪案，頤道居士駮牧齋所言之謬，甚確。但以牧齋受馮生嫡室之託，造作不經之語，殊不知牧齋與雲將交誼甚篤，因諱其娶同姓爲妾，與古禮"買妾不知其姓，則卜之"之教義相違反也。（見《小戴記·曲禮上》）至雲伯撰《西泠閨詠》，又以小青之夫爲馮千秋。是誤認馮雲將即馮千秋，則爲失實。據《光緒修杭州府志》壹肆捌"馮延年傳"云：

> 馮延年字千秋，明國子監祭酒秀水夢禎孫。夢禎娶武林沈氏，愛西湖之勝，築快雪堂於湖上。延年因入籍錢塘。中崇禎十二年副貢，入太學。歸隱秋月庵。

然則千秋乃開之之孫。牧齋作開之墓志云"余與鶹雛好"，是牧齋爲雲將之故，因諱小青之事，較合於情理也。

（陳寅恪：《柳如是別傳》，第 457—458 頁）

管錐編·太平廣記

錢鍾書

馮小青"瘦影"兩句，當時傳誦。張大復《梅花草堂筆談》卷一二即歎："如此流利，從何捉摸？"後來《紅樓夢》第八九回稱引之以傷黛玉。明季豔説小青，作傳者重疊，乃至演爲話本，譜入院本，幾成"佳人薄命"之樣本，李雯《蓼齋集》卷一八《仿佛行·序》論其事所謂："昔之所哭，今已爲歌。"及夫《紅樓夢》大行，黛玉不啻代興，青讓於黛，雙木起而二馬廢矣。

（錢鍾書：《管錐編》第 2 冊，北京：中華書局，1979 年，第 753 頁）

題李文瀚《胭脂烏》

　　　　錢文偉

　　僕舊有《遠山眉》傳卓文君,《薄命花》改《療妒羹》傳小青,一名《梅嶼記》。

　　（莊一拂編著:《古典戲曲存目彙考》,上海:上海古籍出版社,1982 年,第 1410 頁）

江蘇藝文志·揚州卷

　　馮小青,名玄玄,字小青,以字行。明揚州人。通文翰,解聲律,精諸技。年 16 嫁武林馮千秋爲妾。見嫉正室,徙居孤山別墅。馮氏姻親楊夫人愛憐之,勸以歸,卒以抑鬱病卒。

　　《小青焚餘》1 卷,集部別集類,存。

　　（1）明末德聚堂刻本,附於明朱京藩《小青娘風流院》（傳奇）後。北京圖書館藏,有吳梅跋。

　　（2）咸豐九年（1859）勞權抄本,北京圖書館藏。

　　（南京師範大學古文獻整理研究所編著:《江蘇藝文志·揚州卷》,南京:江蘇人民出版社,1995 年,第 64 頁）

別宥齋藏書目錄·集部·明別集類

　　《小青傳小青焚餘稿》一卷。明盞盞(按:應是"戔戔")居士撰。明崇禎四年黃來鶴抄本,一冊。有"甲"朱文方印,"五知堂"朱文長方印,"霄賓氏""樂琴書以消夏"白文方印,"味人間"白文方印,"黃來鶴印"白文方印,"蕭山朱鼎煦收藏書籍"朱文長方印。

　　（天一閣博物館編:《別宥齋藏書目錄》,寧波:寧波出版社,2008 年,第 435 頁）

附錄：馮鸞鷟年譜

　　馮鸞鷟，字雲將，馮夢禎第二子，兄馮驥子，弟馮辟邪。晚明盛傳於江浙地區的馮小青故事，經陳寅恪、潘光旦、鄧長風、徐永年、李瀾瀾等學者考證，確有其人。故事中的馮生爲何人主要有三種説法，一爲馮鸞鷟，一爲馮延年，一爲鍾小天。經諸學者論證後，馮生爲馮鸞鷟無疑。馮鸞鷟生平無功名，又無著作傳世，其活動事蹟僅見於其父所作的《快雪堂日記》及友人的著作之中，本文即據此編成，不當之處，祈正於方家。

萬曆元年（1573）癸酉　一歲

　　馮鸞鷟生。

萬曆十一年（1583）癸未　十一歲

　　春，馮鸞鷟與父馮夢禎及其同館拜千佛寺。馮夢禎友吳之鯨所著《武林梵志》有"千佛寺"條，寺在錢塘。

萬曆十五年（1587）丁亥　十五歲

　　五月十一日，馮鸞鷟同兄馮驥子、父馮夢禎及沈大亨、樂子晋（名不詳）、陳季象（名不詳）遊靈隱寺。

　　八月初六日，馮鸞鷟同父馮夢禎、兄馮驥子，及繆仲淳、樂子晋、陳季象、朱元弼（字良叔，學者稱爲武原先生，有《達隱先生獨醉庵集》六卷、《補遺》一卷行世）、戴灝、沈大亨飲。

　　十二月三十日，馮鸞鷟同父馮夢禎、兄馮驥子祭祖，是日家宴。

萬曆十六年(1588)戊子　十六歲

正月元旦,馮鸘鸘同父馮夢禎、兄馮驥子禮佛及祭祖。二十九日,馮夢禎姻親郭夫人訃至,馮鸘鸘與父往哭。

二月十四日,馮鸘鸘同母、父、兄上其父外太婆倪氏墳,後泛舟西湖,日晡而歸。

五月十四日,兄馮驥子戲作詩,詩今不傳,馮夢禎評曰"語頗狂"。

十月初六,馮鸘鸘十六歲生辰。

萬曆十七年(1589)己丑　十七歲

正月初九日,馮鸘鸘同父兄泛舟西湖。十日,馮鸘鸘與母謁天竺大士,並展視母兄兼養父沈啓俊之殯。十八日,馮鸘鸘同父兄花下飲酒,泛舟西泠、斷橋。管志道(字登之,號東溟,學者稱東溟先生,所著今存《管子惕若齋集》四卷、《續集》二卷)留宿馮夢禎處,與馮鸘鸘會面。

八月初六日,胡士鰲(字爾潛,號葵南)訪馮夢禎,馮夢禎外出,馮驥子、馮鸘鸘陪遊。十一日,馮驥子成冠禮。十八日,馮鸘鸘同父、來斯行和沈子廣(字伯宏,生平不詳,與紫柏大師、李日華、梅鼎祚有交)遊謝宴嶺、賀兄嶺、天池、唐家坪。

十一月十五日,馮鸘鸘與父泛舟。

是年,馮鸘鸘弟辟邪生。《快雪堂日記》:"(萬曆二十七年)余自戊子一來,今生辟邪已十一歲矣。"

萬曆十八年(1590)庚寅　十八歲

正月初三日,馮夢禎定馮鸘鸘娶妻日爲八月二十四日癸巳時。十三日,馮鸘鸘同兄、友來斯行看燈。十五日,馮鸘鸘同父兄、來斯行(字道之,號槎庵,有《槎庵詩集》等著作行世)集弼教坊。(田汝城《西湖遊覽志》卷十三城内勝跡有"弼教坊"條。)

二月初十日，黄汝亨、吴之鯨(字伯裔,有《瑶草園初集》等著作行世)訪馮夢禎,馮鸒鶵陪侍。十二日,馮驥子夢沈大亨告知其《曾氏類説》在厨中。隔日往尋,果得之。馮驥子同馮夢禎、沈鳳遊西湖。

九月初八日,馮驥子同父往龍井,是日病瘧。九日,馮驥子同父、周申甫(名不詳,與張溥有交)泛舟西湖。十九日,馮鸒鶵娶妻吕氏。

十月初五日,馮鸒鶵與馮夢禎一同訪楊仲堅(名廷筠,仁和縣人,萬曆二十年進士。撰編有《玩〈易〉微言鈔》《靈衛苗志》《代疑編》等)。初八日,馮驥子病。十一日,馮夢禎誦杜甫詩"失學從兒懶,常貧任婦愁"自嘲,可見馮驥子、馮鸒鶵並非好學讀書之人。十八日,馮氏父子與仇氏、周申甫、金不佞(名不詳),赴許沖愚(名不詳)之召集於湖中。

萬曆十九年(1591)辛卯　十九歲

三月初三日,馮氏父子同李日華、沈鳳、田藝蘅、金不佞看六橋桃花。

萬曆二十一年(1593)癸巳　二十一歲

五月二十七日,馮驥子文字大通,馮夢禎有"始有家聲之寄"的感慨。

十月初二日,蔣應謹訪馮夢禎,與馮驥子會面。

十月二十日,馮夢禎與馮驥子相會。二十七日,馮夢禎爲馮驥子聘師陳廷策。

閏十一月二十九日,馮驥子陪侍蕪湖張金礪。

萬曆二十三年(1595)乙未　二十三歲

正月初七日,馮鸒鶵陪侍蔣華國。二十四日,馮夢禎作《示兩兒訓語》。

二月初一日，馮驥子同父、程惟馨（名不詳）、陸時仲（名不詳）、嚴藎夫（名不詳）湖上賞雪。初七日，馮夢禎與楊中麓（晚明勝蓮社成員之一）飲，馮驥子陪侍。十一日，馮驥子臥病三日，始起。二十四日，馮驥子同周叔宗（名祖，以字行，工書法）出遊湖上。二十五日，馮氏父子同程惟馨、周叔宗、張世偉（字異度，有《張異度先生自廣齋集》十六卷、《附周史部紀事》一卷行世）遊西湖。

三月初一，馮夢禎與周叔宗、周元、程惟馨出遊。馮鶼鶼與兄亦載客出遊，程惟馨、周元後從之。

六月初七日，馮鶼鶼與兄馮驥子陪侍陳翰臣。十一日，馮驥子房婢生一子。

七月初一，馮鶼鶼病瘧小愈。

八月初二日，馮鶼鶼與兄馮驥子陪沈德符、沈鳳遊湖。

十月初六日夜，馮鶼鶼與父會於瑞亭禪房。

萬曆二十四年（1596）丙申　二十四歲

閏八月初一日，馮夢禎督促馮鶼鶼、馮驥子讀書，馮辟邪陪寢。初五日，馮夢禎面課馮鶼鶼、馮驥子作文。

九月初五日，馮驥子寄書與父，書今不存。

十月二十一日，馮夢禎女馮月因喪子病重。二十三日，馮鶼鶼往慰。

十一月初十日，馮驥子至馮夢禎處。

十二月二十九日夜，馮夢禎作分歲宴，座中有張喆門（名不詳）、潘士英、錢麟仲（表弟，生平不詳，著有《偶談》未傳）、沈啓元（字端伯，見譚元春《沈長君墓志銘》）、俞唐卿（名不詳），及其三子與仲孫馮延年（字千秋）。

萬曆二十六年（1598）戊戌　二十六歲

八月初九日，馮氏父子四人同錢麟仲諸人遊甘露寺。馮夢禎稱讚馮驥子於時文"頗得路徑"。十二日,馮鴉鶸與兄放舟偕客往虎丘石場遊。二十日,馮氏舉家遊西溪永興寺。二十三日,馮驥子至五雲燕屯塢(馮夢禎父塚)、虎跑(馮夢禎祖母塚)上墳。二十五日,馮鴉鶸同父弟往燕屯塢、虎跑掃墓。

十月十九日,馮驥子與馮夢禎、張大紳、俞唐卿、胡胤嘉(字休復,有《柳堂遺集》行世)遊西湖南部。二十二日,馮驥子隨馮夢禎赴卓爾康之宴,同時預宴的有魯孝廉(名不詳)、張大紳、胡文仲(名不詳)、王君(名不詳)。

萬曆二十七年(1599)己亥 二十七歲

正月初九日,馮鴉鶸與父兄及沈鳳看春。十二日,馮鴉鶸與沈鳳湖上款沈德符。二十日,馮鴉鶸與父兄、沈鳳西山看梅。

二月十九日,馮夢禎湖上宴請范允臨(字至之,有《輸寥館集》八卷行世),馮鴉鶸、馮驥子陪侍。

三月初一日,馮鴉鶸與父、俞唐卿于孤山石上小酌。後遊孤山梅花嶼,遇張振先(號望湖,梅花嶼有別業。厲鶚詩《湖上效嬉春體次南硎韻二首》注:"孤山梅花嶼,明張望湖副使別業也,今酒樓仍其名。")及楊中麓、陳孟文(或陳繼子陳完,有《皆春園集》四卷行世)、宋宇庵(名不詳),相與舟中飲酒。初四日,馮鴉鶸與父兄及俞唐卿、周申甫湖上看桃花。初九日,馮驥子同馮夢禎、繆希雍(字仲淳,常熟人,精醫術)、康時策(字季修,生平不詳)、李日華、盛龍生(字德潛,號草汀,李日華《恬致堂集》有《草汀盛隱君傳》)、戴嘉賓(名不詳)湖上看桃花。二十二日,馮鴉鶸同婦呂氏過呂宅,或有長輩過壽,馮夢禎遣人送壽軸等禮。

四月初五日,馮鴉鶸同康時策往吳閶。八日,馮鴉鶸同父馮夢禎及康時策看望久病的僧人天濟。二十九日,馮驥子隨父馮夢禎與徐季常("毗陵七子"之一徐書受的父親,書受《教經堂文集》中有《先祖事蹟述》）、丘具之（名不詳）、王維新（字季常，生平不詳）看高氏所藏《蘭亭》《文與可竹》。

六月十九日，馮驥子之子馮文昌（字硯祥）生。

七月十五日，馮驥子同父、沈鳳夜泛湖。

九月十三日，夜，馮驥子同馮夢禎、俞唐卿步月松崗。二十五日，馮夢禎請朱元弼明年課馮辟邪讀書。二十八日，馮驥子侍馮夢禎、沈鳳遊西湖。

十二月二十八日，馮驥子拜謁李維楨，與馮夢禎、周申甫泛舟湖上。三十日，馮氏分歲宴於鬱金堂，馮鶯鶯感風寒未與宴。

萬曆二十八年（1600）庚子　二十八歲

正月十六日，馮驥子迎樂之津（名不詳，袁宏道友）。

二月初六日，馮驥子同金太初（生平不詳，勝蓮社成員）、馮夢禎於松壑庵飲茶。

六月二十四日，馮鶯鶯與客泛舟西湖，遇狂風，幸無恙。

七月初四日，"道案出，驥兒名在一等第七"。十五日，馮驥子、馮夢禎、俞安期（字羨長，以藏書名，輯有《唐類函》，有《翏翏集》四十卷等行世。與胡應麟交往甚密，胡應麟《過俞羨長小飲二首》序曰："羨長寄居吳山之麓，四壁蕭然，僅圖書盈篋笥。"）及黃問琴（歌伎，程嘉燧有《曲中聽黃問琴歌分韻八首》）泛舟湖上。十八日，馮夢禎閉門課馮驥子制藝。二十二日，馮驥子就試於龐祠，朱元弼監試。二十三日，馮驥子同姚士粦（字叔祥，以經學聞名，有經學著作行世）泛舟湖上。二十七日，馮驥子赴科舉。

八月初一日，馮驥子與馮夢禎諸友人共作文。初二日，馮驥子制藝，馮夢禎"喜其勻稱"。初三日，馮文昌病驚愴。初九日，馮驥子考罷初場。十二日，馮驥子考罷二場。十五日，馮驥子考罷第三場。十六日，胡太寧作主宴請馮夢禎，馮驥子、馮鶯鶯、姚紹憲（字叔度，有

《玄覽閣詩》五卷,不傳)在座。二十六日,馮夢禎款科舉門生,馮驥
子侍。二十七日,復款門生韓敬(字求仲,歸安人,馬氏兄弟友)、吳用
修(兵部尚書吳史星之子,與黃汝亨有交)等十人於湖上,馮驥子侍。

十二月初六日,馮文昌發熱數日。十四日,馮文昌出痘,馮夢
禎迎醫賽神。二十五日,馮文昌痘愈。

萬曆三十年(1602)壬寅　三十歲

四月初六日,馮夢禎款周申甫、沈鳳、張以誠(字君一,號瀛海,
有《張君一稿》一卷、《張宮諭酌春堂集》十卷等著作行世),馮鸞
鸞與馮驥子陪侍。

七月十七日,馮鸞鸞與兄陪馬之驥(字時良)、馬之駿(字仲良)
兄弟(與歙縣汪逸唱和,里人稱爲"華屋詩老")遊湖中。十九日,
馮夢禎款姚宗宸、沈鳳,馮驥子陪。二十一日,馮鸞鸞與馮夢禎、王
月峰、黃近洲、鄒三官之遊。三十日,馮鸞鸞病愈,病時有請十人祈
神去病,謂之"十保扶",馮夢禎爲此還願請人演《蔡中郎》。

八月初五日,馮延年生日。十日,馮夢禎請戴氏某遊湖,鄒三
舍、戴阿官、馮辟邪同行。十二日,馮夢禎於家中款屠隆、吳德符,
馮驥子陪侍。

萬曆三十一年(1603)癸卯　三十一歲

正月初七,馮延年從戴邈(字望之,浙江秀水祁坤之師)讀書。

天啓元年(1621)辛酉　四十九歲

馮鸞鸞尋李日華玩硯,李日華有《馮雲將伏犀硯銘》記之,
《銘》曰:"泰昌之際,天啓厥祥。"

天啓二年(1622)壬戌　五十歲

馮鸞鸞同王微、汪汝謙、顧亭亭、胡仲修、賀賓仲(名不詳,與錢
謙益亦有交)、徐震嶽、泰嶽遊六橋,汪汝謙有《春日同胡仲修賀賓
仲徐震嶽泰嶽王修微六橋看花夜聽馮雲將顧亭亭簫曲》詩紀之。

天啓六年（1626）丙寅　五十四歳

黄汝亨卒。是年或者明年，馮鴉鶊與汪汝謙、胡仲修祭奠黄汝亨，張遂辰有《汪然明三修湖舫載故客仲修雲將奠貞父先生寓林》詩紀之。

天啓七年（1627）丁卯　五十五歳

馮鴉鶊同吳夢暘、吳德符、胡仲修、許玄初、潘之恒（字景升，有《涉江集選》、《漪遊草》三卷等著作行世）、顧簡（字默孫，號蘧園居士，有《蘧園集》十卷，未見）集遊湖，吳夢暘有《吳德符胡仲修馮雲將許玄初招集湖上同景升默孫賦》詩紀之。

崇禎七年（1634）甲戌　六十二歳

黄奐有《初夏朝雨忽霽同程孟陽曾波臣胡仲修馮雲將汪然明張卿子集真實齋鑒定北宋藏畫聽吳客三絃共賦七言律次韻》詩。該詩末注"坐客三人七十，三人六十。畫有郭素先仙山樓閣"，其中"七十"與"六十"爲虛數，是年程嘉燧適七十歲，故該詩最早作於是年夏。

崇禎十六年（1643）癸未　七十一歳

馮鴉鶊與錢謙益、汪汝謙遊武林西溪，見錢謙益《新安汪然明合葬墓志銘》。

順治元年（1644）甲申　七十二歳

夏末，馮鴉鶊與李明睿、張遂辰、顧霖調（一作"林調"）、汪汝謙結"孤山五老會"。汪汝謙有《同李太虛先生馮雲將顧林調張卿子訂五老會》、張遂辰有《李太虛先生招集湖上同馮雲將汪然明顧霖調結五老社劇談豪飲聽侍兒弦歌分賦》詩紀之。是年後不久，馮鴉鶊入餘杭山隱居，吳夢暘有《孝若夜至蘧園別雲將入山口占二首送之》詩紀之。

順治二年（1645）乙酉至順治五年（1648）戊子　七十三歳

至七十六歲

順治二年,清軍攻杭州。馮雲將在餘杭山避兵,故錢謙益稱其爲"逸民",李漁《陳瓠庵憲副柴雲倩封翁馮雲將隱君徒步見過時武林小築初成》詩稱"隱君",而山中所居,或李漁所稱之伊園。

順治四年,馮文昌避地蘭溪,並訪墨兵齋,孫爽有《馮硯祥避地蘭溪兵後過訪墨兵齋喜贈三首》。其二"棐几亦分幽"句下注"甲申年,硯祥嘗移家墨兵齋中,以亂別去","國老又伏囚"句下注"指虞山公"。甲申爲順治元年,虞山指錢謙益。錢謙益於順治四年因黃壽祺案被囚,故此詩作於同年。順治二年至五年前後,馮文昌與錢謙益相會,錢謙益有詩《馮硯祥金夢蜚不遠千里自武林唁我白門喜而有作》《疊前韻送別馮硯祥夢蜚三首》詩紀之。沈壽民有《與馮硯祥尺牘》三通,見《姑山遺集》卷三十二。

順治八年(1651)辛卯　七十九歲

馮鸊鷉納妾,錢謙益有《雲將老友納妾》詩紀之。

順治九年(1652)壬辰　八十歲

馮鸊鷉八十歲大壽,錢謙益作《壽馮雲將八十》賀之。

順治十一年(1654)甲午　八十二歲

張宛訪汪汝謙,汪汝謙賦詠物四首,一時和章雲集,馮鸊鷉亦有和詩七絕四首。此次唱和所得詩,次年刊爲《夢香樓集》。

順治十二年(1655)乙未　八十三歲

春,馮鸊鷉與張遂辰、張石宗、繆湘芷社集看梅,張遂辰有《春日紫雲倩園亭看梅花同馮雲將汪然明張石宗繆湘芷諸社友宴集》詩紀之。又與汪汝謙等人聚會,品畫談詩。是年汪汝謙卒,李漁協助馮鸊鷉爲之營葬。

順治十四年(1657)丁酉　八十五歲

與虞山錢龍惕等人遊西湖,龍惕《西湖雜興》云:"鳳骨方瞳髩

似銀，太平公子老遺民。庭前花藥羅含並，座上圖書内史親。小小
昔逢新俠子，鶯鶯今屬舊詩人。湖山無恙風流遠，快雪堂中月一輪。”
詩末自注：“贈馮雲將，時年八十五，尚蓄姬侍，故用張子野‘老去鶯
鶯’事。雲將，故大司成開之先生子。快雪堂，司成湖上別業也。”

順治十六年（1659）己亥　八十七歲

　《牧齋尺牘（一）》載《與宋玉叔琬書》曰：“不肖在杭有五十年
老友曰馮鵷鶵，字雲將者，故大司成開之先生之仲子也。年八十有
七矣。杜門屏居，能讀父書，種蘭洗竹，不愧古之逸民。開之故無
遺貲，雲將家益落，有薄田三十餘畝在餘杭山中，僅給饘粥。”至此
而後，再無馮鵷鶵的相關記載，大概於是年前後去世。馮夢禎去世
後，馮氏逐漸式微，《古今圖書集成》載：“明祭酒馮夢禎快雪堂，今
爲司農嚴沆別墅。”據《清實録》載“（康熙十三年十月）癸丑，陞左
副都御史嚴沆爲總督倉場户部右侍郎”，知康熙十三年以前，孤山
別業快雪堂已屬嚴沆。馮鵷鶵在順治末或者馮硯祥、馮延年中的
一人，至晚在康熙二十九年前別構伊園。清惲格主要活動於順治、
康熙年間，在浙交遊頻繁，其《甌香館集》有《雨夜酌酒與莫生兼懷
邵馮二子》《送季子》《新春十日小雨過馮生飲坐客爲莫大馮季諸君
子》《西泠馮子新構伊園別業》《西泠送季子》詩五首，馮子（季子）
即鵷鶵、硯祥、延年其中一人。又馮鵷鶵友李漁有《伊園十便》《十
宜》詩二十首，詩序曰：“伊園主人結廬山麓，都門掃軌，棄世若遺。
有客過而問之曰：‘子離群索居，静則静矣，其如取給未便和？’主
人對月：‘余受山水自然之利，享花鳥殷勤之奉，其便實多，未能悉
數，子何云之左也。’”序稱伊園主人“都門掃軌，棄世若遺”，與馮
鵷鶵八十五歲狎妓的作風相抵牾，故此“西泠馮子”當爲鵷鶵子輩。
伊園別業至光緒年間尚在，《秦淮畫舫録》《淞隱漫録》均有記載，
惜未指明主人姓氏，祇稱“伊園主人”，或其仍爲馮氏後人所有。

馮小青相關文獻名録

衍生小説:

西湖伏雌教主.醋葫蘆［M］.北京：警官教育出版社,1993.

越南刷竹道人《小青傳》

曾七如.小豆棚［M］.南山,點校.武漢：荆楚書社,1989.

佚名.集咏樓［M］//《古本小説集成》編委會編.古本小説集
成：第5輯第17册.上海：上海古籍出版社,1994.

俞夢蕉.蕉軒摭録［M］.孫順霖,校注.鄭州：中州古籍出版社,
2012.

長白浩歌子.螢窗異草［M］.陳果,標點.重慶：重慶出版社,
2005.

鄒弢.澆愁集［M］.王海洋,點校.合肥：黄山書社,2009.

王韜.遁窟讕言［M］.石家莊：河北人民出版社,1991.

清渭濱笠夫《孤山再夢》

彈詞:

佚名《薄命小青詞》,收録于薛旦傳奇《醉月緣》第九齣《彈
詞》,上海圖書館藏康熙四十九年鈔本

佚名《梅嶼舊恨》,今未見

佚名《小青吊影》,今未見

薛汕.二荷花史［M］.北京：文化藝術出版社,1985.

佚名.果報録［M］.香港：香港石印書局,1906.

戲曲存目：

佚名《小青》,今未見

吳炳《療妒羹》

徐士俊《春波影》

朱京藩《風流院》

來集之《挑燈劇》

王驥德《題曲記》,《傳奇彙考標目》著録,今未見

陳季方《情生文》,今未見

胡士奇《小青傳》,今未見

顧元標《情夢俠》,今未見

郎玉甫《萬花亭》,今未見

廖景文《遺真記》

錢文偉《薄命花》,今未見

張道《梅花夢》

佚名《西湖雪》,今未見

黃璞《風流債》,今未見

森槐南《補春天》

佚名《孤山夢詞》,鈔本二册,浙江圖書館藏

柳亞子《馮小青》(京劇),今未見

樊篱《馮小青》(越劇),今未見

馮春航《馮小青》

話劇：

《小青遺事》,今未見

相關研究专著：

蔣瑞藻.小説考證[M].江竹虛,標校.上海：上海古籍出版社,1984.

鄧長風.明清戲曲家考略[M].上海：上海古籍出版社,1994.

胡文楷,張宏生.歷代婦女著作考：增訂本[M].上海：上海古籍出版社,2008.

汪超宏.明清浙籍曲家考[M].杭州：浙江大學出版社,2009.

趙青,嘉興市文化廣電新聞出版局,嘉興市文物局.嘉興歷代才女詩文徵略[M].浙江：浙江大學出版社,2014.

徐湘霖.明清近代俗文學研究[M].成都：巴蜀書社,2018.

王寧,任孝溫,王馨蔓.馮小青戲曲八種校注[M].合肥：黃山書社,2016.

鄭振鐸,等.戲曲藝術散論叢編：下[M]//黃天驥.近代散佚戲曲文戲集成·理論研究編.太原：山西人民出版社、三晋出版社,2018.

相關論文：

王人恩.《補春天》傳奇新考[J].文學遺產,1996（6）.

薛洪勣.戔戔居士(譚某)評傳[J].明清小説研究,2000（4）.

王人恩.日本森槐南《補春天》傳奇考論[J].西北師大學報(社會科學版),2003（3）.

王永恩.重合的意義——試論《牡丹亭》對晚明戲曲作品中小青題材的影響[J].東南大學學報(哲學社會科學版),2007（5）.

郭宏瑜.馮小青故事在越南[J].文化學刊,2008（1）.

吳書蔭.清人雜劇《澆墓》作者考辨——兼談《澆墓》與《療妒羹》傳奇的關係[J].中國文化研究,2010（冬之卷）.

劉於鋒.馮小青現象在明清傳奇中的題旨流變[J].現代語文,

2009（7）.

　　李瀾瀾.傳神賴有江毫健,浣出千秋冰雪心——馮小青傳世作品考辨及明清兩朝“馮小青現象”之分期初探［J］.前沿,2012（2）.

　　李瀾瀾.明清“馮小青舊傳”之考論［J］.齊魯學刊,2012（6）.

　　徐永明.馮小青其人真僞考述［J］.文化遺産,2014（4）.

　　李瀾瀾.《遺真記題詞》創作考論［J］.西南科技大學學報(哲學社會科學版）,2017（4）.

後　記

2020年，在金明黃師的指導下，我在閩南師範大學文學院順利地完成了中國古代文學的學習，取得碩士學位。由于本人能力有限，兩次考博均以失敗告終，終于在2022年如願考上了慶元陳師的博士研究生。早在研三的時候，我已開始進行馮小青相關資料的搜集工作，考博失利後，經金明師推薦，到龍人古琴兼職，以半工半讀的形式籌備第二年的考博，其間，是集的輯注工作從未中斷。臨近試期，我便辭去兼職，全力備考，可惜又以失敗告終，陷入了失業的焦慮狀態。因害怕不能繼續從事本專業的相關工作，導致是集編成無望，于是有一段時間徹夜翻檢電子文獻，一天祇睡兩三個小時，想儘快藏事，了此夙願，導致視力嚴重受損，現在不時要靠眼藥水來緩解眼睛的不適。失業的狀態持續了兩三個月後，很幸運，我考上了社區工作者。然而我家在同安，工作地點在思明，每日通勤時間要四個小時，根本沒有空閑備考，更別提是集的輯注。于是我買了躺椅住在單位，省去通勤時間來復習、寫作。本以爲一切順利進行，沒想到遇到了疫情，社區變成了抗疫的前線，基本上每天都處于加班的狀態，原來製定好的計劃全部擱置。在緊繃的氛圍下，所幸有同期進入、剛從學校畢業的同事吳婕女士可以談談抱負，在她的鼓勵下，我更加堅定了考博和著述的夢想。第三次考博臨近，我又辭去了工作，專心備考。總算在自信崩潰的邊緣，我如願拜入了敬仰已久的慶元師門下。

　　入學没多久，我便把整理將近四年的初稿呈與慶元師，詢問此書出版的價值，老師許久未回復。我原以爲這部文獻學的門外漢之作，必然入不了老師的法眼，没想到老師發來了一段很長的文字，對拙作加以肯定，推薦向廣陵書社投稿，並表示若出版資金不足，可以找他先行墊付，我對此大受感動。修改後，我便將拙作發予廣陵書社進行審核，没多久便通過並簽訂出版合同。在責編方慧君老師的幫助下，經過一年的修訂，拙作在體例上做了許多的修改，内容上又增補了許多馮小青相關的珍稀資料，終于即將出版付印。在此非常感謝金明師的幫助、慶元師的肯定、廣陵書社的支持，感謝同年陳璐和朱志樂不辭辛苦，代勞訪書。最後，感謝家人在精神上和物質上的大力支持。希望不才來日有所成就，以此回報諸位的厚愛。

癸卯冬日哭青外史鄭永輝

于漳郡寓所